多胡吉郎
Kichiro TAGO

# 空の神様けむいので

## ラスト・プリンセス　徳《トッ》恵《ケ》翁《オン》主《ジュ》の真実

影書房

徳恵翁主《トッケオンジュ》（徳恵姫《とくえひめ》）　1912～1989
（写真所蔵：韓国学中央研究所蔵書閣）

# 雨

むくむくむくと
黒い煙が
空の御殿へ上がったら
空の神様けむいので
涙をぼろぼろ流してる

（1923年　京城　日出小学校4年在学時の作）

目次

# 空の神様けむいので

## ラスト・プリンセス　徳恵翁主《トッケオンジュ》の真実

# プロローグ

写真のなかの少女は、まっすぐな眼差しをこちらに向けている。

微笑むでもない。かといって不機嫌そうでもない。おのれの身に降りそそぐ運命に緊張を高めながら、従順なり逆らうなり、振り子を一方に傾けることのできぬまま、ちょうど、船が決められた港へと航路を行くように、時の荒波に揉まれつつもただひたすらに進むしかなかった、そういう静かな意志を浮かべてこちらを見つめている。

気品を湛えた面差しには、ひたむきさや健気さが、不安、憂いとないまぜになって、深い表情をつくる。境遇が強いる複雑な思いを幾重にも抱えながら、しかしそれらを漉《こ》して、澄んだ魂が光を宿す。

少女は可憐な面立ちをしていた。

早朝の静けさに開いた芙蓉の花のように、華やぎを秘めつつ、無言のうちにも貴さが滲み出る。瓜《うり》実顔《ざね》に輝く陶器のような肌、くっきりとした二重瞼、その下のつぶらな瞳は濁りを知らず、世の森羅万象の真実を求めて、大きく見開かれている。少女の聡明さは、誰の目にも明らかであったろう。

２つの国を、少女は生きた。本人の意志とは別に、時代と立場がそれを強いた。少女は５００年にわたって続いた王朝の最後のプリンセスだった。

国の運命が狂う時、貴い血を引く少女は、時代の激流をもろにかぶることになった。少女が乗る船は逆巻く怒濤に洗われ、木の葉のように揺れ、翻弄された。

少女はいつも孤独だった。厚く大きな壁が幾重にも少女を囲み、重くのしかかった。

自由にものを言える立場でなかったことは想像に難くない。発言も行動も抑制を強いられ、外に出す前に呑みこんだ想いや言葉は多かったはずだ。自制が昂じ、心と口に置いた重石が、後年、彼女自身から言葉をも奪うことになってしまう。

だが、それにもかかわらず、少女の四囲に立ちはだかる壁を突きぬけ、こちらに届く思いがある。少女の小さな胸にしまわれた思い――鉱物の原石のように固く、底知れぬ輝きを秘めた思いだ。

写真の少女は、時を超え、国を越えて、まっすぐな眼差しをこちらに向けてくる。

濡れた瞳に宿る真実の光が、胸の思いに翼を与え、強靭な力とともに放たれる。少女の内なる声は、やがて受け手の胸に、言葉を超えた言葉を結び始める……。

少女の名は、「徳恵《トッケ》」[*1]と言った。朝鮮（韓国）では、「徳恵翁主《トッケオンジュ》」と呼ばれる。「翁主」とは、王の側室が生んだ娘に与えられる称号である。日本では一般に、「徳恵姫《とくえひめ》」と呼びならわされた。

徳恵は、朝鮮王朝最後の王にして、大韓帝国初代皇帝となった高宗《コジョン》の娘として、１９１２年に生まれた。梨本宮方子《なしもとのみやまさこ》が嫁いだ李垠《イ・ウン》（りぎん）の異母妹にあたる。

徳恵が生まれる2年前から、朝鮮は「韓国併合」によって、日本の統治を受けることになった。

植民地朝鮮に育った徳恵は、日本人子弟の通う小学校に通い、6年生に上がる前には日本留学が決められ、東京の女子学習院で学んだ。卒業後は、「日鮮融和」の象徴として、宗武志《そうたけゆき》伯爵と政略結婚を強いられた。

学習院の最終学年の頃から次第に精神を病み、統合失調症を患って、やがては日常生活もままならぬほどに悪化、精神病院に入院を余儀なくされる。

長い病院生活の果て、1955年に離婚。1962年に、国家再建最高会議議長だった朴正熙《パク・チョンヒ》（63年から大統領）の英断で韓国に戻るも、病は癒えず、言葉も覚束ない「抜け殻」のような状態が続いたまま、1989年にひっそりと世を去る……。

こう書けば、ひたすら坂道を駆け降りるかのように、悲劇の上に悲劇を重ねて苦悶の生涯を送った人として、理解するしかないことになる。

無論、それは正しい。ひとりの人間として、あまりにも厳しく、悲しい人生であった。その悲劇に、アジアに覇を唱えようとした日本が関わっていることも忘れてはなるまい。朝鮮を支配した日本による植民地統治がなければ、その人生は全く違ったものになったことだろう。

だが――、決して、それだけではない。印象的な少女時代の写真に併せて、日韓近代史を象徴する悲劇のプリンセスというくくりだけですべてを語ろうとするのは、乱暴に過ぎる。それは、徳恵を語って、ひとりの人間の生を見ないに等しい。

確かに後半生、徳恵はもの言わぬ人となった。もの言わぬまま、言えぬままに、故人となった。時が経過し、歴史が記憶の再生によって綴られるようになると、徳恵はまるで操り人形でもあったかのように、無言の人として、悲劇のなかに封印された。

悲劇ばかりが強調されて、誰も彼女自身の言葉を思い出そうとはしなくなった。彼女の言葉を創作しようとする人は現れても、生前、彼女自身が放った言葉を虚心に探そうとする努力は顧みられなくなってしまった。

もの言わぬ人は、二重に、もの言わぬ人に仕立てられた。言葉を失った人として崇められ、祀られた。だが、そこに本当の意味での徳恵の生は、存在しない。それこそ、魂が棄てやられた「抜け殻」にすぎない。

少女の写真が時を超えて訴えかけてくる内なる声は、日本でも韓国でも、いまだにきちんと聞きとめられていないのが実情なのである。*2

私が初めて、徳恵の内なる声に耳を傾けることに目覚めたのは、１９８９年、東京の文化学園服飾博物館で開かれた「韓国の服飾」と題された展覧会でのことだった。

小さな展覧会だったが、そこで私は初めて、徳恵が少女時代に身に着けていた、いくつもの朝鮮の宮中衣装を目の当たりにした。王朝の典雅を縫いこんだ色鮮やかな伝統衣装は、戦後もしばらくは日本にとどまった李王夫妻の手元から、いささか複雑な経緯をたどって文化学園服飾博物館が所蔵していたものだった。

どれも保存状態がよく、まるでつい昨日、その衣装に身を包んだ少女が、５００年の歴史を重く沈めた宮殿の一角にたたずみ、回廊を歩く姿が、浮かびあがってくる気がした。

展覧会では、少女時代の徳恵の宮中での写真も展示されていたが、驚くべきことに、いくつものモノクロ写真に写った衣装が、目の前に陳列された衣装と一致する。写真の方はいかにも古びて、時代を感じさせたが、衣装の方は傷みも褪色もなく、まるで今も「現役」であるかのように美しく、彩りもみずみずしかった。

あでやかな衣装には、少女のぬくもりが、今もなお薄らぐことなく込められていた。少女の生が、朽ちることなく刻印されている。衣装の奥から、時のかなたに追いやられてしまうことを拒むような意志を訴えかけてくる。

少女の生のリアリティに圧倒されながらも、その時の私は、まだ衣装から訴えかけてくるものの実体を知らなかった。ただ、強烈な磁力とともに惹きつけられる何かを感じて、少女から離れがたい思いをつのらせた。

悲劇のプリンセスの「声」を聞いたのは、それから20年ほどが過ぎてからだった。

たまたま「春の海」などで知られる作曲家の宮城道雄のことを調べている過程で、彼が作曲した箏曲《そうきょく》のなかに、「作詞　徳恵姫」とあるものを2曲、見つけたのである。

表紙カバー写真と同じ宮中衣装を着たと思われる徳恵（『徳恵翁主展』図録、韓国・古宮博物館、2012 年発行より）

宮城が曲をつけたのは、ソウルにあった日出《ひので》小学校に在学中の徳恵が、日本語で綴った童詩であった。巻頭に掲げた「雨」は、そのひとつである。

驚きであった――。

もの言わぬ人の言葉に、初めて出会ったのである。しかも、何と生き生きとした、詩想溢れる豊かな言葉であろう！　かつてこの目で見た、色鮮やかな宮中衣装が目前に蘇る気がした。

好奇心旺盛な、飛び跳ねるような童心のきらめきは、快感ですらある。しかし同時に、少女の負わされた悲しみも、ひたひたと打ち寄せる。

少女の言葉は、時代を映す鏡であると同時に、時代を超えようとするひとりの人間の生の息吹に溢れていた。童詩ながらも、そこには植民地朝鮮の悲哀が湛えられもし、社会を閉ざす負のくびきを撥ね退けようとする個の飛翔のきらめきも跳躍していたのである。

驚きが続いた。調査を重ねるに従い、少女時代の徳恵が綴った童詩が他にもいくつか出てきたのである。

しかも、それらは、黒沢隆朝《たかとも》など当時の一流作曲家によって曲がつけられ歌になっていたり、童謡界を代表する詩人の野口雨情が主宰する童話雑誌に掲載されたりするなど、社会的に広く認知されたものだった。当時のメディアには、徳恵の才能を讃える「童詩の神様」「詩の天才」などという賞詞が踊っていたのである。

これまで語られてきたイメージとはおよそ違う、活発な少女がそこにあった。後半生の沈黙からは想像もしがたい、言葉盛んな少女として生きた時期があったのである。

小学校時代だけではなかった。東京の女子学習院に移って以降も、今度は和歌に才能を発揮、ラジオ放送で紹介されたり、著名音楽家が曲にして歌ったりと、世の注目を集め続けた。

皇族方の集まりでも、徳恵を前にしてその詩の天分が讃えられ、詩に曲をつけた御前演奏会が催されるなど、少女の詩才は国や言語の壁を越え、尽きることがないように見えた。

無論、天賦の詩才が華々しく称揚される陰で、言うに言えぬ哀しみ、苦しみが幾重にも少女を取り巻いていたことを看過してはなるまい。

異郷暮らしの淋しさに加え、亡国のプリンセスとしての重圧や挫折感、腹を割って話し合える友人の不在、唯一の身寄りである異母兄の李垠と方子夫妻が1年もの間世界旅行に出てしまい置き去りにされたこと、そして、故国に残してきた生母・福寧堂梁氏《ポンニョンダンヤンシ》の死に立ち会えなかったこと等々……。

だが、そうした苦難にもかかわらず、少女は懸命に生きようとする。運命に立ち向かい、少女なりの精一杯に生きる闘いを見せた軌跡は、それだけでも感動的である。

その支えとなり、心のよすがともなったのが、言葉によってはぐくむ「文の林」だった。胸中深くにうずくまる思いを磨き抜かれた言葉に託し、彫琢する「詩」の世界だったのである。

あらゆるくびきや苛《さいな》みを超え、そこだけには、ひとりの人間として生きていくことのできる世界が開かれているかに見えた。闇のなかにも、そこには光に包まれた心の王国があるかに感じられたのである。

しかし結局は、すべての夢はあだ花と化す……。

少女が娘になり、大人の女性となる過程で、彼女の心を蝕んだ病が、やがてはその存在のすべてを覆いつくしてしまう。「文の林」は頓挫し、心の王国は崩壊した。

後半生、徳恵の人生は転落の一途をたどる。不幸はあまりにも顕著で激甚だった。

37年にも及んだ異郷生活のうち、後半の16年は精神病院に収容されたままであった。故国に帰還を果たし、ソウルの旧王宮の一角に暮らすようになっても、彼女の生は本来の姿には戻らなかった。

少女時代、盛んに称賛を浴びた詩才も枯れ果て、もの言わぬ人として、落日の日々をひっそりと送らざるをえなかったのである。

２０１２年、ソウルの古宮博物館《コグンパンムルグァン》で「徳恵翁主《トッケオンジュ》展」が開催された。徳恵の生誕百年に当たるこの年、長く異郷にあった少女時代の宮中衣装が、初めて韓国に「里帰り」して開かれた展覧会であった[*3]。

私も、ソウルの展覧会場まで足を運んだ。

久しぶりに――およそ四半世紀ぶりに目の当たりにする宮中衣装は、なおも色鮮やかで、少女のぬくもりを今に伝えていた。

再び、衣装の内側から訴えかけてくるものを、強く感じた。だが今回は、その正体が何かを、はっきりと知ることができた。ようやくにして、私は少女の「内なる声」を聞いた。

――私を見て。私の思いを知って。私の言葉を聞いて！

その時、徳恵に向き合う私のアプローチが定まった。それは、失われた彼女の言葉を、可能な限り取り戻すことであった。

「詩」が中心となるものの、そこに留まらず、当時のメディアや故人の回想録などに載る徳恵の言葉をすべからく発掘し、復活させる……。そこから、もの言わぬ人、言葉を失った人として偶像化、塑像化されてしまった徳恵の生身の肉体を復権させるのである。

時には、言葉そのものを見出せずとも、「言葉」の定義を少し拡げ、彼女の具体的な挙措を伝える情報も含めるとしよう[*4]。

彼女自身の「言葉」を追うことで、ひとりの女性が抱えた生の実相――その明るい輝きも闇の深さも、たおやかさや傷みまでもが、ありありと見えてくる。鮮やかな宮中衣装に身を包んでいた少女の、「抜け殻」ではない、真の肉体を回復させることになるのである。

少女の写真がこちらを見つめている。時を超え、国を越えて、少女はなお、曇りない、まっすぐな眼差しをこちらに向けてくる。
悲劇のプリンセスの真実を、失われた「言葉」の落穂拾いから浮き彫りにしたい……。
かくて、もの言わぬ人の「言葉」を捜す旅が始まった。

＊1 「徳恵《トッケ》」の漢字表記は、本来であれば「徳惠」となるが、現代の読者の読みやすさを考え、本書では「恵」を「恵」とした。

＊2 徳恵の生涯を綴った日本での代表的な著書である本馬恭子『徳恵姫 李氏朝鮮最後の王女』（1998 葦書房）では、徳恵の詩は完全に抜け落ちてしまっている。また韓国でベストセラーになった権不暎《クォン・ビヨン》『朝鮮王朝最後の皇女 徳恵翁主』（2009 韓国・タサンブックス／邦訳版＝2013 かんよう出版）では、詩が1篇（「びら」）だけ登場はするものの、扱いは軽く、徳恵にとっての詩作品の意味について、きちんと扱われていない。

＊3 その後、東京の文化学園服飾博物館が所蔵してきた徳恵関係資料約50点のうち、幼児期の宮中衣装など7点が、2015年に韓国文化財庁に寄贈された。

＊4 本著では、徳恵の言葉、そして直接の言葉にはならずとも、活き活きとその実存を伝える仕種や表情などについては、言葉に準じるものとして、太字にした。

# 第Ⅰ部　朝鮮

徳恵が生まれた徳寿宮

# 第１章　徳寿宮の歓び――幼年時代

## 《王宮の幼稚園》

　１９１２年年５月25日、当時「京城[*1]」と呼ばれていたソウルの王宮・徳寿宮《トクスグン》にて、ひとりの女の子が生まれた。

　父は朝鮮王朝第26代の王にして、１８９７年の建国になる大韓帝国の初代皇帝となった高宗《コジョン》（１８５２～１９１９）である。１９１０年の日本による韓国併合後は、住まいの王宮の名を冠して「徳寿宮李《イ》太王《テワン》」と呼びならわされた。

　母は女官の梁氏《ヤンシ》。王の子を生んだことで、福寧堂《ポンニョンダン》という堂号を賜り、側室待遇の貴人《クィイン》に封ぜられた。高宗にとっては、還暦の年に生まれた女児である。目に入れても痛くないほどの可愛がりようであった。孫のような赤ん坊を膝に乗せ、「この子をちょっと見よ、触れてご覧」と、女官たちに盛んに語ったという。

　１９１６年に、徳寿宮の即祚堂《チュクチョダン》（浚明堂《チュンミョンダン》）に幼稚園を設けたのも、高宗の娘可愛さゆえであった。徳恵《トッケ》にとって異母兄にあたる李鍵《イ・コン》や親戚の子が幼稚園に通うようになり、その面白さを聞きつけた徳恵が父太王にねだった結果と伝えられる。徳恵は5月20日から、この王宮内に特別に設けられた幼稚園に通うようになった。

その幼稚園が開かれて間もなくの頃――、朝鮮総督の寺内正毅が、徳寿宮に高宗を訪ねた。寺内は元陸軍大将であり、「ビリケン」の通称で知られた尖った禿げ頭、顔つきもなかなかにいかめしい。

高宗はのらりくらりと子供の可愛らしさを口にし、寺内が相槌を打つのを見て、みずから王宮内に新設した幼稚園に案内した。園児たちは勢ぞろいして高宗と寺内を迎え、「**鳩ぽっぽ**」**を歌ったり遊戯をしてみせたり**して、ふたりを「歓迎」した。

やがて高宗は、園児のなかのとりわけ気品に満ちた愛らしい子を引き寄せると、

「これが自分の晩年の愛児である。これがあるために徳寿宮が歓びに満ちている。我が老後の淋しさを慰めるのは、ただひとりこの子である」

と語って、徳恵を寺内に紹介した。**徳恵は総督の前で敬礼をしてみせた**。

そのあまりの可愛らしさに、こわもての寺内総督の頬もすっかり緩み、官邸に戻ってから、

「あの愛らしい無邪気な姫を見せられては、俺もあまりやかましく理屈も言われぬ、今日は見事に一杯やられた」

と語ったという。

長く李王職宮内官としてつとめた権藤四郎介の回想録『李王宮秘史』（1926）に載るエピソードだが、権藤によれば、この日の「お目見え」がきっかけとなって、側室の娘ゆえ、それまで宙に浮いていた徳恵の身分が、正式に「王族」として遇されることになったという。

王として、皇帝として、高宗は国の最高権力を握る人物ではあったが、諸外国による種々の蚕食《さんしょく》を

受け、その果てに日本に併合されてしまうという、亡国の屈辱に耐えねばならなかった。不如意の多い晩節であったが、そのなかにあって、愛娘の徳恵は間違いなく慰謝をもたらしてくれる存在だった。高宗の言う通り、まさに「徳寿宮の歓び」だったのである。

徳恵のために王宮内に幼稚園を設けるにあたって、高宗は、京口貞子と張玉植《チャン・オクシク》を保母とし、「ご学友」として貴族たちの娘、7、8人ほどをあてがった。

「ご学友」として選ばれたのは、閔龍児《ミン・ヨンア》（朝鮮総督府中枢院参議をつとめた閔泳瓚《ミン・ヨンチャン》の娘）や韓孝男《ハン・ヒョナム》（朝鮮の代表的企業家・韓相龍《ハン・サンニョン》の娘）、趙淑鎬《チョ・スッコ》（朝鮮総督府中枢院顧問をつとめた趙重應《チョ・ジュンウン》と日本人妻との間の娘）などである。

王宮の住まいから幼稚園までの距離はわずかなものだったが、王朝のプリンセスらしく、伝統の輿《こし》が用意された。

ところが、同窓の趙淑鎬がそのころ流行りたての乳母車で通園するさまを見て、徳恵はうらやましがり、王宮の伝統に反して**乳母車を導入、わずかの距離を遠まわりしながら通園、ご機嫌**であったという。なかなかに活発で、勝気な性格だったようだ。

幼稚園では、朝鮮と日本、両国の童謡、唱歌が教えられ、時には裏山に野草採りに出かけることもあった。

徳寿宮に設けられた幼稚園での徳恵（前列中央）と園児たち（『徳恵翁主展』図録より）

幼い徳恵は、幼稚園がひどく気に入った。風邪をひき、父から「今日は幼稚園を休むように」と言われた時にも、欠かさず通園した。唱歌、遊戯が好きで、上達も早く、もともとは週に2日の予定が、毎日3時間に変わった。歌は特に美声であったという。

幼稚園時代に徳恵が書いたという習字の写真を、新聞記事のなかに見つけた。

掲載年次としてはだいぶ後のことになるが、朝鮮在住の日本人のために発行された日本語新聞『京城日報』が、徳恵の結婚を祝してその半生を振り返る特集記事を連載した際、幼稚園時代の作である「**ソラトリフナ　阿只氏**」と墨書された習字の写真を載せたのである（1930年11月2日）。片仮名で書かれた言葉は、「空、鳥、鮒」の意味だが、王宮内の幼稚園でも、既に日本語の教育が行われていたことがわかる。

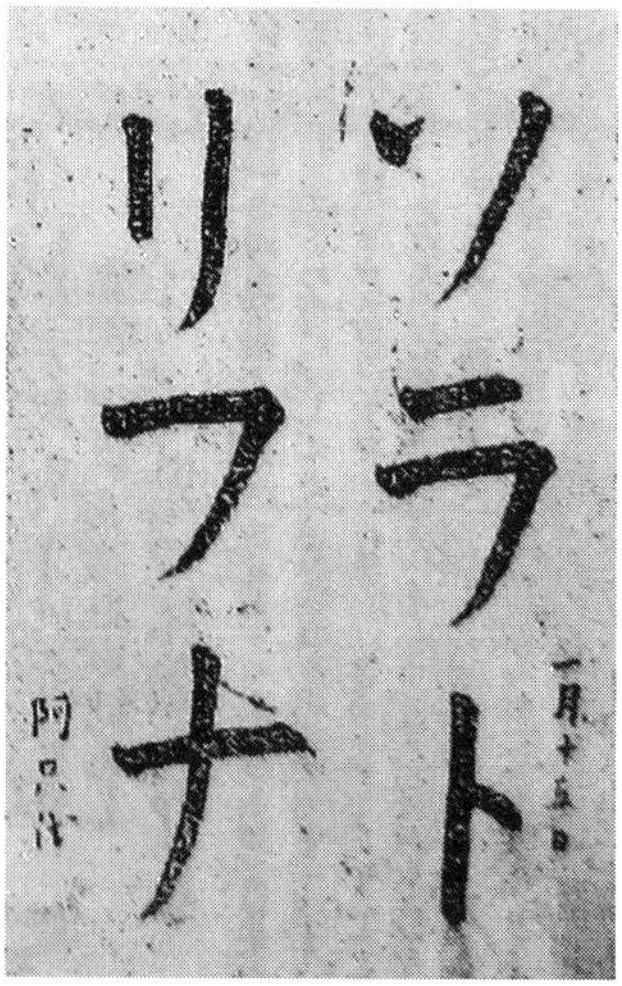

幼稚園時代の徳恵の習字（京城日報、1930年11月2日より）

「阿只氏」とあるのは、当時の徳恵の呼び名である。本稿では便宜上、徳寿宮での幼い日々にあっても「徳恵」の名で呼んでいるが、実際には、当時はまだきちんとした名前がなく、「阿只氏《アギシ》」という通称で呼ばれていた。日本語にすると、貴人の娘を「おひいさま」と呼ぶような感じなので、固有名詞にはならない。

この習字も含め、幼稚園で日本語での教育を担ったのは、高宗が指名した京口貞子であった。1913年に設立された京城幼稚園の保母だった人で、徳恵の異母兄の李堈《イ・ウ》を教えたこともあった。

京口を徳恵は慕い、「**先生、先生**」と声をかけつつ、「**朝にも夕にも女史ならではならぬという程の御なづき振り**」であったという。

この京口の回想を通して、徳恵のごく初期の「言葉」を確認することができる。

幼稚園ができたばかりの頃、淑明女子高等普通学校の淵沢能恵女史が来園した。朝鮮における女子教育の先駆者的存在であった淵沢とは、徳恵は初めてではなく、前回会った折に、淵沢は徳恵の前で「からすはかあかあ」の歌を披露したことがあった。

徳恵は淵沢をよく記憶していて、「**かあかあの先生が来た**」と言って袂にすがり、懐かしがった。また、しばらくして、淵沢（当時60代後半）と京口（当時41歳）を見比べて、「**阿只氏《アギシ》の先生はきれいだなあ**」と感想を漏らしたという。それほどに、京口になついていたというわけである。

やはり幼稚園時代、徳恵に八重歯が生え、抜歯するように勧められた時にも、父の高宗の説得では首肯せず、結局京口から言って聞かせて、ようやく手術を受けることに同意した。

「このままにしておくと、絵にある鬼のようになります。少しも痛くございませんから、お抜き遊ばすように」

と京口は説いた。手術の際にも立ち会い、徳恵に声をかけ続けた。

「痛くありませんでしょう、気持ちがよろしいでしょう」

そう言っているうちに、素早く典医が抜歯したという（『京城日報』１９３０年11月5日）。

幼い徳恵の言葉を伝えるもうひとつのエピソードがある。金用淑《キム・ヨンスク》氏の著書『朝鮮朝宮中風俗研究』（２００８　法政大学出版局）で紹介された。

ある日、母方の叔父が宮中に参内した。徳恵は、その姿を見ても大して気に留めず、「**梁上官《ヤンサングァン》が来た**」と口にしたという。朝鮮語であったが、この表現からは、幼いながらも徳恵が、母方の実家が身分の低いことを知っており、しかも、儒教社会特有の上下の身分関係に厳しい朝鮮王朝の気風を悟っていたということになる。

また、女官が「お母様の里の場所は?」と尋ねると、徳恵は「**竹洞《チュクトン》**」と答えたという。

竹洞は、亡き明成皇后《ミョンソンファンフ》（閔妃《ミンビ》）の実家のあった場所である。徳恵は、母の里を尋ねられて、実母の貴《クィ》人梁氏《インヤンシ》（福寧堂梁氏《ポンニョンダンヤンシ》）の里ではなく、一度も会ったことのない、宮廷のしきたり上での「母」（父・高宗の正妻、王妃）のことを述べたのである。

もちろん、当時の徳恵は宮中から外に出ることなどないし、竹洞になど行ったこともないのである。明成皇后が亡くなった経緯（日本公使の三浦梧楼の意を受けた日本人壮士たちと開化派の朝鮮訓練隊らによって、１８９５年に暗殺された）も、知らされてはいなかったろう。

が、それでも、幼くして宮中の仕組みをきちんとわきまえているその利発さ、聡明さに、女官たちは目を瞠ったというわけである。

一方では、古い王朝の伝統のしきたりもわきまえつつ、もう一方では、娘可愛さのあまり父が許可した王宮内の幼稚園――それ自体が従来の宮中にない破格の代物であったが――では、新時代の王女として、活発に行動し、明晰さを見せる……。

おそらく高宗は、そのどちらの姿にも満足し、目を細めて眺めていたのだろう。

一般人から隔絶された禁裏に生まれ育った徳恵だったが、やがて世の中に触れる機会も訪れる。

やはり『京城日報』１９３０年11月５日の記事で紹介された逸話になるが、数え７歳になった徳恵は、初めて徳寿宮を出て、実質的な正宮となっていた昌徳宮《チャンドックン》に赴く。昌徳宮には、高宗引退後、1907年から大韓帝国第2代皇帝となり、韓国併合後は「李王」と呼ばれた純宗《スンジョン》が暮らしていたが、徳恵は、この38歳も年上で、傍目には父のような異母兄に対面するために、昌徳宮を訪ねたのである。

昌徳宮は、本来の正宮である景福宮《キョンボックン》が壬辰倭乱《イムジンウェラン》（文禄の役＝豊臣秀吉の朝鮮侵攻）の時に焼失して以来、王が暮らし、執務する王宮として使われてきた。

昌徳宮の東の奥には、昌慶苑《チャンギョンウォン》という別の宮殿があったが、1909年以降、ここに動物園と植物園が建てられ、市民に開放されていた。

徳恵は昌徳宮を訪ねたこの日、昌徳宮から昌慶苑へと通ずる門を通って、多くの一般市民たちが行き交うのを目にし、お付きの女官に質問した。

「**あれも人か**」

「さようにございます」

「**目も口も鼻も阿只氏に同じようにあるか**」

幼稚園や宮中で発揮された利発さからすると、ちょっと信じがたいくらいの世間知らずだが、宮中に生まれ育つということは、このようなことなのであろう。

深窓の令嬢という言葉があるが、歴史の長い王宮の奥深くに暮らしてきた少女は、それとは比較にもならぬほどに、徳寿宮の外

正宮として使われていた昌徳宮（仁政殿）

の世間、社会というものを知らずに、限られたごく狭い世間に息をしてきたのである。

＊1　「京城」は日本語読みでは「けいじょう」である。あえて朝鮮語で読めば「キョンソン」となるが、もとは「漢城《ハンソン》」と呼ばれた朝鮮の都を、韓国併合後に日本が改名した呼称なので、もとから存在する他の朝鮮の地名のように単純に朝鮮語のルビを振ることがためらわれる。本書では「京城」が頻出するが、あえてルビを振らずにおく。なお、「ソウル」とは朝鮮固有語で「都」を意味する言葉で、厳密には元来、地名ではない。

## 《高宗の愛と死》

不遇な晩年に授かった利発な娘への高宗《コジョン》の愛は、ひとしおではなかった。

徳恵の通う幼稚園にしばしば電話をしてきては、徳恵を電話口に呼び出し、「今は何をやっているのか？」「風が吹いてきたが寒くはないか？」など、直接に尋ねた。

徳恵も父を慕った。常々、女官たちにもらしていたという。

**「わたしは父上とちょっと離れても、とてもなつかしくなるの。母上はそれほどでもないのに……」**

王宮の女官を長くつとめた金命吉《キム・ミョンギル》の回想録『楽善斎周辺《ナクソンジェチュビョン》』（1977　中央日報・東洋放送）で紹介されたエピソードだが、徳恵のこの言葉は、高宗への愛を語る際にしばしば引用される。

　ただ、日本語への翻訳文では充分に伝わらないものの、原文の朝鮮語が宿すニュアンスの深さは注意を要する。「父上」は「アバママ」と、王族内でしか使えない敬語が使われているのに対し、「母上」は、「アバママ」の女性版である「オバママ」ではなく、普通に母親を呼ぶ時に使う「オモニ」の敬語体「オモニム」が使われている。

　つまり、徳恵は女官出身の側室であった母に対して、「オバママ」とは呼ばず（呼べず）、明らかにランクの差のある言葉を用いている。宮中のしきたりをよくわきまえた上で、あえて実母に対して遠慮のある表現をとっている。純粋な愛情から父と母を比べるのではなく、そこに身分の差があることを承知しているのだ。

　かつては王であり皇帝でもあった老父が寄せる無二の愛に、徳恵もこたえ、父を慕ったことは間違いない。だが同時に、その愛情は父に依存しようとする心と不可分であったろう。低い身分の出身の側室から生まれた子が、父の愛情を失ったならばどういうことになるか、持ち前の利発さが本能的に悟らせたものでもあったろう。

　父娘間の愛の絆は、老父が斃れるまで続く。その前日、１９１９年１月20日にも、幼稚園にいた徳恵は電話で高宗と会話をしたという。老父が尋ねた。

「今は何をやっているか？」

「**ただ今、お遊戯にございます**」

「踊っているのが見えるようだ」

高宗（『百年前の記憶・大韓帝国展』図録、韓国・古宮博物館、2010年発行より）

徳恵は胸騒ぎがしたのか、帰りを急いだという（『京城日報』1930年11月5日の記事より）。

徳恵の予感は正しかった。その夜、普段通りに側近たちと語らい、夜更けて一同が下がった後、高宗は茶を喫し、寝所に入ったが、ほどなくして苦しみだし、21日の早朝には絶命してしまう。

朝鮮王朝の黄昏を生き、大韓帝国の皇帝となったものの、亡国の悲哀を一身に浴びることになった老太王は、突然に、あっけなく世を去ったのであった。

そのあまりの急逝に、毒殺の噂がたった。皇太子の李垠《イ・ウン》（純宗《スンジョン》の異母弟）と梨本宮方子《なしもとのみやまさこ》の婚礼が1月25日に予定されていたが、高宗の死により延期となった。

満6歳にして父を喪った徳恵の嘆きは、ひとかたではなかった。肉親を亡くした哀しみに、頼るべき人を失ったという不安も重なっていたことだろう。

徳恵の人生を鳥瞰すると、人生の節目節目で、「喪失」に見舞われている。6歳にして、父であり王宮のなかの最大の庇護者を喪ったことは、生まれて初めて知る大きな喪失であった。

国父の逝去――しかも毒殺の疑いが拭えない突然の死を受け、社会も騒然としてきた。

3月3日に定められた高宗の国葬に合わせ、日本の植民地統治に反対する国民的なデモが全国的に湧き起こった。3・1独立運動である。

「独立万歳《トンニプマンセ》！」を叫ぶ人々の声は、往来を埋め、国中に轟きわたった。怒濤のような叫びは、王宮からも聞こえたはずだが、幼い徳恵にはその意味はまだ理解できなかったであろう。

既に日本の統治に組み込まれている朝鮮王室としても、この独立運動に和して行動をとることはなかった。わずかに、高宗の5男の李堈《イ・ガン》が、一時期、上海臨時政府に呼応して独立運動に加わろうとしただけで、それも計画は挫折し、中途半端に終わった。

高宗の死とともに、徳寿宮《トクスグン》の幼稚園は閉じられ、やがて徳恵は、徳寿宮を出て、昌徳宮《チャンドッグン》に移った。生母の福寧堂梁氏《ポンニョンダンヤンシ》とともに、昌徳宮内の観物軒《クァンムロン》に暮らしたといわれる。実子のいない純宗は、李王一族のうち唯一の王女である徳恵を、娘のように可愛がったという。

高宗没後、1919年後半から1920年いっぱいの徳恵の記録が極めて乏しい。亡き父の喪に服していたからであろうが、徳恵自身の言葉に出会えないのが残念だ。

そのなかにあって、わずかに1920年6月3日付の『東亜日報』の記事は、昌徳宮での日課、そして当時の徳恵の様子を活き活きと伝えている。

7時半に起床、両殿下に朝の挨拶。その後、朝食。9時半から正午まで、学友たちと勉強、佐々木、住永の2教師から、日本語、算術、作文、絵、書などを学ぶ……。

徳恵の生母・福寧堂梁氏(『徳恵翁主展』図録より)

「ご学友」が3人、実名をあげられている。閔泳瓚《ミン・ヨンチャン》の娘、閔龍安《ミン・ヨンアン》(10)。韓相龍《ハン・サンニョン》の娘、韓孝順《ハン・ヒョスン》(11)。李載崑《イ・ジェゴン》の孫娘、李海順《イ・ヘスン》(10)――(括弧内の年齢は数え年)。

「閔龍安」とされたのは、「閔龍児《ミン・ヨンア》」の間違いであろう。「韓孝順」とは「韓孝男《ハン・ヒョナム》」のことで、これは資料によって両方の名前が登場するので、同一人物が2つの名前を使っていたらしい。3人ともに朝鮮貴族の娘たちで、徳寿宮の幼稚園でも一緒だった。閔と韓とは、この後、日出小学校にも徳恵と一緒に通うことになる。

昌徳宮での日課に戻ると、「ご学友」たちと昼食をとった後、午後も引き続き、球技など宮殿の敷地内での遊びや運動に興じる。その間、昼と夕方には孝徳殿《ヒョドクジョン》に参拝もし、亡き父の魂に祈る。以前にはピアノやバイオリンなどの楽器にも親しんだが、父亡き後は、歌舞音曲の類は遠慮している。

記事は最後に、ごく最近の徳恵の様子を伝えている。

数日前、末松李王職事務官が日本出張のお土産に蛍をもってきたので、夜になると、**小さな籠に入れた蛍のかすかな灯を眺めながら、亡き父を偲んでいる**という。

籠のなかに点滅する幽玄の光。ほのかな灯りに滲む懐かしいあたたかみ……。父を亡くして以降、癒されることのなかった喪失感と哀しみが、蛍によって、ふと和らいだのであろう。

淋しさのなかで、少女の感受性は研ぎ澄まされ、豊かに成長しつつあった。

徳恵らを教えたという2名の日本人について、フルネームを確認しておこう。佐々木春尾（鉄道病院長だった佐々木四方志の夫人）と、住永秀子である。住永は朝鮮語にも堪能で、この先、李王家とも、徳恵とも、長い縁をもつことになる。

ここまで、誕生以来、幼少期の徳恵について見てきた。徳恵の人生の第1幕は、やはり父の高宗があってこそのものだったと感じる。

老いたりとはいえ、高宗は19世紀中葉から20世紀初の朝鮮を引っ張って来た王であった。古い王朝が近代国家＝大韓帝国を形成する際には、初の皇帝ともなった。

老王の愛を一身に受けて、徳恵は育った。その威光を最大限に浴びて、徳恵はプリンセスの道を歩き出した。実母の身分が低かった分、幼い徳恵にとって、父の存在は絶対的なものだった。

高宗の死は、少女の胸に深い影を落とした。だが、哀しみは人としての成長をも促す。蛍の灯を眺め、亡き父を偲ぶ少女の姿には、その存在の奥深くに、「詩」が胚胎しつつあることを窺わせる。そのような世界に、少女の感受性が向かう下地がはぐくまれつつある。

無論、少女は無自覚であったろう。だが、その内なる「詩」は、人生の次のステージにおいて、周囲の大人たちを驚かすほどの才能の開花となって現れることになる。

それには、日出小学校という新たな舞台と、ひとりの女性教師との出会いを待たなければならなかった。

# 第2章　日本人児童とともに——京城・日出小学校　その1

《日出小学校に編入学》

1921年4月1日の朝——。2頭立ての馬車から降りたひとりの少女が、南山《ナムサン》の麓に建つ赤煉瓦の堂々たる校舎の校門をくぐった。

学び舎は京城随一の小学校として知られた日出《ひので》小学校。少女は、ほどなく満9歳を迎える徳恵であった。

「**中央から振り分けた下げ髪に真紅のリボンをかざし、紫地友禅振袖の召物に同じ紫緞子《どんす》の袴**」をはいた姿は、可憐にして華やかで、いかにも春らしい。

日本風の出で立ちは、少女の出自からすればかなりの異風のはずであったが、本人は一向に頓着することもなく、初登校にふさわしい晴れ着に身を包んで上機嫌だった。

お付きの人々も従えての登校であった。李王職から庶務課長の今村鞆と尹世鏞《ユン・セヨン》、教育係の佐々木春尾と住永秀子、朝鮮人女官の劉《ユ》氏、そして幼稚園以来の学友、閔龍児《ミン・ヨンア》と韓孝男《ハン・ヒョナム》……。

翌日、4月2日の『京城日報』に、「御機嫌麗しく　阿只姫の御入学」という見出しの大きな記事が載った。徳恵の出で立ちや随行の人々の名前などは、この記事に依る。

記事に併せ、写真も2点掲載されている。ひとつは、佐々木夫人に手を取られるように付き添われつつ、校舎へと歩いて行く徳恵。もうひとつは、講堂でクラスメイトたちに囲まれた徳恵……。

どちらも、その表情は潑溂とし、輝いている。新しい門出を、自らが銅鑼《どら》を打ち鳴らして祝わんばかりに、気力に溢れ、生気がみなぎっている。

この日、日出小学校では午前9時から、新学年をスタートさせる始業式が行われた。徳恵は第1学年を飛ばして、いきなり第2学年に編入学したのだった。

編入先は2年3組、担任は鈴木ハル。徳恵は64名のクラスメイトたちと一緒に学ぶことになった。

日出小学校は、当時、朝鮮の学習院とも呼ばれた名門小学校だった。通うのはもっぱら京城に暮らす日本人の子弟で、わずかにいた朝鮮人児童は、富裕な、そして日本統治に協力的な朝鮮人の子弟に限られていた。授業はすべて日本語であった。

徳恵を受けもった担任教師、鈴木ハルの回想がある。

「徳恵姫のご入学なさいましたのは二年生の始めで、教室内の姫の机や腰掛は栗色塗の立派なものになり、

日出小学校初登校時の徳恵（京城日報、1921年4月2日より）

トイレも別に建てられました。大山校長は校長室を姫・学友の閔龍児・韓孝男・女官二人即ち五人の控室とされ、校長自身は教員室に移られました。学友として、渡辺喜久子、武田民子、松村知子、末松下枝子、碓井喜美子の五名を選び、姫の御机の直後左右に席を定めました。そしてご登校の際は、玄関までお迎えし、控室にお送りしました。又**御下校の時は、姫が教員室の戸を女官に開けさせられ、先ず校長先生に、次に在室の先生一同に丁寧に御挨拶されました**」――（『わが赤煉瓦の学び舎　京城日出小学校百年誌』から孫引き。オリジナルの文章は『クラス会誌　第2号』）。

日本の王族ともなった李王家のプリンセスを迎えるにあたって、日出小学校側はいろいろと気をつかったようである。

朝鮮人児童の学友としては、徳寿宮《トクスグン》の幼稚園、その後の昌徳宮《チャンドッグン》での教育の延長で、閔龍児・韓孝男がいた。ただ、韓孝男は年が上なので、1年上のクラスに通うことになった。

年齢で言うと、徳恵の同級生となった日本人児童たちは、徳恵よりも1歳ほど下であった。昌徳宮で亡き父の喪に服しひっそりと暮らしていたところに、小学校に通うことがにわかに決定されたので、第2学年からの編入学となったのである。年齢だけで言うなら第3学年からになるべきだったが、さすがにそれでは同級生との間の差が大きすぎると判断されたものだったろう。

日本人の「ご学友」として、学校側が選んだ少女たちについて見てみると、渡辺喜久子は「渡辺博士」（おそらくは渡辺嘉一＝日本の土木の父と言われ、朝鮮の鉄道建設にも多く関わった）の娘、松村知子は朝鮮総督府殖産局長の娘、碓井喜美子は逓信局長の娘であったとされる。また武田民子は日出小学校に在職した教職員・武田知星の娘、末松下枝子は李王職事務官・末松熊彦の娘であった。

同級生のなかから、朝鮮総督府の高級官僚らの娘たちと、李王職職員や教職員の娘を、バランスよく選んでいることがわかる。教室では、徳恵は閔龍児と並んで最前列中央に座り、その左右と後ろを日本人「ご学友」たちが囲むかたちで席をとった。

かなり後になるが、1931年11月27日の『京城日報』に載った「ほほ笑ましき語り草　府内小学校ペン行脚　日出小学校の巻12」の「徳恵様　忍ばれることども」の記事において、徳恵の初登校にも付き従った李王職庶務課長（当時）の今村鞆が、日出小学校編入学の事情を語っている。

それによれば、当時の李載克《イ・ジェグク》李王職長官、国分象太郎次官、韓昌洙《ハン・チャンス》賛侍司長らが、小学校入学が姫のためになると考え、内々に李王（純宗《スンジョン》）の許可を得たが、頑迷な廷臣や女官たちは反対するので、秘密裏に妃殿下付きの嘱託住永秀子と打ち合わせ、学校用品の調達などの準備を進めた。また日出小学校の大山一夫校長とは今村が直接会って、事に当たった。今村は徳恵の教育の主任というような役目だったので、徳恵の在学中は時々日出小に出向き、勉学の模様を伺ったという。

この回想によって、朝鮮王宮側からは、必ずしも歓迎する声ばかりでなかったことが知れる。明らかな反対勢力が存在したので、慎重に事を運び、秘密裏に準備を進めたのである。

廷臣たちや女官らが反対した理由は、旧来の慣習からすれば、王女（側室の娘の「翁主《オンジュ》」も含め）が王宮から出て外の学校に通うなど、前代未聞の出来事であるのと、やはりそこが日本人による日本式教育の場であることへの抵抗感であったろう。

それを裏づけるのが、金命吉《キム・ミョンギル》が王宮での女官体験の思い出を綴った『楽善斎周辺』に載る、日出小学校に通い始めた徳恵の様子を語った次の下りである。

「**徳恵翁主は下駄を履き、羽織を着て通学なさった。家に戻られると、学校で習った「蛍の賛歌」などを歌う**などして、その姿は、日本の子供と変わりなく、ぎょっとさせられたことを思い出す」——。

当時の女官の率直な感想であったろう。日本人の学校に通い出したことで、朝鮮の王女の日本化が加速度的に進むことに、内心穏やかならぬものを感じていたということだ。

ただ、この本は大韓民国になってからの著述ということもあり、証言には少々乱暴な部分もある。「下駄を履き、羽織を着て」とあるが、「下駄」とはおそらくぽっくりのような履物のことで、「羽織を着て」とあるのも、下駄と合わせて、要は朝鮮王女にふさわしからぬ日本風の出で立ちで、ということを言いたかったものと思われる。

服装に関しては、始業式翌日の『京城日報』に、初日のみは紫地友禅振袖に紫緞子の袴という派手な装いだが、翌日からは銘仙の元禄袖、カシミヤの海老茶袴という質素で活動的な服装にするという旨が、伝えられている。また、6月以降には、小学校の指定した紺セルの洋服姿で登校することにもなったので、必ずしも、和服一辺倒だったわけではない。

ただはっきりしていることは、朝鮮の民族服（チマ・チョゴリ）姿で登校したことはなかったということだ。徳恵に付き添う女官はチマ・チョゴリ姿のままだったが、主として日本人児童の通う日出小学校で徳恵が朝鮮服を着ることはなかった。

服装のことはさておき、金命吉の証言で気になるのは、「蛍の賛歌」という歌のことである。前章の最後で紹介したが、徳恵にとって蛍は、亡き父を偲ぶ思い出につながっている。

末松李王職事務官が日本出張の土産にもってきた蛍を籠に入れ、夜になると、籠の中から漏れる蛍の灯を眺めつつ、亡き父の高宗を偲んでいたというのである。

蛍の歌を歌う時、徳恵の胸のなかでは、亡き父への愛がこだましていたのかもしれない。そういう繊細な少女の感性を、金命吉は見落としている。

また、王宮育ちの少女が何故、市中の学校に出ることを喜んだのか、よしんば日本の服を着、日本の歌を歌うことになっても、成長過程にある少女にとって、宮中を縛る古いしきたりを超えて外へ羽ばたき、新しい知識に触れることがいかに心ときめくことであったか、その点に関しても、理解が薄い。

ここは重要なポイントである。

日本人学校での日本語教育に徳恵を導いた日本側には、彼らが気づいていない朝鮮側の視点、思いがある。「導いた」という表現を使ったが、朝鮮側の視点からすれば「押しつけられ」とも「強制され」ともなる。一方で、民族的な視点が優先される朝鮮側には、徳恵の個性の芽生えと自我の発育に目が届いていない。

そういう谷間に徳恵は育つ。これから先も、常に両者の板挟みのような谷間が徳恵の立ち位置となっていく。

＊1　日出小学校の「日出」は、「日の出」とも「日之出」とも書かれることがあるが、本書では公式の「日出」で統一する。

## 《徳恵姫と呼ばれて》

張りきって通学を始めたものの、ひと月あまりすると、徳恵は体調を崩す。

『京城日報』（日本語）、『東亜日報』（朝鮮語）、『毎日申報』（朝鮮語）などの新聞記事から情報をまとめると、5月6日から6月6日まで、1カ月間まるまる学校を休まざるをえなかった。微熱を生じ、升《しょう》麻《ま》葛根湯《かっこんとう》を飲んで治療したとある。

幸い体調も元に戻り、6月7日から再登校することができたが、この時は、新たに定められた学校の規則に従い、紺セルの洋服姿で通学することになった。再通学を始めた頃の徳恵の様子を、『京城日報』が伝えている（1921年6月14日）。

それによれば、**「尋常小学校国語読本」巻の三第十四、「うらしま太郎」の「取り読み」を、高らかな声で少しの間違いもなく、3、4ページを読み通した**という。

「取り読み」とは、当てられた児童がつかえたり読み違えたりするところまでずっと音読を続けることを言うが、当時の教科書をじかに確認したところ、国語読本の「うらしま太郎」は全体で7ページあり、ひとたび当てられた徳恵は、半分ほどをすらすらと読み通したことがわかる。日本人児童に比べても、これはかなりの実力だったはずだ。

記事の最後には、「今日から予《かね》てお噂のあったように徳恵様とお呼び申上げる筈である」ともあるが、これは、5月上旬に、ようやく正式に「徳恵」という名前が決まったことを踏まえている。

王宮では、「阿只氏《アギシ》」から「徳恵翁主《トッケオンジュ》」と、呼び方が改められた。朝鮮社会、またメディアもそれにならった。日本側では、「徳恵《とくえ》姫《ひめ》」「徳恵様」などと呼びならわすことになった。

6月14日の『京城日報』には、再登校したその日に徳恵が描いた絵が写真で紹介されている。さくらんぼであろうか、果物の実を描いたスケッチだが、絵の余白には本人の手で、「**六月七日　二の三　甲上　阿只子**」と書きこまれていて、この時点では、まだ「阿只氏」（阿只姫）を名乗っていたことがわかる。

記事では、図画は唱歌などとともに、徳恵の得意な学科である旨、説明されている。

翌年から2年間、徳恵の担任教師となる真柄トヨ[*1]は、日出小学校編入学の頃と時を限った上で、徳恵について次のように回想している（『京城日報』1930年10月31日の記事より）。

「姫には日出学校に**御入学の頃には御足など他の児童に比しお弱くあらせられたが非常に勝気でいらせられる姫にはつとめて御努力になり、雪の日の南山登山など御手に御負傷などせられても尚お登りになる程なのでズンズン御丈夫になられました。**御学問の方も好く御出来になるように云われていましたものの私などは高貴の方だから左様申上げるのであろうと考えていましたが、実際御訓育申上げるとほんとに驚き入る程の御成績で、殊に算術、書き方、図画、童謡など群を抜いて居られました」――。

入学当初に足が弱かったのは、それまで宮中から出たことがなく、基本的な運動経験が欠けていたからであったろう。それでも、一般児童らに劣るまいと努力する姿からは、少女の心を占めるプライドや克己心、向上心など、極めて前向きな精神が窺われる。宮中生活を統べる古いしきたりから跳躍しようとする意欲の顕れでもあったろうか……。

8月12日、小学校は夏休み中であったが、徳恵は、学校への往復の通学路を除いて、初めて城外へドライブに出かけた（『京城日報』1921年8月13日）。

「**徳恵姫の御見学　女官学友等を従えられ初めて城外に出で給う**」と

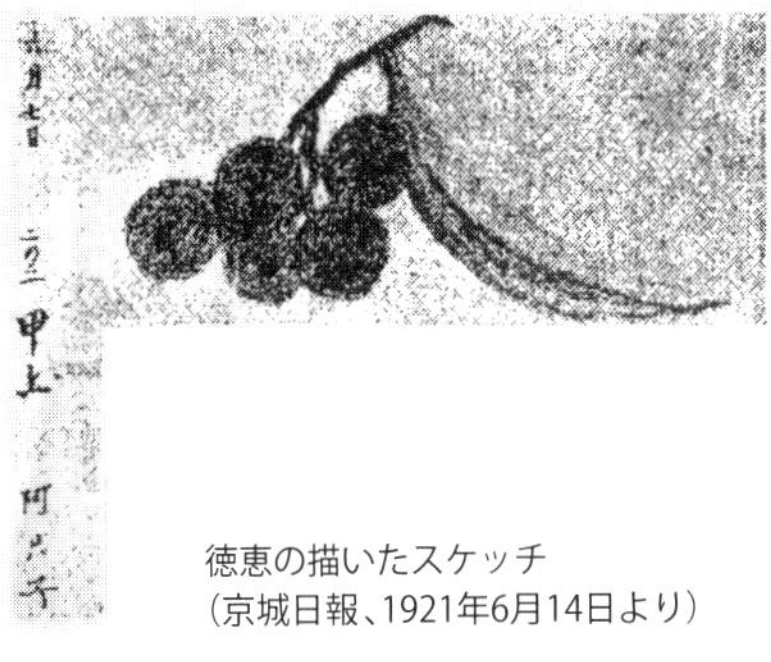

徳恵の描いたスケッチ
（京城日報、1921年6月14日より）

題された記事によれば、この日の午前9時に、「ご学友」２名（おそらくは閔龍児《ミン・ヨンア》と韓孝男《ハン・ヒョナム》）、住永秀子、女官、事務官1名ずつとともに、自動車で昌徳宮を発った徳恵は、龍山《ヨンサン》から漢江《ハンガン》の清流、人道橋、龍山停車場などを、３時間ほどドライブしてまわったとある。

「姫の南大門外に歩を進められた事は之を以て初めとし、かねて深宮に御起居あり、御外出としては漸く此の四月より日出小学校へ毎日既定の御通学あるのみにて**当日の御見学は其の幼な心の御歓び一《ひと》方《かた》ならず終始御機嫌麗しく**正午御帰り遊ばされた」——。

満９歳の徳恵——。つぶらな瞳をきらきらと輝かせた上機嫌のプリンセスが、目に浮かぶようである。記事にもある通り、日出小学校に通うようになって、広い世間に目を見開かされた少女の好奇心が、夏の市中ドライブを敢行させている。

わずか３年前、徳寿宮から昌徳宮に初めて出かけた際、多くの市民の姿を目にして、「あれも人か」、「目も口も鼻も阿只氏に同じようにあるか」などとお付きの女官に尋ねた時に比べると、著しい成長ぶりである。

10月22日には、市内鍾路《チョンノ》にあった、官立の工芸研究所と言うべき総督府中央試験所を、見学に訪ねた。翌日の『東亜日報』に載った「徳恵翁主見学」という記事からまとめると、22日（土）午後1時半頃、総督府中央試験所長・三山喜三郎の招待を受け、上林李王職次官、韓掌侍司長、今村庶務課長、女官２名らとともに、自動車で試験所を訪問、見学したという。

訪問の目的など、今ひとつよくわからないが、朝鮮の工芸品に関心をもったということだろうか。中央試験所長の招待を受けてということなので、王女の聡明さを聞きつけた三山所長が美しい工芸品の製作現場を案内し、朝鮮のこれからの産業について進講したものかもしれない。

なお、三山喜三郎は化学者で、漆塗料の研究が専門であった。ウルシオールの命名者として歴史に名を残している。

いずれにせよ、この訪問は、王族のプリンセスとして果たす、「公務」に近い性格のものだったように思われる。「ご学友」は呼ばれず、代わりに、お付きの役人が増えている。

季節がめぐり、翌年の春になった。3月3日、日出小学校では1年の学びの総決算のように、学芸会が催された。1500人の児童たちを主体とする午前の部に、800人もの保護者たちも加わっての午後の部と、都合2回行われる。

徳恵も「**お人形遊びの御作法遊戯**」**に出演**した。これ以後、学芸会のような、遊戯や童謡の歌唱、踊りなどの演《だ》し物を披露する場では、徳恵は常連として舞台に上がった。

王族なので、皆の前に出ることが求められたという事情はもちろんあるだろうが、実際に、踊りも歌も群を抜いて上手なのである。

初年度を締めくくるこの時の学芸会ではまた、生徒たちの自作の童詩に同校教師の野村嘉一が作曲した童謡唱歌が生徒によって次々に歌われ、新しい試みとして注目を集めたと、3月4日の『京城日報』の記事は伝えている。

児童たちが童詩を綴り、その詩に音楽をつけて歌う……。画期的な試みが、日出小学校では始まっていた。

1922年4月、徳恵は3年生になった。クラス替えはなく、同級生たちとともにそのまま上の学年に進んだが、クラス担任が新しくなった。

2年生の時の担任、鈴木ハルは和服を着て、古風な感じの日本女性だった。新しい担任の真柄トヨは、洋服を着、自由主義的な考え方をもつ新しい女性だった。

この年の6月、日出小学校では女性教員の服装を洋装に改めることになったが、真柄は新しい洋装の教員服を、裁縫教師の福井クニとともに考案し、デザインするようなことも手がけている。

真柄の新しさは、何よりも、児童教育に対する根本的な姿勢に表れた。児童がもつ純粋な童心に重きを置き、ひとりひとりの個性を尊重し、その伸長を大事にした。この点、真柄は大正リベラリズムの申し子であった。

日出小学校の教員たちと。後列右より真柄トヨ、鈴木ハル。前列右より大山一夫校長、徳恵、小川吉太郎（写真所蔵：韓国学中央研究院蔵書閣）

具体的な指導においては、童謡を重要視した。既存の童謡を児童に学ばせ、歌わせるだけではなく、児童自身の手で盛んに童詩をつくらせた。場合によっては、児童の詩に曲をつけ、皆で歌い、さらには踊りの振りをつけて遊戯にまでした。

真柄が日出小学校に奉職したのは、1917年からである。徳恵のクラスを受けもつようになったのは、真柄にとっては6年目、日出の校風にも馴染み、教師としての実力を存分に発揮できる頃合いとなっていた。

学校側もその実力に信頼を置くからこそ、日本の王族ともなっている李王家のプリンセスを真柄に託したのである。

徳恵にとって、この真柄との出会いは運命的なものとなった。真柄の指導の下に、徳恵は童詩に興味を覚え、大人たちを驚かすほどの才能を開花させた。徳恵自身にとっても、自分の内面や個性を表現できる手段を獲得することになるのである。

それは、朝鮮王宮の深奥に籠っていては、ありえなかった成長であり、また日本人学校に通ったとしても、真柄という新しい時代精神の持ち主に導かれることがなければ、なかったに違いない豊かな実りだったのである。

真柄は徳恵のみずみずしい「言葉」を開発し、授与する師となった。

先にも一部を引用した、真柄自身による徳恵の回想を再び引こう。

「**姫には御優しい中にも強い御性格で非常に勝気であらせられた。たとえば清書など御自分の思うように出来ぬ時は何回でも御出しになる**といった風でいらせられた。こんな御性質ですからどの科目でも得意にあらせられた。殊に**読方や唱歌など天性の美声で、ほんとにほろりとさせられる程**でした。ある時御生母の許へ私達を御招きになり御生母の前で『**月夜のうさぎ**』**を御歌いになられましたがほんとに天女のようにお麗しく**御生母は御嬉しさに涙ぐんでさえ居られた程でした。又非常に友をお憐《あわれ》みなさる御性格で遠足などに御都合でお出にならなかった時などの翌くる日の綴方の時間に『**遠足に行けなかった記**』**というのをおつくりになり**『**雨が急に降って来たのでお友達の皆さんがどんなに御困りになって居られるだろうと考え通していた**』などとほんとうに心からお友達を御案じになられたように拝されました』――（『京城日報』1930年11月6日）。

担任をつとめてから8年後の回想だが、真柄の記憶のなかに徳恵の声や言葉がなおも生きているのがわかる。

真柄の教えを受け、日出小学校2年目の徳恵は、成長を重ねていく。

だがその成果が花と咲く前に、満10歳になる少女は、朝鮮のプリンセスとして、王室の大きな行事に立ち会わねばならなかった。

＊1　真柄トヨの当時の姓の正しい表記は「眞柄」だが、本書では「真柄」で統一する。なお、「麻柄」という表記で登場する記録も多い。

## 《甥の王子の死》

伊藤博文の手引きで日本に留学し、長く東京に暮らす徳恵の異母兄・李垠《イ・ウン》が、日本の皇族、梨本宮《なしもとのみや》方子《まさこ》と結婚したのは、1920年4月28日だった。もともとは1919年の3月に結婚を予定していたが、突然の高宗《コジョン》の逝去により、1年間延期になったのである。

日本の韓国併合によって強いられた政略結婚ではあったが、幸い夫婦仲はよく、21年8月には長男の晋《ジン》が生まれた。李垠は王世子《ワンセジャ》と呼ばれる王位継承者筆頭格（皇太子）であったので、長男の晋も将来、李王家を継ぐことになる立場にあり、王子と呼ばれた。

1922年4月、李垠は妻の方子を伴い、初めて夫婦そろって朝鮮に「里帰り」をすることにした。8カ月前に生まれた晋とともに、夫妻は京城に向かった。

徳恵は、父の高宗逝去の折を始め、李垠が朝鮮に帰京した際には、この兄とは王宮で会う機会をもっ

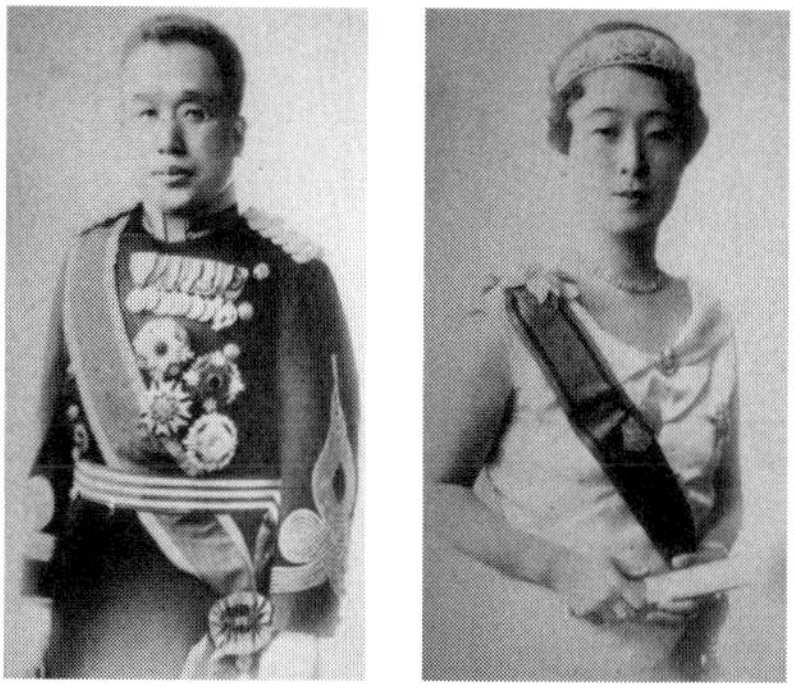

李垠と梨本宮方子（『百年前の記憶・大韓帝国展』図録、韓国・古宮博物館、2010年発行より）

たが、方子とはそれまで直接の面識はなかった。

兄嫁、そして彼女にとっては甥にあたる幼子・晋との新たな出会いに、徳恵は胸をふくらませていたはずである。

王子を伴った李垠・方子夫妻は、4月23日に東京を発ち、26日に京城に到着、徳寿宮《トクスグン》に入った。

この日の『京城日報』は、王世子、同妃、晋王子を迎える王族たちを紹介する記事を掲載したが、徳恵に関しては「**満点づくめの徳恵姫　算術は最も得意**　家庭教師住永女史の感話」と書いている。

日出小学校に通うようになっても、引き続き、王宮では住永秀子が教育面で面倒を見ていたことがわかる。算術が最も得意として、童謡があげられていないのは、新担任の真柄トヨの訓育がまだ行き届いていないからであろう。

4月28日には、李王の居所である昌徳宮《チャンドッグン》で、「覲見《きんけん》の儀」が行われた。王世子夫妻が李王（純宗《スンジョン》）と王妃に対し、初めて拝謁する儀式である。朝鮮での結婚式という意味合いも兼ねて、2年前の東京での婚儀の日が選ばれた。

この日の方子の衣装をどうするかで、議論があった。初めは李王の意向で洋装とされたが、朝鮮の古式にのっとるべきだとする声が起こり、また方子自身の「自分は進んで朝鮮の人になったのだから、いかなる場合も朝鮮服を着る事を希望する」との思いにより、朝鮮服に決定したという。

その日、昌徳宮での儀式が済んだ後、正装のまま撮影された写真がある。

「観見の儀」の後の記念写真。左から徳恵、方子、尹王妃、純宗、李垠、侍従に抱かれた晋
（『徳恵翁主展』図録より）

中央に李王・純宗と尹《ユン》王妃。李王の右手の男性が李垠。李垠の右手に、侍従に抱かれた赤ん坊が王子の晋である。

尹王妃の左隣が方子。いかにも重そうな大髪を結い、朝鮮式の宮中大礼服に身を包んでいる。方子のさらに左、端に立つのが、ほどなく満10歳になろうとする徳恵だ。

ちなみに、この時の徳恵の衣装が、1989年、東京・新宿の文化学園服飾博物館で私の目を射抜いたのである。「唐衣《タンイ》」と呼ばれる正装の宮中衣装だが、上着は薄い緑色の地に金糸で「福」「壽」という文字をいくつも縫い込んであり、優雅で気品に溢れ、着る人の高貴さをも映し出していた。

京城の王宮で、初めて会った義理の妹、徳恵の印象を、方子は次のように回想している。

「熙政堂《ヒジョンダン》で行われた晩餐会のあとは、くつろいで、李王両殿下はじめ皆さま方と談笑してすごしましたが、私のかたことまじりの朝鮮語がこの場のふんい気をいっそう和ませたように思います。**じっと、義**

**姉の私をみつめていらっしゃる徳恵さまのつぶらなひとみ**に、そっと微笑みかえすと、**にっこりと、はにかまれながら、それでもまた、親しみをこめてこちらをみつめられるおかわいらしさ……**」（李方子『流れのままに　李方子自叙伝写真集』1978　明恵会[*1]）——。

京城滞在中、李垠と方子は宗廟参詣《チョンミョ》（4月29日）など、種々の行事に追われたが、徳恵に関係するものだけを挙げると、以下のようになる。

5月5日の午前、李垠・方子は夫妻そろって日出小学校を訪問した。この日は端午の節句にちなんだ学芸会があり、それを見学しに寄ったのである。

同日午後2時からは、昌徳宮の奥の秘苑《ピウォン》にて李王並びに王妃主催の御成婚御披露園遊会が開かれた。斎藤実朝鮮総督など、1500人もの人々が集まったという。李垠・方子の夫妻はもちろん、赤ん坊の晋も、そして徳恵もそのなかにいた。

5月7日には、李垠・方子夫妻の主催により、徳寿宮の石造殿《ソクジョジョン》にて晩餐会が開かれている。昌徳宮から、李王始め王族など40人ほどが招待された。このことを伝える新聞記事に徳恵の名前はないが、おそらくは参加したものと思われる。

5月9日の午前10時50分発の臨時列車で、李垠・方子夫妻は晋王子を連れ、帰路につくはずであった。ところが、8日の晩になって、にわかに晋が発熱し、苦しみだした。

医師らの懸命の介護が続くが、晋は嘔吐と下痢を繰り返した挙句、11日の午後、8カ月の短い生涯を終えた。8日まではどこも悪いところのない体だったが、突如として発病し、あまりにもあっけなく逝ってしまった。医師は消化不良としたが、自然死ではない、毒殺の疑惑が囁かれた。

悲報はただちに徳寿宮から昌徳宮へと伝えられた。李王は驚き、かつ嘆き、夕食後は衝撃のあまり自身も少し体調を崩した。

「李王妃殿下も非常にお嘆きあらせられ、**阿只氏徳恵姫にも御嘆きあらせられた**」と、5月13日の『京城日報』は伝えている。

5月17日に晋の葬儀がとり行われ、翌18日、李垠・方子夫妻は李王夫妻にお別れを言上した後、夜8時半の列車で京城を発った。往路は家族3人であったものが、帰路は2人だけの哀しみの旅路となった。

王世子夫妻の朝鮮来訪にあたっては、「内鮮一体」を象徴する慶事だとして、盛大な祝賀行事が行われた。4月26日の夫妻の京城到着時には、京城駅や沿道に、多くの歓迎者が溢れた。

しかし、それらは陽の当たる表の世界のことであって、陰では慶事を喜ばぬ人たちがいたのである。しかも、歓迎できないというレベルに留まらず、小さな命の死を願い、暗殺を企て、実行した者がいたらしいということなのだ。

朝鮮人王族と日本人皇族の間に世継ぎが生まれることを喜ばない者がいるということを、李垠と方子は身をもって知らされるところとなった。手を下したのは、日本人であるとも、朝鮮人であるとも言われ、どちらの側にも、そのように考える者がいてもおかしくないとされた。

この一連の騒ぎを、徳恵はどのように見、何を感じたであろうか――。

初めて会った兄嫁に対し、「にっこりと、はにかまれながら、それでもまた、親しみをこめてこちらをみつめられるおかわいらしさ」であったものが、「御嘆きあらせられた」に転じた、谷底に突き落とされたような落差そのものが、少女の受けた衝撃の大きさを物語る。

無垢な赤ん坊を、何故あえて殺さなければならないとする人間がいるのか、政治の理屈は、少女には理解の及ばないことであったろう。だが、肉親を突然にして喪うという哀しみと恐怖は、少女の心に癒えることのない傷として残ったはずである。

とっさに、徳恵は父高宗の死を思ったであろうか。父の死も、突然であった。そしてやはり、毒殺であるとの噂が絶えなかった。どちらも、植民地の王宮という、歴史の波に洗われ、ねじれた権威によって維持される、摩訶不思議な世界で起きたことだった。

少女が体験した身近なふたりの死――。どちらも尋常ならざる死であった分、月日がたち成長するにしたがい、徳恵の胸には、禍々しさが冷たい恐怖となって、記憶の底から突きあげてくることにもなったであろう。

少女の心に投じられた影が、この先、華麗な詩才のきらめきの洗礼を受けて、その詩を陰影に富むすぐれたものに仕上げるという思わぬ「果実」を生むことにもなった。

だが、そのさらに先、将来的には、闇を深めた挙句に、精神のバランスを崩す遠因にもなって行ったに違いないのである。

＊1　李方子の自伝として刊行されたものは、年代順に以下の通りである。『動乱の中の王妃』（1968　講談社）、『流れのままに　李方子自叙伝写真集』（1978　明恵会）、『流れのままに』（1984　啓祐社）、『歳月よ王朝よ』（1987　三省堂）――。3点目の『流れのままに』は、基本的には、写真と文章で構成されていた1978年の明恵会版の本文部分を使用したもの。どの著書も、完全な意味では本人自身の筆になるものではないらしく、時に微妙な事実誤認が見られ、また刊行時の時代的、社会的な歴史観に左右されるあまり、抜け落ちたり、本人の体験以外の内容が書き加えられたりした場合もある。本著では、主として『流れのままに　李方子自叙伝写真集』と『歳月よ王朝よ』を参照しながら、適宜、事実関係を確認しながら引用することにする。

## 《徳恵走る！　運動会などでの奮闘》

1922年初夏――。慶事が凶事に変わる大騒動を経て、王族たちにも「日常」が戻ってきた。6月5日には、朝鮮総督府が主催する初の公募美術展「朝鮮美術展覧会（鮮展）」を李王夫妻が参観したのに加え、徳恵も10日には足を運んでいる。閔龍児《ミン・ヨンア》と一緒だった（『京城日報』6月13日）。

3・1独立運動を機に、それまでの武断政治から、斎藤実総督のもとで文治政治へと転換がはかられたが、「鮮展」もその一環として、この年から始まったものだった（この先、1944年まで継続）。日朝美術家たちの競演となった展覧会には、朝鮮王族たちも臨席を求められたのである。

日出小学校3年生としての徳恵の日常も復活した。

彼女自身の動静を伝える記録がないのは残念だが、注目すべき内容が、7月23日の『京城日報日曜付録』に載っている。

在朝邦人のための日本語新聞『京城日報』は、朝鮮内の児童の手になる童詩の優秀作を、折に触れて掲載することがあった。そこに載るのは日本語の詩であるから、殆どが日本人の児童によるものだったが、7月23日に、武田民子の童詩「針山」が掲載されているのである。

「母さんの針山　いたいだろ　着物をぬうたび　ちくちくと　さしたりぬいたり　いたいだろ」――。

武田民子は、徳恵のために日出小学校が選んだ「ご学友」のひとりで、徳恵と机を並べていた少女である。その少女の童詩が、新聞に掲載されているということは、4月から担任となった真柄トヨの指導が早くも成果をあげているということになる。

おそらく、この方面の教育に熱心だった教師たちは、『京城日報』の文化部とつながりがあったのだろう。教室でつくらせた児童の童詩にすぐれたものがあった場合、全国から新聞社宛てに送られるシステムができあがっていたかに思われる。

もちろん、徳恵は王族であるから、一般児童のように気安く新聞掲載にもって行くわけにはいかない。だが、武田民子の作品が新聞に載ったのを見ると、徳恵に関しても、真柄の指導を得て童詩の世界に慣れ親しみつつあったとことが推測される。

甥の晋の死後、喪失の哀しみの直後に、童詩と出会い、親熟するようになった意味は、実は大きい。この時期の作品がすぐに世に出るわけではなくとも、徳恵の繊細な心を映し込み、感情のひだを表現することのできる新たな器を得たことになるのである。

夏休みが終わり、秋学期が始まると、まもなく運動会が訪れる。日出小学校でも、９月30日の土曜日に、市内の奨忠壇《チャンチュンダン》公園で運動会が開かれた。

翌日の『京城日報』がこの運動会の模様を報じ、「**徳恵姫活発な御運動ぶりは一般観客の目を引き**」と伝えている。

日出小学校の同窓生たちが１９８９年の秋に発行した、京城日出尋常小学校第31回卒業生『誌上合同クラス会　第11号』は、奇しくも徳恵の訃報を受けての編集になったので、彼女に関する思い出が多く綴られているが、このなかに、運動会での徳恵について回想した文章が散見される。

同級生だった松永操子（旧姓松野）は、「一番印象深いのは奨忠壇で、運動会の時、二〇〇米の徒競走で、特別背が高かったのですが、**ずっと遅れて一番後から走って居られ、三つ編みにした髪が、お尻の**

**処でゆらゆらゆれていた**のを思い出します」と語っている。

　徳恵は年齢的には同級生よりも1歳上になり、そのこともあってクラスのなかでは背が高く、朝鮮の少女らしく長い髪を後ろに垂らしたさまが印象的だった。運動会では、この三つ編みの長い髪が背中で左右に揺れる姿が、多くの人々の目に焼きついた。

　ただ、ずっと遅れて走っていたという証言は、おそらくは前年、1921年の運動会での徳恵の様子だったかに思われる。というのも、やはり同級生だった大下雪枝（旧姓大石）が、次のように綴っているからだ。

「あれは三年か四年生の運動会の徒競走で、真柄先生が私を呼ばれ、徳恵様にお怪我が無い様御一緒に走る様にと言われ、日頃足の遅い私の事故《ことゆえ》、何のためらいも無く並んでスタート致しましたが、意外にも徳恵様は私が意識して足を遅らせる必要など無く、**必死で走られるので**、私は一生懸命でした。**思い切り御自分の力を出し切って頬を紅潮させ、ハアハアと荒い息をしていらっしゃった**あの時の御様子が、おぼろげ乍《なが》ら思い出されます」――。

　以前に引用した真柄トヨの徳恵に関する回想――日出小学校入学の頃には足が弱かったが、持ち前の勝気さから努力を重ね、ずんずんと丈夫になっていった――と重ね合わせると、運動会でも、最初の年には他の児童たちに比べて歴然とした差があったが、2年目になると、真柄が足の遅い子と組ませる配慮をしたにもかかわらず、その必要がないほど、徳恵の身体能力は他の児童に引けを取らなくなっていたということではなかったろうか。

　それゆえ、力の限りを振り絞って走る徳恵の様子が、「一般観客の目を引」くことになったのである。このあたり、担任の真柄と同窓生たちの回想、そして当時の報道と、立体的に検証することで、徳恵の真実が見えてくる。

運動会から約10日後、日出小学校は再び大きな行事を迎えた。10月10日、朝鮮訪問中の日本の皇族、閑院宮載仁親王《かんいんのみやことひと》が、日出小学校を視察に訪れたのである。

陸軍大将でもあり、カイゼル髭で知られた軍人皇族を、徳恵は大山校長とともに、正門にて出迎えた。閑院宮は、真柄が指導する３学年の国語の授業を見学、**「徳恵姫が起立し、美しい声で国語読本巻の六第四『茸取り』をすらすらと朗読**」（『京城日報』10月11日）するのを聴いた。

日出小学校は日本内地で小学生が学ぶ教科書をそのまま用いており、徳恵が朗読した『尋常小学校国語読本』巻の六第四に載る「きのこ取」の話は、テキストを確認することができる。

「二三日降りつづいた雨がからりと晴れ上がったので、昨日のお昼すぎ、にいさんときのこ取に行きました」――と始まるお話は、兄と弟が山にきのこ採りにでかけ、山の木挽《こび》き職人の力蔵さんの案内を受けて、旬《しゅん》にはまだ早いシメジを籠いっぱいに採ることができ、帰りに力蔵さんにお礼を言うと、「一《ひと》雨《あめ》降ったら、又お出で」と挨拶を返されるという、ほのぼのとした素朴な内容である。

徳恵は美声の持ち主で、朗読も歌も上手だったと、これは真柄も回想しているところだが、見事な朗読を聴いた閑院宮は、大山校長に徳恵の出来を褒め、学校生活について質問したと『京城日報』の記事は伝えている。

言うまでもなく、徳恵にとって、本来、日本語は外国語である。しかし、朝鮮語を母国語とする10歳の少女が、日本人小学校のクラスを代表して、日本の国語の教科書をすらすらと朗読したのである。朝鮮の王女の聡明さは、閑院宮を通して、日本内地へも伝えられたことだろう。また朝鮮にあっても、日出小学校での徳恵の活躍が、学校を超えて、広く社会に注目を集めるきっかけにもなった。

10月21日、徳恵は日出小学校の同級生たちを王宮内の秘苑《ピウォン》に招待した。大山校長と真柄教諭の引率で、同級生たちは昌慶苑《チャンギョンウォン》に向かった。茶菓の饗応があり、秘苑では遊戯などもして、紅葉の始まった美しい秋の日を、ともに楽しんだ。

このことは、何故か日本語紙の『京城日報』には見当たらず、朝鮮語新聞である『毎日申報』の10月24日版に載っていたので、日どりまで含めて判明した事実である。

また、同級生だった井東三保子（旧姓関水）が67年後に綴った回想では、「学友達は昌慶苑にお招きを受け、広い内苑で遊戯をしたり秘苑を見せて頂き、孔雀の羽をおみやげに頂いたりしました」（『誌上合同クラス会　第11号』1989）とされており、お土産付きだったこともわかる。

さらに、先に引用した真柄の回想、「ある時御生母の許へ私達を御招きになり**御生母の前で『月夜のうさぎ』を御歌いになられましたがほんとに天女のようにお麗しく**御生母は御嬉しさに涙ぐんでさえ居られた程でした」とあるのも、この時のことを言ったものだろう。

生母の福寧堂《ポンニョンダンヤンシ》梁氏の立場からすると、もともと身分の低かった側室であっただけに、高宗《コジョン》という後ろ盾を失って以後、自分と徳恵がどのようになるか、心配は尽きなかったに違いない。

しかも、韓国併合後の亡国の王女が、果たして問題なく成長していけるのか、日本人社会のなかで疎んじられ、阻害されてしまうことはないのか、種々の不安に胸を痛めていたことだったろう。

この日、徳恵の成長著しいさまを知り、また、日本人同級生たちとも打ち解けて遊戯を楽しむ姿を目の当たりにして、梁氏は大いに安堵したかと思われる。

ひょっとすると、徳恵によるこの日の同級生たちの招待は、古い王朝のしきたりしか知らない生母に安心してもらおうという意図もあったのかもしれない。日本人の同級生と朝鮮人の生母との間で、ちょうつがい役となって働こうとする、徳恵の気遣いが感じられる。

１９２３年の年が明けた。４月から徳恵は４年生になる。その前、３月３日に、春の学芸会が行われた。

徳恵が参加した演組については不明だが、1学年下だった水町佐和（旧姓井形）が、学芸会での徳恵との思い出を述べている（『わが赤煉瓦の学び舎　京城日出小学校百年誌』１９８９）。

２年生の演《だ》し物は「春」と題された劇で、早春の野に遊ぶ朝鮮の母と娘が日本娘と出会い、ともに手をつないで春の訪れを祝い、歌うという内容で、井形は朝鮮服を着て舞台に立つ役であった。

学芸会が近づくと、出演の児童らは毎日放課後に練習を重ねたが、ある朝の休み時間、井形と、やはり朝鮮女性を演じるもうひとりの女児は、担任教師と校長に連れられて、職員室の隣の応接室を訪ねることになった。そこには、徳恵と朝鮮人「ご学友」の閔龍児《ミン・ヨンア》が女官とともに待ち受けていた。

「三人の方達はにこにこしながら迎えてくださいました。私は子供心に徳恵姫様とこんなに間近にお会いして、一瞬緊張致しました。すると待ちかねていたように女官がそばに置いていた赤・黄・緑・紺の色あざやかな朝鮮服を持って来て、私達を側《そば》に呼んで二人にそれぞれ着付けて下さいました。俄か朝鮮娘（キチベ）が出来上がりました。**徳恵姫は「かわいい」といって声を出して笑われた**のです」——。

チマ・チョゴリの朝鮮服は、閔の妹の持ち物で、上等なものだったという。要は、劇で朝鮮女性の着る民族服が必要になるので、閔龍児から借りる手筈になったのだった。

衣装も決まり、学芸会当日――。舞台に出る前の朝鮮服の着付けにも、徳恵が立ち会った。

「単純な劇でしたが、二年生の私には、朝鮮服を着たこと、そして私がチョゴリを着た時に、**徳恵姫が「私がしてあげよう」と言って、チョゴリの胸の紐を結んでくださった**ことが、とても嬉しかったのをいまだに忘れません。あれはネクタイ結びに似て、紐の輪が、やや斜めに綺麗に結ばれていないとおかしいので、私達には出来ませんでしたから」――。

舞台に立つ下級生の着るチマ・チョゴリの着付けを手伝い、チョゴリの胸の紐を朝鮮式に結んであげた徳恵――。その印象を、井形は次のように書いている。

「間近に接した徳恵姫様は、**お背もすんなりと、お顔は瓜実顔で肌がなめらかで色白く陶器のようで**した。いかにも深窓に育った方だなあと何か不思議な思いがいたしました。**笑った歯が白く、大きく、印象に残っており**これが本当のお姫様なのだと、しみじみ感じたものでした」――。

日出小学校に通い始めて2年、満10歳の徳恵を伝える文章は、今なお鮮やかな像を結ぶ。しかも、このエピソードでの徳恵には、どこか弾んだ気持ちが溢れている。曇りないその笑顔が、おのずと瞼に浮かんでくる。

日出小学校は朝鮮の学習院とも言われたエリート校である。通うのはもっぱら日本人児童で、授業はすべて日本語であった。しかしこの学芸会では、春を祝う朝鮮の娘が日本娘とともに登場する。劇の舞台は朝鮮で、民族服のチマ・チョゴリを着て演じられる。

そのことが、朝鮮の王女には、とても嬉しく、誇らしく思えたのだろう。

日出小学校に通う服装が、和服であったりセーラー服であったりして、チマ・チョゴリを着る機会はなかから廃されていたことは先に述べた。朝鮮の王女として敬われてはいても、校内で民族性を発揮することはまずなかった。

だが、朝鮮人であることを、徳恵が忘れたわけではなかった。日本人学友たちとの間で、朝鮮のことが肯定的にとりあげられる場合には、やはり歓びを覚えてならなかったのである。

# 第3章　花開く詩才――京城・日出小学校　その2

## 《4年生、きら星のような童詩》

1923年4月、徳恵は4年生になった。担任は前年に引き続き、真柄トヨである。

端午の節句の学芸会（ここでの徳恵の活動は記録がない）が終わってまもない5月8日、日出小学校の用務員・呉順吾《オ・スノ》が、勤続15年で京城府から表彰を受けた。全校生徒たちから愛された人だった。学校での表彰式では、呉本人とともに、児童のうち**徳恵だけが起立して**写真に納まった。

写真は翌日の『京城日報』に掲載されたが、**徳恵はセーラー服姿**である。他の児童らと同じ恰好なのだが、学生代表のような役割が徳恵に振られていることがわかる。

4年生の1学期は、徳恵の人生を俯瞰した時、大変に重要な節目に当たる。持ち前の詩才が、初めて社会に認められるかたちで、豊かな実りを迎えることになるからである。

1学期から2学期の初めにかけて書かれた童詩が、少なくとも3篇確認される。それらの作品は宮城道雄や黒沢隆朝《たかとも》といった作曲家によって曲をつけられ、レコードや楽譜を通して後世にも伝わることになった。日出小学校でもとりわけ童詩創作の指導に熱心だった真柄トヨの教えが、2年目を迎え、ようやく徳恵のなかで熟したと見てよいだろう。

　実はこの頃、京城では空前の童話、童詩ブームが巻き起こっていた。６月25日には、児童文学者の巌《いわ》谷《や》小波《さざなみ》が京城を訪れ、大歓迎を受けた。

　20代の頃から『日本お伽《とぎ》話』『世界お伽話』などのシリーズを刊行し、「お伽の国の王様」「お伽の国王」などと呼ばれた巌谷は、童話の口演や劇仕立ての公演にも積極的で、全国行脚を重ねた。この年53歳になるが、京城到着のその日から２つの講演をこなすなど、精力的に全朝鮮をまわった。

　学校を訪ねて児童、生徒らを前に語りもした。幼稚園から高校まで、訪れた学校は日本人学校だけでなく、朝鮮人学校も含まれていた。朝鮮滞在中の20日間に、60回もの講演をこなしたという。

　巌谷本人の情熱と活力もさることながら、それだけの回数の講演を歓迎する朝鮮全土のムードにも驚きを禁じえない。子供たちの情操教育における童話の大切さ、子供本来の純心に対する崇敬など、大正リベラリズムのなかで涵養された児童愛護精神が、海を越え、朝鮮にも伝播したのだった。

　巌谷が京城入りしたその日、『京城日報』には、「童話の使命と価値　巌谷小波先生を迎えて　家庭の教育に訴う」という記事や、北原白秋の寄稿による「子供の生活そのものが純真な詩となる　理解する芸術心のない大人　母親は何《ど》うすればよいか」といった記事が載った。

　巌谷が日出小学校を訪ねたという記録はないが、徳恵を教えた真柄トヨも、このような時代精神を体現した存在だったのである。

　ここで気をつけねばならないのは、この時代——大正期の童謡復興運動《ルネサンス》においては、童謡がしばしば唱歌への対立概念として考えられていたということだ。

　唱歌が、明治以来の富国強兵を旨とする国家的価値観——忠君愛国や父母への孝行などを奉ずるためにつくられ、教訓性とともに歌われ、教育の場で扱われてきたことに対し、童謡は、そうした国の命題や大人の理屈を抜きに、まずは子供本来の童心に立ち返ることを重要視した。子供ひとりひとりの個性が尊重され、社会の常識の枠に凝り固まってしまう以前の、自由な発想が大切にされた。

そこには、新しい時代の息吹が吹き通っていた。童謡だけでなく、子供の手になる詩＝童詩も、同じ風によって勢いづけられた。日出小学校でも、真柄の指導の下、子供たちによって盛んに童詩がつくられたのである。徳恵も例外ではなかった。

そのようにして生まれた徳恵の童詩のうち、4年生の1学期に生まれたことが確認できる詩がある。「蜂」――。1925年3月26日の『京城日報』が、宮城道雄が曲をつけた「蜂」が日本のラジオで放送されたことを報じたなかに、徳恵作のこの童詩が日出小学校4年生の1学期に書かれたと記しているので、作詩時期が特定できるのである。

**蜂**

**黄色い服着た**
**小さな蜂は**
**おしりに剣**
**兵隊のまねして**
**いばってる**

蜂の尻から突き出た針を、兵隊が腰にさす剣に見立てているが、針を上下左右に揺らす蜂の動きまでが目に浮かぶ。それを兵隊の威張ったさまに譬えるユーモラスな表現が何とも可愛らしい。観察眼の鋭さ、比喩の斬新さは、まばゆいばかりに鮮やかで、読む者をして思わず微笑ませずにいられない。子供らしい曇らぬ感性が、みずみずしい息吹を伝え、潑溂として、跳ねるような童心の輝きがある。

詩自体はいたって明るい。ただ、それを目にする現代の日本人からすると、ひやりとさせられる部分もある。

徳恵が蜂に譬えた威張った兵隊とは、当時の朝鮮にいくらでもいた日本人兵士のことではないだろうか。朝鮮の人々に対し居丈高な態度をとる日本兵が、徳恵の周辺にも多かったのではないだろうか。お尻の先の針を動かす蜂を見て、威張った兵隊を連想させてしまうほどに、日本兵が、朝鮮の王宮を、そしてその王女を、幾重にも取り囲んでいたのではなかったか……。

もちろん、兵士という存在、そして彼らを呼ぶ「兵隊」という言葉に対する感覚は、今とはだいぶ違う。敵方の命を殺《あや》める強面《こわもて》の軍人という恐怖のイメージは、時代として共有されていない。日本人社会においては、逆に、一兵卒に寄せる庶民的な「親しみ」のような感情さえまとわれている。

だが、徳恵は——、朝鮮の王女は、見てしまったのかもしれない。大人の理屈に染まらぬ聡明な頭脳としなやかな感性が、鋭くも、植民地朝鮮にあっての「兵隊」の実相を、嗅ぎつけてしまったのかもしれない。それがまさしく、大人の理屈を超えた童詩という世界において、はしなくも吐露されていたのではなかったろうか……。

明澄なイメージと響きを得てピンと張られたユーモアの奥に、何がしかの陰がひそんでいることを、感じずにはいられない。燦々《さんさん》とした陽だまりのなか、詩は明るいユーモラスな姿に跳ね踊るのだが、その周囲には、いつしか氷のように冷たい影が忍び寄っている……。

そのような二面性の印象を拭えないのは、やはり4年生の前半に書かれた「雨」という童詩のせいもあるかもしれない。

なおこの童詩は、この年の秋に、「蜂」とセットにして宮城道雄に作曲が依頼されているので、相前後して生まれたものと推測される。

**雨**

**むくむくむくと**
**黒い煙が**
**空の御殿へ上がったら**
**空の神様けむいので**
**涙をぼろぼろ流してる**

潑剌とした陽光のなかに詠まれた「蜂」に比べ、「雨」は一見して、黒雲たちこめる暗く悄々《しょうしょう》とした世界をうたっている。前者が曇りない観察に裏打ちされた童心の表れなら、後者は自我に目覚めつつある少女の陰影に富んだ胸の内を明かしたものと言えよう。

雨をもたらす雲は黒々とし、むくむくとおそろしげに湧きあがる。雨は、空の御殿の神様がむせび泣く涙だというのである。邪気のない譬えをつむいだ子供らしさの底に、静かな哀しみが滲む。

満11歳になる徳恵の心に、晴れることのない陰画が刻されていたことは疑いようもない。

おそらくこれは、４年前に世を去った父・高宗《コジョン》と、１年前に亡くなった甥の王子・晋《ジン》と、ふたりの肉親の不慮の死が大きく影響しているのだろう。「空の神様」という表現を見れば、とりわけ父王を亡くした哀しみや喪失感が、この詩の生まれる淵源になったと見てよいかと思われる。

こうした思いは、亡国の王女という立場上、表立っては、なかなか言葉にしにくいものであったろう。しかし、童詩というかたちでなら、胸のなかにうずくまり、わだかまる思いを、森羅万象に載せ、イメージを飛翔させて表現できることを、徳恵は知ったのである。

時代潮流としての童話ブーム、そして真柄トヨの実践した個性尊重と童詩創作の教育が、徳恵の類まれな感性と、その胸にしまわれた多彩な思いに重なり、奇跡の果実を生み出した。

もちろん、当時の徳恵にとって、そのような客観的理論化は遠いものだったろう。何を見、何を聞いても、次々と詩が生まれる、尽きぬ泉を抱えた状態だったようである。

そのひとつの証拠となるのが、夏休みの８月半ば、東海岸の元山《ウォンサン》まで海水浴に出かけた際のエピソードである。

元山への海水浴行きについては、８月17日の『東亜日報』に載った「徳恵翁主元山御着」の記事で確認できるが、翌年３月26日の『京城日報』に、４月から担任となる小川吉太郎が「**元山に海水浴に参りました折日記をお認《したた》めになりましたが其端々にも童謡を口誦《くちずさ》んでいらっしゃいます**」と述べていることで、詩の生まれる旅でもあったことが裏づけられるのである。

残念ながら、その時の詩自体は伝わってはいないものの、感興の赴くまま、次々とイメージと言葉が湧きあがり、詩となっていったものだろう。

4年生になった徳恵の童詩創作は、一気に花開いた感がある。前記の2作品とともに、徳恵の代表作となった「びら」という童詩も、やはり4年生の時につくられた。11月には曲をつけて歌にし、発表会にかけられたので、4年生の1学期ないしは2学期早々にできていたことは間違いない。

**びら**

**南の空から　飛んできた**
**大きなお羽の　飛行機が**
**たくさんびらを　なげている**
**びらは金びら　銀のびら**
**私はそれが　ほしけれど**
**風の神様　つれてゆく**
**どこへ行くかと　見て居れば**
**鳶《とび》のところで　あそんでる**

この詩は、徳恵本人もたいそう気に入っていたというが、イメージの鮮烈さ、色彩的な豊かさ、そして大空にまたがるスケール感など、王女の詩才が見事に開花したことを物語ってあまりある。

在朝鮮の音楽家・丸山惣次郎[*1]と、東京から来朝した作曲家・黒沢隆朝の両者によってそれぞれ曲がつけられたこの詩は、日出小学校でも盛んに歌われ、同窓生たちの胸のうちにも鮮やかな記憶として長く残ることになった。

ただ、きらびやかな卓越した印象のなかにも、「雨」の詩と同じく、重い陰画がひそんでいるのを感じないではいられない。「風の神様」が連れて行くというびらの行き先が尋常でない。近代科学や新文明を象徴するような飛行機がまいた金銀のびらが、前近代の生霊のような鳶のところに引き寄せられ、そのまわりで遊び戯れるのである。

鳶は野性の息を呼吸しながら、堂々としている。言葉少なに登場するが、存在感は大きい。鳶に込められた思いは何か——。飛行機は日本、鳶は朝鮮と、そうした比喩すら考えられる。

飛行機が「南の空から」現れたものであるのも、意味ありげだ。近代という装いのもとに押し寄せた外来勢力に対して、眠れる祖国がじっと息をひそめながらも、威厳を失うことなく生きていることを暗示していると、そうした民族的な解釈も成り立つであろう。

子供の作というには、あまりにも深いイメージを秘めた詩である。先の「雨」といい、この「びら」といい、あえて民族的な解釈に傾かずとも、少女が胸の内に晴れぬ思い、黒々とした深い闇を抱えていたことは間違いなかろう。

「雨」では「空の神様」が登場し、「びら」では「風の神様」が登場する。これはやはり、亡き父・高宗のイメージが神格化、絶対視され、徳恵の胸中から離れなかったからではないだろうか。

朝鮮の現状を憂いて涙し、南から押し寄せた近代の先兵としての日本に対し、ひそかな抵抗を続ける朽ちせぬ朝鮮の魂……。あるいは、喪失の哀しみを乗り越え、懸命に生きようとする徳恵を、陰ながら見守ってくれる、もの言わぬ守護神……。

私が今、絵解きでもするように並べた論理と言葉を、11歳の徳恵が脳裏に明確に組み立てていたということではなかったろう。設計図や見取り図をもとに構築されるような世界ではなかったはずである。むしろそれは、亡国の王女として生まれ育った徳恵の心に眠っていた、影法師のような感情であったろう。

それが、童詩となった場合、たくまずして自然に、陰影に富んだ豊かな言葉とイメージに昇華されて、噴き溢れてくるのである。その豊穣さに、周囲の大人たちは驚愕した。一般の児童とはレベルの異なる、類まれな才能が、王女の頭脳と心に宿っているのだ。

真柄が指導する教室から生まれた徳恵の童詩は、詩のもつ力によって、やがて教室を抜け出し、学校からも飛びたって行った。みずみずしい童心から生まれた詩のきらめきは、斯界の専門家たちを唸らせた。驚きや感動が、次第にひろがっていく。やがて「童詩の天才」といった褒詞《ほうし》が、朝鮮のメディアの、日本語紙にも朝鮮語紙にも、等しく踊ることになる。

その社会現象は、具体的にはこの年、1923年の秋から始まることになるが、それには、ひとりの天才音楽家の訪朝を待たねばならなかった。作曲家、箏曲《そうきょく》家の宮城道雄である。

＊1　「びら」の作曲者の丸山惣次郎については詳細が不明である。1932年2月16日の『京城日報』に載ったJODK（京城放送局）の番組紹介欄に「指揮・丸山惣次郎」の名があるので、朝鮮居住の音楽家であろうと推測した。

## 《宮城道雄との出会い。実りの秋》

「現代邦楽の父」と呼ばれる巨星、宮城道雄（１８９４～１９５６）――。代表作の「春の海」は、今でも正月には必ず流される名曲として広く親しまれている。

幼くして視力を失った宮城は、13歳の時に朝鮮に渡り、23歳まで仁川《インチョン》や京城で暮らすなど、朝鮮とも縁の深い人物であった。また子供のための「童曲」に並々ならぬ関心を示し、児童文学者の葛原しげると協力して、箏《こと》の伴奏で子供たちが歌える曲を数多く手がけた。

１９２３年（大正12年）９月１日、東京を中心に関東地方を襲った関東大震災は、１９０万人が被災し、10万５千人あまりが犠牲になったとされる。地震そのものによる被害に加え、悪質な噂やデマがひろまり、軍や警察、自警団によって朝鮮人が殺されるという悲劇も起きた。

宮城道雄はこの状況に衝撃を受け、震災後の混乱を避けて、第２の故郷というべき懐かしい朝鮮に渡り、ひと月ほど滞在することにした。

朝鮮では旧弟子への稽古などもしたが、最大の成果は、徳恵のつくった童詩を知って、「蜂」と「雨」に作曲したことであった。

14年後のことになるが、ラジオで「蜂」が放送された際、宮城は『都新聞』に寄せた談話のなかで、「徳恵姫が未《いま》だ小学校へ御通いになって居られた時分にお作りになった童謡でありますす、恰度《ちょうど》私が京城に参りました際、当時の総督故斎藤実氏の御依頼で作曲したものであります」と述べている（１９３７年６月５日）――。

当日に放送されたのが「蜂」だったので、この曲に限って作曲の経緯が明かされているが、常識的に考えれば、同時期に京城で生まれた「雨」と合わせ、朝鮮総督の依頼によりつくられたのであろう。

１９２３年の後半、宮城はこの２曲以外には作曲をしていない。それだけ震災の衝撃が大きかった証であろうが、傷心のなかで出会い、思わぬ果実を結ぶことになった徳恵の童詩だったのである。


11月８日、徳恵の行動を伝える小さな記事が、朝鮮語新聞の『毎日申報』に載った。

「徳恵翁主の自由画御観覧」――。

自由画とは、子供に見たまま感じたままを自由に描かせた絵のことで、やはり大正リベラリズムの生んだ児童教育の展開のひとつだった。言うなれば、童謡、童詩と同じく、美術においても「童心」を重んじた新たなムーブメントが隆盛を迎えていたのである。

記事によれば、徳恵は11月６日午後１時半から３時にかけて、**京城の三越呉服店を訪ね自由画の展覧会を鑑賞、橋本支店長の解説を受けた**という。今村李王職事務官が同行している。なお「呉服店」とあるが、実質的には既に百貨店であった。

おそらくは、真柄トヨの指導によって童謡、童詩の世界に目を開かされた徳恵が、絵画においても、童心の赴くままに描いた作品を目にしたいと望んだのだろう。聡明な少女の進取の精神が窺われる。

その４日後、徳恵自身の童心が舞台にかけられる機会が訪れた。11月10日土曜日の午後、京城公会堂にて、「徳恵姫御作童謡発表会」が開かれたのである。

10月から朝鮮滞在中であった宮城道雄が出演し、また市内の各小学校の児童や幼稚園の園児たちが舞台にあがった。殆どが日本人の子供たちであったが、一部、朝鮮人男女の児童も参加している。

必ずしも、徳恵のつくった童詩ばかりが披露されるのではなく、各校を代表する児童による歌や踊り、遊戯などが11演目あり、最後に、朝鮮で「お話のおじさん」と呼ばれ、児童愛護運動に熱心だった佐田草人（至弘）による童話の披露があった。

徳恵の詩「雨」に宮城道雄が作曲した童曲は、作曲者自身による伴奏を得て、日出小学校３年生の松島さよ子によって歌われた。

同じく**徳恵の詩による「びら」は、丸山惣次郎の作曲したものが、徳恵ほか日出小学校４年生41名によって披露された。**ピアノ伴奏は、日出小の教師・清水武彦がつとめた。また、**徳恵ほか50名の日出小４年生の児童たちによって、「てるてるぼうず」が斉唱された。**

雑誌『朝鮮』１９２４年１月号に、この発表会についての報告が、当日のプログラムとともに載っている。

「昌徳宮徳恵姫御作発表会は、朝鮮新聞社主催の下に曩《さき》に京城公会堂に於て開かれ、聴衆中には参加小学校尋常科第四学年女児二百余名、外普通学校同百余名竝《ならび》に婦人大多数を占め、斎藤総督も臨場された。左記各番いずれも満場の感興をひいたが、**殊に徳恵姫が『てるてる坊主』竝に御作の『びら』の斉唱に加わりステージに立たれた事は、一般聴衆に感動を与えた**」——。

『朝鮮』では発表会の日付が付されていないが、東京・国立国会図書館の憲政資料室が所蔵する斎藤実日記の１９２３年11月10日の記述に、「午後公会堂ニ童唄発表会ニ臨ミ」という1行を見つけたので、日程が判明した。

徳恵が、招かれて総督邸を訪ねたこともあった。日出小学校の卒業生たちが１９８９年に発行した『誌上合同クラス会』に、１９２２年10月の秘苑招待の思い出を綴った井東三保子（旧姓関水）が、併せて「斎藤総督の夫人より官邸へ徳恵様はじめ（旧姓）渡辺、碓井、松村、閔、末松諸姉と御招待を受けたことも思い出されます」と回想している。

総督邸訪問は、おそらく11月10日の発表会の前後だったかと思われる。

斎藤実は海軍出身で、３・１独立運動後に朝鮮総督に就任するや、従来の武断政治から文化政治による統治へと転換を進めた。植民地統治の責任者にとっても、朝鮮の王女が日本の言葉や文化になじみ、すぐれた日本語の童詩を綴ることは、歓迎すべきことだったのであろう。

11月17日土曜日、日出小学校では秋季学芸会を迎えた。この場で再び、徳恵の童詩に曲をつけた「びら」が披露されている。

11月19日の『京城日報』は、「**御自作の童謡を歌われた徳恵姫**　日出小学校の学芸会」という記事を載せた。小学校の校内行事としての学芸会が新聞記事にまでなるのは、日出が名門小学校であることもさることながら、やはり徳恵が登場し、活躍する舞台だったからである。

記事によれば、午後1時半、日出小学校の講堂で始まった学芸会は、４年生女子による「銀《しろがね》の月夜」を手始めに、各学年による合唱や独唱、談話朗読などが次々と披露された。第２部になり、いよいよ「びら」が登場する。

「**徳恵姫を中心に十名の女生徒登壇、徳恵姫声高らかに他の生徒と共に二節の歌詞をお歌いになった。**（中略）午後四時散会したが来観の父兄一千余名講堂に溢れ非常な盛況であった」——。

『わが赤煉瓦の学び舎　京城日出小学校百年誌』に載った小牧民子（旧姓武田）の回想によれば、学芸会での「びら」は、１番を徳恵が、２番を武田民子が歌ったという。

楽譜が残っていないので確認のしようがないが、おそらくは独唱部分がしばらくあり、その後にリフレインで全員の合唱が続く形式だったのだろう。それならば、１番、２番ともに、独唱者が歌う部分もあり、全員の合唱部分もあって、10人の女生徒が登壇したという『京城日報』の記事と、小牧（武田）民子の記憶と、矛盾せずに成立する。

小牧は、「二番の最後のところは、あそんでいーると歌ったと記憶しています」とも述べている。原詩の最終行、「鳶のところで遊んでる」を、「あそんでいーる」と音を延ばして終わるものだったというのである。

ともあれ、徳恵の自作の童詩をもとにした童謡を、徳恵自身がステージに立って歌うという公演スタイルが、２週続けての発表会によって、すっかり定着した。しかもそれは、学内に留まらず、校外でも行われ、メディアが追いかけて広めるという、社会的性格を帯びてきたのである。

そのことを、徳恵自身が嫌がったという形跡は見られない。むしろ、そうした発展を歓迎し、積極的に応じたように見える。

「雨」や「びら」のように、童詩を詠めば、胸中の奥深くにわだかまる孤独や闇が頭をもたげてくる。それは、父王の死に端を発する、癒しがたい喪失の嘆きである。

だが、それが歌になり、舞台での演《だ》し物となると、歓んで人前に立ったのである。闇を深める後ろ向きの感情と、前向きに開かれた颯々《さつさつ》とした精神が、ともに徳恵のなかに根を張っていた。

11月６日の自由画展鑑賞、同月10日の「徳恵姫御作童謡発表会」、そして17日の秋季学芸会での活躍と、４年生の秋は、徳恵にとって、文字通りの実りの秋となったのだった。

# 第4章　朝鮮にこのプリンセスあり——京城日出小学校　その3

《こだまし合う詩才》

1924年の春、4月半ば——。5年生に進んだ徳恵が新しい担任・小川吉太郎のもとで勉学に励んでいた頃、あたかも玄界灘で交差するかのように、童話、童謡を愛するふたりの男が、ひとりは日本から朝鮮へ、もうひとりは朝鮮から日本へと海を越えた。

朝鮮に向かったのは野口雨情——。朝鮮を発ったのは佐田至弘——。

野口雨情は、北原白秋や西城八十《やそ》とともに、「童謡界の三大詩人」と言われた大詩人である。『七つの子』『赤い靴』を始め、今も国民的童謡として歌われている曲がいくつもある。

その童謡界の巨匠が、4月16日から5月3日にかけて、朝鮮を訪問した。作曲家の藤井清水《きよみ》、声楽家の権藤円立《えんりゅう》と一緒の、歌謡と講演の旅であった。朝鮮各地で大歓迎を受けたという。

朝鮮滞在中、野口雨情は徳恵を訪ねている。この事実がわかるのは、野口が顧問として関わっていた童謡童話雑誌『金の星』1925年5月号に、朝鮮訪問時における徳恵との面会のことが記され、「雨」が徳恵の写真付きで紹介されたからである。

「徳恵姫　堺殿下の御妹君で、御齢十四歳（＊徳恵の年齢は数え年）、**御詩才豊かにして童謡の姫君様と称されております**。昨年五月本社の野口先生が渡鮮の際、親しく謁見の上御自作の童謡を二篇お書き下されました」――。

いつ、どこで会ったのかなど、詳細については記述がないが、徳恵に対し、「御詩才豊か」な「童謡の姫君様」という最大限の賞詞を呈しているのが目を惹く。

徳恵としても、童謡詩人の大御所と会えたことは嬉しく感じたであろう。

この時、徳恵から野口に童詩２篇が贈られたというが、「雨」に加え、もうひとつが何であったのか、判然としない。おそらくは、「蜂」か「びら」のうち、どちらかであったろう。

『金の星』1925年5月号に載った徳恵と「雨」

野口の朝鮮訪問と同じ頃に、朝鮮から日本を訪ねた佐田至弘は、今では忘れられた人物になってしまったが、朝鮮での児童愛護に尽くした人で、「朝鮮愛護連盟」（１９２３）、「朝鮮コドモ連盟」（１９２５）、「朝鮮児童協会」（１９２６）などを設立、その方面ではつとに知られた人物であった。

また童話や童謡を愛し、「朝鮮童話普及会」（１９２４）、「童心社」（１９２６）

などを立ち上げもし、佐田草人の名で本人が児童の前で童話を披露することも多く、朝鮮の子供たちからは「お話のおじさん」と慕われた。

この佐田が自らに課した使命のひとつが、徳恵の詩才とその作品を内外に広く知ってもらうことだった。前年11月10日の「徳恵姫御作童謡発表会」で佐田がトリをつとめていたのは、そのような流れからであった。

4月12日、佐田は京城を発ち、東京へ向かった。関東大震災後、朝鮮を誤解し、朝鮮人を蔑む内地児童の風潮が目立つようになったが、佐田はこれを嘆き、子供たちの先入観を一掃すべく、海を越えたのである。

東京には60日滞在し、この間、東京市内86カ所、府下20カ所にて児童を聴衆とした講演会を敢行した。精力的に、佐田は朝鮮のイメージを高めようと、奮闘し努力を重ねたのである。

講演は1回2時間、前半1時間を朝鮮の事情を説明する講演にあて、後半は童話講演にした。朝鮮の童話を紹介し、自ら語り部となって演じたのである。「お話のおじさん」の本領発揮であったが、童話によって、情操面から、自然な理解や共感が生まれると信じたのだった。

この時の童話講演で、佐田は積極的に「朝鮮の王女・徳恵姫」の童詩をとりあげ、天与の詩才を激賞してまわった。

4月24日の『東京朝日新聞』は、「童謡におもいを籠めて」と題し、写真入りで徳恵を紹介しつつ「雨」の詩を掲載、また併せて、「日鮮児童を和合の行脚」の副題のもとに、朝鮮と日本の子供たちの心をつなげる行脚を続ける佐田至弘の奮闘ぶりを伝えている。

記事のなかで佐田は、朝鮮の子供たちは皆、日本（内地）の子供たちを「なつかしがっている」と述べている。「思いを寄せている」というほどの意味であろう。

朝鮮の子供たちはあたたかい心をもっているので、日本の子供たちもあたたかな心で、親しみをもって朝鮮の子供らを見てほしいと、佐田は訴える。そして、朝鮮のあたたかく、美しい心映えの象徴として、徳恵とその童詩を紹介するのである。

佐田の考えでは、徳恵は全朝鮮の子供らの代表であり、その美質の頂点に輝く星のような存在であった。徳恵の詩は、美しくもやさしい心の結晶だったのである。

関東大震災によって離反した日本と朝鮮の心の溝を埋める架け橋として、佐田は徳恵の詩に期待した。その詩を広めることで、和解や相互理解が進むと信じてやまなかった。そのような思いから、佐田は徳恵の詩の伝道者となった。

厳密に言うと、徳恵の心に生まれる詩は、父の不在など、少女の心に根を張る影の部分から湧き上がってくるところがあり、この点、全朝鮮の児童の代表というより、はるかに個に根ざした深い陰影を宿すものであった。

佐田がそのことに気づいていたかどうかはともかく、朝鮮と日本の児童の心をつなげる講演行脚においては、詩の文学性そのものより、微笑ましくもやさしい心映えが強調されたのであろう。

ともあれ、確実に言えることは、教室での真柄トヨの努力がなければ徳恵の童詩は生まれようもなく、また佐田至弘がその詩才に惚れ込み、広く世の中に喧伝することがなければ、「童詩の天才」といった徳恵のイメージが広まることもなかったのである。

## 《5年生、青葉の初夏》

徳恵が野口雨情に面会してからほどなく、日出小学校では端午の節句の学芸会を迎えた。再び『京城日報』がその模様を伝えた（5月6日）。

「徳恵さまの『ビラ』《ママ》を振付けした童謡踊　徳恵さまも一緒に歌って　きのう日出校で試演」――。

そう題された記事は、前日に開かれた日出小学校の学芸会で、児童による斉唱、独唱などが続いた後、当日の特別演目に移ったことを報じている。

「目下同校五年級に御在学中の昌徳宮徳恵姫の作に係《かか》る童謡『ビラ』を龍山彰徳幼稚園保母永延女史が振付けした童謡踊『ビラ』の試演に移る、**二人の園児が歌いながら踊るのを徳恵姫には同校長並に担任教師と同席で御覧になり堪《た》えず微笑まれていた**。続いて対話唱歌『おもちゃの国』があったが童謡『ビラ』が再度見たいという希望が出たので**今度は徳恵姫も数名の学友と共にステージに立たれ、園児二人の踊に連れて声高らかにお歌いになり**午後三時非常な盛況裡に散会した」――。

つまりこの日、彰徳幼稚園の園児代表らが日出小学校の舞台にあがり、同園の永延保母の振り付けによる「びら」の童謡踊りを試演披露したというのである。

童詩に始まり、そこに曲がついて童謡となり、さらには振り付けも加わって童謡踊りとなる……。徳恵の詩が、児童教育の現場で、三段跳びのような展開を遂げたことになる。

しかも、今や小学校だけでなく、幼稚園にまで舞台を広げることになった。その日の徳恵の満面の笑みが、目に浮かぶようだ。

5月、日出小学校では、開城《ケソン》への小旅行があった。開城は京城から80キロほど北に行ったところにある町で、高麗《コリョ》時代には都が置かれていただけに歴史的なスポットが多い。

汽車を利用した日帰り遠足だったが、帰路、一行が京城の駅に着いた時に、横殴りの雨に見舞われた。徳恵は迎えの馬車に乗ったが、級友たちは帰宅に難が生じた。

生徒たちには、この日の旅をテーマに、「開城旅行」という作文が課されたが、徳恵の提出した作文の末尾には、次のように書かれていた。

**「此《この》一日はうれしいうれしい日でございました。けれども、雨の中を皆さんはどうしてお帰りになったのでしょう。心配心配！」**――。

作文を見た担任教師の小川は、王女の級友たちへの思いやりの心に感心したという（『京城日報』１９２５年3月28日）。

思いやりもさることながら、その文章には、「うれしいうれしい」「心配心配」など、言葉を重ね反復させる表現が目立つ。童詩において培った徳恵のレトリックであろう。感情表現の積極性に、言葉に託す思いの高揚感が溢れている。

初夏の緑を詠んだ童詩がつくられたのも、この頃であった。

**青葉の初夏**

**道をばんする桜の木**
**花の着物はひっこして**

**きれいな着物がかわってる**
**かわったお服はうすみどり**
**若葉のにおいかんばしい**
**行ったお花は楽しい国で**
**毎日あそんでおどっていると**
**雀のぼっちゃん言っていた**

1930年11月6日の『京城日報』に載った徳恵の特集記事のなかに見つけたものだが、記事でははっきりと「五年の頃の作の一つ」と示されている。詩の抱える季節感から、5年生の初夏、5月頃の作品と判断してよいだろう。

桜から青葉へ、春から初夏へと移る季節を詠っている。桜のピンク、新緑の薄緑と、色彩感に溢れ、薫りまでが添えられる。王朝絵巻のような絢爛たる出来ばえで、最後に「雀のぼっちゃん」を登場させることにより、民話調、童話風の物語性で全体をくるんでいる。

花が散り、青葉が茂るさまを「着物」に見立てるところに、可憐な童心が光る。だがそれならば、最初から5行まででよい。徳恵が徳恵であるのは、後半3行が追加されてくるところだ。

その構造は、一見して「びら」に似ている。喪失があり、過ぎ去ったもの、亡くしたものがある。しかし、それが別の場所では、なおも生きているという、この生と死の不思議なコントラストと共存が、「びら」と同質なのである。

また、桜の木が道の番をするというあたり、例によって、彼女を守護してくれる者としての父王の存在が匂ってくる。父・高宗《コジョン》の死はなおも彼女の心に影を落としている。

ただ、闇は「びら」ほどに深くはなく、鮮やかでもない。「神様」の代わりに「雀のぼっちゃん」があしらわれているので、どきりとさせられる生霊めいたなまなましさも薄い。

むしろ、散った桜花は「鳶」のような、「美しい国」のような所で、「あそんでおどっている」というので、パラダイス（天国）的な彼岸を遠望するかのような気分にさせられる。

父の死の哀しみは、その後の学校生活の充実によって、徐々に影を薄くしつつあったのだろうか。級友たちとの友情によって、癒される部分は多々あったということだろうか……。

とはいえ、過ぎ去ったもの、亡くしたものへのこだわり、執着は、「雨」、「びら」、「青葉の初夏」と、年齢の増加や成長の度合いに関わりなく、一貫して徳恵の胸に根を張っている。

「初夏の青葉」を伝えた『京城日報』の記事は、徳恵に「春が来た」という童詩も存在したことを短く述べている。

「その他日之出《ママ》小学校での御作に春が来たなどの御佳作もあり」――。

その童謡を歌っている徳恵の写真も掲載されている。写真のキャプションには、「『春が来た』を独唱遊ばされる姫」とある。

「春が来た」を歌う徳恵
（京城日報、1930年11月6日より）

つまりは、「春が来た」という徳恵の童詩があり、誰かがそれに曲をつけ、徳恵本人によっても歌われたことになるが、いくら調査を重ねても、「春が来た」がどのような詩だったのか、具体的内容は見当がつかない。題名からして春に詠まれたものだろうが、それは4年生の春か、5年生の春だったのか……？

写真の歌う徳恵は横顔で、セーラー服姿である。5年生の終わり、日出小学校を退校する時に撮られた記念写真（巻頭に掲げた有名な袴姿の写真など）に比べると、明らかに幼い感じがするが、1年前か2年前かまでは、判断がつきかねる。

ただ、予想されることは、徳恵のつくった童詩は現在確認できるよりもずっと数も多く、しかもそのうちのいくつかは地元の音楽家によって曲がつけられ、歌われていたであろうということである。

## 《黒沢隆朝との出会い》

1924年、徳恵5年生のこの夏、前年秋の宮城道雄との出会いについで、もうひとりの大物音楽家が徳恵の童詩に曲をつけることになった。

黒沢隆朝《たかとも》（1895〜1987）――。後半生、世界の民族音楽研究や世界音楽史、楽器辞典の編纂などでの仕事で知られたが、1920年代には盛んに童謡を作曲、自作曲集の『可愛い童謡』全10集を刊行するなど、華々しい活躍を見せた。

童謡の作曲に最も打ち込んでいた頃、黒沢は徳恵の童詩に出会い、合わせて4つの詩に作曲することになった。この時に作曲した「雨」と「びら」の楽譜を収めた『可愛い童謡』第9集（1927）に、事の仔細が綴られている。

「大正十三年（＊1924年）の夏、同志葛原しげる、印牧季雄の両氏と三人で朝鮮に講習旅行に乗り出す事に話が成立しました。之を斡旋されたのは京城の佐田草人君で、君は内鮮児童愛護連盟の首途《かどで》に童謡に異常の天分を有《も》たせられる徳恵姫様を詩の女王として内地の諸都市の児童及教育家に巡回講演を続けられながら紹介の労をとって居られたのであります」――。

葛原しげるは童謡詩人、印牧季雄《かねまきすえお》は童謡舞踊家で、名の通った童謡運動の仲間たちである。

「佐田草人」とは、児童愛護に尽力した佐田至弘のことで、徳恵の童詩を世に広めることを使命と考え、この年の4月から2カ月にわたって、東京を中心に講演をしてまわった。黒沢の文章からは、佐田が徳恵に関して、「童謡に異常の天分をもつ」とか「詩の女王」などと最大級の賛辞とともに紹介していたことが窺える。

「其の様な関係から徳恵姫の御真筆の童謡、御日常其の他の御写真も拝見し、尚御作四篇へ作曲を試みる光栄を得、後京城に於いては講習会の冒頭に之を課す事になりました」――。

黒沢の説明だと、朝鮮への講習旅行に先立って、佐田から徳恵自筆の童詩や写真などを見せてもらい、日本を発つ前に作曲していたようである。朝鮮での講習会では、必ず冒頭にこの徳恵の童謡を披露したという。

『可愛い童謡』第9集では、楽譜の載る「雨」と「びら」以外に、同時に作曲したという他の2篇の詩が、詩だけ紹介されている。ひとつは宮城道雄も曲をつけた「蜂」であるが、もう1篇、「ねずみ」という詩が載る。新たな童詩の登場である。

**ねずみ**

**がたん　ごとんと**

**ねずみの大さわぎ**
**ちゅう吉　ちゅう吉**
**なにをする。**
**今日はおうちの**
**大そうじ**
**それでさわいで**
**おりまする。**

この「ねずみ」という徳恵の童詩が、いったいいつ書かれたものなのか、残念なことに、『可愛い童謡』第9集にはその記述がない。『京城日報』その他、メディアが伝えた記録のなかにも、「ねずみ」の創作時期について特定させてくれるものは見当たらない。

4年生の1学期に書かれた「蜂」と同じく、この詩には闇が現れてこない。明るい童心の輝きがある。陽と陰を併せ持つ複雑な構造を呈してはおらず、シンプルである。

それでいて、「がたん　ごとんと」という擬音語の使用や、「ちゅう吉　ちゅう吉」のリフレイン、そして最後をくくる「おりまする」という時代劇のような言葉の選び方など、技巧的にはなかなか達者である。どこかしら、人間世界のすったもんだを、大掃除の際のねずみに譬えた、社会風刺のようなニュアンスすら漂う。

その意味では、「蜂」の明るさに似ているようで、成熟度はぐんと増している。

いずれにしても、曲ができたのは1924年の夏だが、詩の方は、佐田が東京に出張した折に見せているので、徳恵が3年生か4年生、真柄トヨの指導を受けていた時期に書かれたものであろう。

『可愛い童謡』第9集の説明の後半、いよいよ黒沢が徳恵を訪ねるくだりを見よう。3人で1週間ほど名峰・金剛山《クムガンサン》に滞在して京城に戻り、葛原、印牧と別れた翌日、9月3日のことである。

「山から帰って両氏は内地へ、私は満州を迂回する為めに一人滞在する事になり翌日佐田君と姫様の学校に俥を急がせました。やがて大山校長の先頭で尋五女教室に導かれ、国史の授業を受けられる姫様の御勉強振りを拝見しました。

**一目してそれとお察し申上げられる程、高雅端麗のお姿**は教室の略々《りゃくりゃく》中央に拝されました。校長の好意的な計いでもあったのでしょう。彼は教壇に私を招じて紹介し次の瞬間には大型のオルガンが持ち運ばれ、いや応なしに御挨拶の後姫様の御作『雨』『ビラ』の二曲をお聞かせする事になりました。**姫様には始終黒い円やかなお眼に笑みを湛たえて居られました。**山の旅装をといたままの疲れ切った私は息切れがして、さなきだにどす黒い声は日に焼けた顔から恐れ多い様な光景を呈したのであります」――。

黒沢の筆になる実に生き生きとした徳恵像だ。好奇心旺盛で、生きることにポジティブな少女の姿がある。微笑みを浮かべて黒沢の演奏と歌唱を眺めているさまは、この年の端午の節句の学芸会で、幼稚園児による「びら」の童謡踊りが披露された時の表情と同じである。

自分の書いた童詩が、既に歌になり、舞踊にもなっているのに加え、今また日本内地から訪れた高名な音楽家の手で、新たな曲に仕上がったのである。

童詩との出会いは、自分の心に眠る複雑な思いを表すことができる手段をもたらしてくれた。さらに、それに留まらず、人の心をとらえ、共感を拡げるふくらみをも与えてくれたのである。

徳恵は充実を感じていたことだろう。何がしか、自分にとっての道が開かれるような思いもしたであろう。朝鮮の王女という立場や宿命を超えた、ひとりの人間としての生命《いのち》が輝くのを覚えたに違いない。それは徳恵にとって、深いところでの「自我の目覚め」に他ならなかった。

難しい時代に、難しい立場に生まれ育ち、この先も、難しい航路を行かざるをえなかった徳恵にとって、この日出小学校時代、童詩によって得られた充実は、人生のなかで最も輝き、手ごたえのある、宝のような時間となったのではなかろうか……。

黒沢の文章からは、もうひとつ、大事な点が見てとれる。佐田至弘と日出小学校の近しい関係である。

勝手知ったる佐田の案内で、黒沢は日出小を訪ねている。徳恵の教室を訪ねると、校長の号令一下、大型オルガンが運び込まれてと、ひどく準備がよい。段取りはすべて佐田がつけていたのだ。

このことからも、朝鮮で児童愛護と童話運動を牽引した佐田が、日出小学校にも頻繁に出入りし、徳恵の才能を見込んで、積極的な引き立て役を買っていたことがわかる。

徳恵の詩につけた黒沢の曲は、日出小学校だけでなく、実際の教育現場でも使われたようだ。というのも、黒沢自身が翌年春に朝鮮を再訪した折、釜山《プサン》から汽車で北上したところ、次のような体験をしたと書いているからだ。

「釜山からの途次、一年生位の男の子とその姉らしい三年生位との二人で『そーらのかみさまけむいので』を繰り返し〳〵歌いながら太田（タイデン）という駅に下車して行きました。私は『涙ぼろぼろ』の気分になって列車の窓からだまって見送ってやりました」――。

地方の小学生たちも、徳恵の作詞、黒沢隆朝の作曲になる「雨」の歌を習っていた証拠になるだろう。徳恵の詩をもとにした童謡は、朝鮮各地で歌われたのである。

## 《教育界、変わる風向き》

前年（1923年）に書いた傑作の勢いの余波に乗るように、5年生の1学期から2学期にかけ、徳恵の詩才は内外に轟いた。だが、不思議なことに、5年生の時に詠んだ詩作品としては、「青葉の初夏」以外に知られていない。

担任だった小川吉太郎は、1925年春の徳恵の日本留学に際して、またその後、婚約の際になど、折に触れ、メディアの求めに応じて往時の徳恵の様子を語る機会をもったが、徳恵の優秀さ、心映えの美しさについては熱心に語るものの、自身の教室から生まれた童詩の話はしていない。

これはひとつには、日出小学校の基本方針として、3、4年には情操教育として童謡や童詩に集中的に触れさせたが、5、6年になると、先の学校への進学も睨みつつ、人格、学力の総合的な育成など、違う方向へとシフトしたことが原因であった。またもちろん、その方面にとりわけ熱心だった真柄トヨの指導を離れたせいもある。

だが、もう少し大きな次元で、変化が訪れてもいたのである。時代の潮に乗るかたちで隆盛を見ていた学内の童謡や童詩の創作に対し、教育上の観点から否定的意見が出始めたのだった。

1924年7月13日の『京城日報』に載った「京城の小学教育界に突如大旋風を捲き起こす　誤れる自由教育の弊害から教育方針の根本的大改革」と題された大きな記事は、そうした動向を伝えてあまりある。

総督府学務課の監督のもと、京城府内の公立小学校での教育実態を調査した結果、「個性尊重、自由教育」の風潮が旺盛になりすぎた弊害が出ているとし、改革は必至であるとする内容なのだが、要は守旧派からの巻き返しであった。記事を少し追うと、

「国定教科書を軽視疎外して他から自由に教材を求め専ら天才教育をのみ目的として国民普通教育の実を没却せんとするものがある」、「所謂《いわゆる》副教科書とは教師達が勝手に材料を蒐集《しゅうしゅう》編纂したもので童話等が其《その》主体となって居る。謄写刷りであるが唱歌の如きは殆ど此の副教科書に依って童謡等が教えられ図画に於ても亦《また》国定教科書は全く顧みられず彼《か》の自由画と称する児童自分勝手の図画が行われて居る有様である」、「其の脱線振《ぶり》の最も甚だしきに至っては全く普通教育の観念を離れ教壇で児童に舞踊を稽古させ童話劇を演じさせ全く普通教育の埒外に脱線し」

などとあって、個性尊重、自由教育の弊害の具体例として、童話、童謡、それに基づく劇や舞踊、そして自由画が、目の敵にされている。

これらはすべて、徳恵が真柄教諭の指導を受けて以来、自我の目覚めとともに関心を深め、進んで実践し、自分の世界としてきた分野であった。

このような論調、しかもそれが総督府の学務課から出ているとあれば、日出小学校としても、馬耳東風と聞き流すわけにはいかなかったろう。真柄は内心、憤慨もし、傷つきもしたことだろう。

1924年の後半、徳恵の詩作品が全く登場してこないのは、おそらくは今見たような事情と無関係ではないと思われる。

徳恵自身は、溢れる泉を抱えていて、童詩の創作を続けたことだろうが、それが大きな学校行事に発展することは憚られた。黒沢隆朝の来朝の件にしても、扱いようによっては、前年秋に宮城道雄をまじ

えて童謡発表会を開催したように、大きなイベントにすることも考えられたであろうに、教室内での披露で終わってしまっている。

この年の秋季学芸会でも、やはり、徳恵の詩による童謡や童謡舞踊の披露など、前年のような華々しい行事が見られない。『京城日報』には、日の出小の学芸会の記事すら見当たらない。

前年の豊かな実りを思えば、淋しい秋であった。

## 《日本留学へ》

秋の深まりとともに、徳恵の心中では、別の不安がもちあがってきた。日本への留学の話が喫緊の課題として浮上してきたのである。

植民地朝鮮の王族の子女として、それはいつかは避けられない運命であったのかもしれない。現に、王世子《ワンセジャ》（皇太子）である異母兄の李垠《イ・ウン》は、満10歳の時から伊藤博文の手引きで日本に留学させられ、以後ずっと生活の本拠地を日本に置いている。結婚も、日本女性（梨本宮方子）とであった。

徳恵はまだ小学校5年生である。卒業まで1年以上ある。しかも、女子である。朝鮮の伝統的な常識から言えば、女子が親元を離れ、国を離れて留学に出ることなど、ありえない話であった。

しかし、韓国併合以降、旧来の常識、慣習は、次々と破られている。王世子が長く日本に暮らしているのもそうであったし、そもそも、王女である徳恵が日出小学校に学んでいること自体、既に破格の処遇であった。

徳恵の日本留学に至る事情について、詳しく語った公の記録はない。だが、長く李王職で働いた権藤四郎介が、著書『李王宮秘史』（1926）のなかで、その一端に触れている。

「洩れうけたまわるところによると、徳恵姫の御遊学は李王殿下の御英断にて定まった次第である。あたかも二十年前に於ける王世子御遊学が明治天皇の深遠な叡慮に出でた如く、今回も皇后陛下が李王家の御女性の教育についてふかい慈みを垂れさせられているため、滞京中の斎藤総督を御前に召されて、有難き思召しをもらしたので、総督はただちにこれを李王家に伝達したところ李王家としても多年その宿望があったので、ただちにこれを決せられたと拝聞する」――。

権藤によれば、大正天皇の后である貞明《ていめい》皇后の発案から、徳恵の日本留学の話がもちあがったという。貞明皇后は社会福祉事業に熱心で、近代女子教育についても理解があったとされる。斎藤総督が李王家に打診したところ、李王（純宗《スンジョン》）が同意し、徳恵の留学が決定したというのである。

これを、日本からの圧力に抗しきれなかったとする解釈もありえよう。異母兄に続き「人質」として日本に送られることは、はなから決まっていたとする見方である。

だが一方では、李王家からしても、聡明な徳恵をいずれは日本に留学させ、近代教育の最先端に触れさせたいとする希望をもったとしても不思議はない。ただ、小学校をまだ終えていない5年生のこの時期にという不安、憂慮は、湧き起こって当然だったろう。

最終的な手続きとしては、純宗の英断というかたちで、徳恵の日本留学が決定されることになる。

留学が急がれた理由のひとつには、年齢の問題もあったかに思われる。日本で学ぶとなれば、具体的には、皇族女子たちの通う東京の女子学習院しかない。そこは前期4年、中期4年、後期3年に分けられていた。徳恵の場合、中期の1年目から学ぶには、既に年齢的に過ぎてしまっている。

留学をするなら、急いだほうがよい。しかし、徳恵の知力、体力、心模様など、総合的な条件を勘案した場合、大丈夫なのか……。

当局の判断に寄与したとみられる珍しい資料が、東京の国会図書館、憲政資料室にある斎藤実関係文書に残っていた。徳恵の学業成績表である。5年生の1学期と2学期の成績が一覧表になっている。

「国語」は読方、綴方、書方に分かれるが、「**読方**」**は両学期ともに9**。「**綴方**」**は1学期が9、2学期が10**。「**書方**」**は両学期ともに10**。**その他、**「**修身**」「**図画**」「**裁縫**」「**手工**」**が両学期ともに10**。「**算術**」「**理科**」**が両学期ともに9**。「**地理**」「**歌唱**」**は1学期が9、2学期が10**。「**歴史**」**は1学期が9、2学期が8**。「**体操**」**は両学期ともに8**。「**通約**」**は両学期ともに9**。「**操行**」**は両学期ともに甲**——。

「通約」は今では馴染みのない言葉だが、「平均点」の意味であろう。全体としてかなりレベルが高い

學業成績表

| 期＼教科 | 修身 | 國語 | 讀方 | 綴方 | 書方 | 算術 | 歷史 | 地理 | 理科 | 圖畫 | 唱歌 | 體操 | 裁縫 | 手工 | 通約 | 操行 | 認定 | 學級擔任印 | 保護者印 |
|---|---|---|---|---|---|---|---|---|---|---|---|---|---|---|---|---|---|---|---|
| 第一學期 | 一〇 | 九 | 九 | 九 | 一〇 | 九 | 九 | 九 | 九 | 一〇 | 九 | 八 | 一〇 | 一〇 | 九 | 甲 | | | |
| 第二學期 | 一〇 | 一〇 | 九 | 一〇 | 一〇 | 九 | 八 | 一〇 | 九 | 一〇 | 一〇 | 八 | 一〇 | 一〇 | 九 | 甲 | | | |
| 學年 | | | | | | | | | | | | | | | | | | | |

徳恵の学業成績表（国立国会図書館憲政資料室所蔵の斎藤実関連文書より）

が、体操だけが８なので、「通約」すると、平均が９になってしまうのである。

学級担任印の欄に小川の印が押されているので、５年生のものだったことは間違いない。徳恵の成績表が斎藤総督にまであげられたのは、日本留学を前に、童詩の天分や詩才とは別に、全体的、総合的な成績の確認が求められたからだったろう。

結果として、徳恵の翌年春からの日本留学が決まった。日出小学校卒業を待たず、５年生を終えたところで、朝鮮を離れることになった。

徳恵本人の思いは複雑であったろう。留学話は、徳恵自身が望んで生まれたことではなかった。日本行きを勧める者たちは、決まって、東京で東洋一の近代教育を受けるべきだと説いたことであろう。向学心の強い徳恵にしてみれば、その部分には心動かされるものもあったかに思われる。

だが、留学は生母・福寧堂梁氏《ポンニョンダンヤンシ》との別れを意味した。生まれて以来、古いしきたりの多い宮中にあって、母とは身を寄せ合うように、一緒に生きてきたのである。母のもとを去ることは、徳恵本人にとっての淋しさもさることながら、元来が先王の側室で、宮中に真の身よりのあるわけではない母の寄る辺のなさが加速することを意味した。聡明な徳恵であれば、母の孤独にも意識は及んだであろう。

最も難しい立ち位置に立たされたのは、この生母・福寧堂であったかと思われる。娘可愛さだけを支えに、宮中の一隅に、世を憚るように生きてきたのである。前年の10月、日出小学校の学友たちが秘苑《ピウォン》に招かれ、徳恵とともに歌や踊りに興じた折、その様子を見ていた生母が涙ぐんだというのも、女官あがりのこの女性が、どれほど愛娘を思い、娘一途に生きてきたかの証に他ならなかった。

私情だけで言うなら、無論、娘を遠い異郷の地になどやりたくはない。いつまでも手元に置き、ともに暮らしていきたい。だが、宮中のこと以外にはものを知らず、世間を狭く生きてきたこの女性にとっても、私情を超えて娘を日本に送らねばと決意する理屈があったかと思われる。

それは、王世子である李垠と一緒にいれば、徳恵が安泰であるとする考えである。自身が女官あがりの側室だった福寧堂からすると、庶子である徳恵の運命には常に不安を感じざるをえなかったのだ。古い宮中の作法や道理から導かれたこうした考えによって、生母の福寧堂は泣く泣く愛娘を日本に送り出したのであろう。

1925年3月13日、『京城日報』は、「徳恵姫は四月から学習院へ　王世子邸から御通学」という記事を載せた。「東京電報」とあるので、東京発の記事であったことが知れる。

いよいよ徳恵の日本留学が公になった。少女の運命は、当人のあずかり知れぬ巨大な手に委ねられた。出発まで2週間あまりしかない。だがその間に、徳恵としてはどうしてもすまさねばならないことがあった。

ひとつは、徳恵自身の意志によるものだった。3月22日の日曜日、日出小学校職員一同と同級生ら総勢百名あまりを宮中に招き、お別れ午餐会を催したのである。

「定刻、お客さん顔の学童たちは昌慶苑前に至り李王職職員の案内にて映花堂前に至り**徳恵姫には和装で住永女史付添いお出ましになり学友と親しくお物語りあり。同級生と一緒に童謡舞踊『月夜のうさぎ』『流れ星』『水兵』の催しがあり、徳恵姫様も御一緒で興を添えられた**」（『京城日報』1925年3月23日）――。

その後、全員で秘苑の池の端で記念写真を撮った。ともに学んだ学童たち、お世話になった教師たち、そして李王職の職員らとともに、徳恵も写真に納まった。大山校長や担任の小川吉太郎、それに真柄トヨも一緒である。児童らは着物姿の者あり、洋装の者ありとまちまちである。女官にはチマ・チョゴリ姿の者もいる。

徳恵自身は、『京城日報』の記事では「和装」となっていたが、当日の写真を見ると帽子にコート姿で、洋装に見える。コートの下までは見えないが、完全な和装というわけではなかったようだ。

同じ頃、東京でも徳恵の名を高からしめる出来事があった。NHKの前身である東京放送局が、ラジオの試験放送に宮城道雄を招き、徳恵の詩に宮城が曲をつけた「蜂」を、スタジオで演奏してもらったのである。*1

『京城日報』はこのニュースを「東京電報」として伝え、「徳恵姫お作の童謡『はち』《ママ》を無電で放送　詩を作る天才の姫の東上を歓ぶ帝都のファン」との見出しで、「蜂」の詩をまるまる紹介しつつ報じている（1925年3月26日）。

日本内地でも報道が出た。3月22日の『読売新聞』が、「昨夜放送の童謡は徳恵姫の作　李王世子殿下の妹君で近く学習院の初等科へ」の記事を載せた。初めて日本の土を踏む朝鮮の王女を紹介して、記事は次のように述べ

秘苑で催されたお別れ午餐会での記念写真。右の囲みは徳恵の部分を拡大したもの（写真所蔵：韓国学中央研究院蔵書閣）

ている。

「姫はまだいたいけなお年ではあるが学問には熱心でことに文才に秀いで童謡に趣味を持たれて**これまでも度々自作を兄宮の下に寄せられた**こともあった。廿一日夜東京放送局から放送された童謡『はち《（ママ）》』は姫の作になったものである」——。

ラジオの放送だけでなく、内地の新聞までもがにわかに徳恵について報じ始めたのである。徳恵の日本留学は、送り出す京城だけでなく、迎える東京でも体制が整い、メディアも活気づいてきた。

京城の徳恵に話を戻そう。日本留学を前に、徳恵が果たすべきもうひとつのことがあった。日出小学校で行われる、朝鮮を発つにあたっての送別会である。

3月23日、日出小学校の講堂にて「御送別会」が催された。徳恵は最後の登校となるこの日、袴姿で学校に向かった。翌日の『京城日報』の記事をもとに、当日の様子を再現してみよう。

午前11時、開会の時間となり、大山校長が挨拶に立った。

「大正10年4月、徳恵様のご入学以来、学業は優秀で、この度、皇后陛下の厚き思召しにより、東京へ転学されることになりました。姫様のご将来のため、ここにお祝い申し上げます」——。

この後、児童総代による送別の挨拶があり、続いて、童謡の斉唱が始まった。6年生女子による「春のうた」を始め、3年生男子の「栗と小りす」と、各学年の斉唱が続く。プログラムは進み、**5年生女子の斉唱「さくら」の時には、徳恵も女生徒たちの中央に立って、声高らかに歌った。**

その後、徳恵自作の詩による童謡の歌唱が続いた。「ねずみ」を1年生の男子が、「雨」を4年生の女子が歌った後、**「びら」の番になった。この時には再び徳恵が登壇し、1番を同級生の武田民子が、2**

**番を徳恵自身が独唱した。**

そして、徳恵の挨拶となった。

「**私は大正10年4月、京城で一番古い日出小学校へ参りました。諸先生は親切にお導き下さいました。皆さまもよく遊んで下さいました。わからないところを教えていただきました。東京へ参ることになりましたが、皆さまのご恩は忘れません。どうぞ身体を大切になさって下さい**」——。

送別の学芸会は12時15分に閉会したが、講堂には徳恵の成績品なども陳列され、来賓たちの目を楽しませた。

記事が伝える内容は、以上になる。徳恵の挨拶は、話し言葉のまま記事に引用されている。

日出小学校の送別会で「びら」を歌う徳恵と武田民子（写真所蔵：韓国学中央研究院蔵書閣）

送別会は、実質、徳恵のために特別に開かれた学芸会であった。童話童謡に偏重した自由教育への風当たりが強まってはいたが、この日ばかりは童謡のオンパレードのような構成になった。童謡の天才と言われた少女の、しかも朝鮮の王女の送別の集いなのである。宏量で知られた大山校長は、小うるさいことを言わず、徳恵本位の学芸会の進行を許したのだった。

送別会で歌われた徳恵の詩になる童謡は、3曲だった。「ねずみ」は黒沢隆朝の作曲したものであったろう。「雨」は宮城道雄作曲のものか、黒沢の手になるものか、正確には判然としない。ただ、宮城の曲は伴奏が箏《こと》なので、学校の講堂という場所を考えると、黒沢の曲であった可能性が高い。「びら」は、4年生の秋の発表会や学芸会と同じく、黒沢の曲ではなく、朝鮮在住の丸山惣次郎の作曲したものであったかと思われる。

講堂に陳列された徳恵の「成績品」について、写真からわかるのは、書道や絵、手芸品などである。書道では、**「朝霧野山をこめて　日輪ほのかに浮ぶ」「恭倹勤敏」「醇厚中正」「博愛共存」**など。いずれも5年生の時に書かれたもので、自身の名を、**「徳恵子」「李徳恵」**と署名している。**絵は、鉢植えの草花や風景のスケッチ**など。**手芸品は、手編みのセーターやポーチ、刺繍など。**

日出小学校の送別会で陳列された成績品と、その前の徳恵（写真所蔵：韓国学中央研究院蔵書閣）

先に紹介した5年生の成績表を見ても、「図画」「裁縫」「手工」は、いずれも1、2学期ともに満点の10であった。日出小学校は、徳恵が学校を去るにあたって、広く天分を謳われた童謡に加え、書芸、絵画、手芸など、彼女が得意とする分野の作品を飾り、総合的な優秀さを演出することで、出立のはなむけとしたのである。

併せて日出小学校では、送別会の模様を含め、「御在学中に撮影した写真を集めた写真帖、在学児童の童謡集をつくり、姫様に贈呈する」（『京城日報』3月23日）ことにした。

記念撮影も、この日に行われたようだ。今に伝わる徳恵の日出小学校での写真に袴姿のものが多いのは、そのためである。本著の冒頭にも掲げた有名な写真も、この日に撮られたものだ。

写真帖は確かに作製され、徳恵に献呈もされて、今では韓国《ハング》学中央《カッチュンアン》研究院《ヨングウォン》蔵書閣《チャンソガク》に収められ、デジタル蔵書閣で公開もされている。だが、併せて進呈する予定だと『京城日報』が報じた「在学児童の童謡集」のほうは、行方知れずである。実際につくられたかどうかも定かでない。童謡集が実際に編まれたなら、徳恵のつくった童詩がいくつも載っているのではないかと、ずいぶん探したが、出てこない。惜しんでもあまりある。

送別会の後で、小川担任は児童たちに作文を書かせた。そのうち、ふたりの児童の手になるものが、一部ではあるが、28日の『京城日報』に載っている。

まずは、徳恵と一緒に『びら』を歌った武田民子――。学校から選ばれた日本人「ご学友」のひとりとして、常に徳恵の近くにあってともに学んできた。

「最後にビラを歌いました時はもうこの歌が終わればお別れをしなければならないのかと思うと皆は下を向いたまま目を拭き出しました。其の時小川先生が『今に東京から飛行機が飛んでビラを撒いた時にはそれが徳恵様のお便りでしょう』と仰ったのでもう東京にお立ちになったように思えてなおさら泣けてしまいました」――。

次に、小南保子――。選ばれた「ご学友」ではなかったが、徳恵の前横の席だったことがあり、**後ろ**

**を向いて級友らに話しかける小南に徳恵は笑顔でこたえ、楽しげに話に加わった**という。

「此の教室ももう二度と徳恵様がおいでになって学問をなさるようなことは決してない。又徳恵様が毎日腰掛けておいで遊ばした腰掛、表のつやのあるせいの高い机、これ等は皆徳恵様の記念でありましょう。お茶をのんでおいでになったお姿、**私どものお話唱歌時お手をおうちになったお姿**が目の前をちらつく……」——。

同級生たちの心に、熱く大きな思い出を残し、発って行く徳恵……。王女としての気品や雅やかな姿もさることながら、学芸会での童謡など、クラスメイトたちとの活動に率先して参加し、忘れえぬ思い出を積み重ねてきたのである。

朝鮮人、日本人の隔てなく育まれた友情は、徳恵の胸のなかにも、貴い宝として固く刻まれたのであった。

＊1　ラジオ放送は、1925年3月1日からが「試験放送」、22日からが「仮放送」、7月12日からが「本放送」の開始となった。

## 《さらば故国、朝鮮》

3月28日、いよいよ旅立ちの日を迎えた。

その日も、『京城日報』は大きな記事を載せた。「花爛漫の都へ　徳恵さま左様なら　きょうは京城をお立ちの日　鮮地のお名残り」と題された記事は、次のように始まっている。

「わかくして詩の天才を謳われた昌徳宮の徳恵様は鮮地に別れを告げて花爛漫の帝都へきょう笈《きゅう》を負われ（＊故郷を遠く離れて勉学なされ、の意）、はじめての長い旅路につかれるのである」（1925年3月28日）――。

生まれてこの方、徳恵は長い旅などしたことがなかった。東海岸の元山《ウォンサン》に海水浴に出かけたのがせいぜいで、それ以上の遠出は、朝鮮のなかでも経験したことがなかった。

それが今や、朝鮮半島を南下して釜山《プサン》に向かい、そこから連絡船で下関へ、さらに列車に乗り換えて、東京まで向かうのである。

その長い旅路の出発点、京城駅での別れの実際の様子は、翌日の「徳恵さま……　けさ桜の国へ　……京城駅を御出発　級友や内人達が涙の見送」と題された記事によって、知ることができる。

徳恵を釜山まで運ぶ列車は、午前10時に京城駅を出発する。見送りの人たちが早くから駅に集まった。日出小学校からは、大山校長と担任の小川教諭に導かれ、60名あまりの級友たちが駆けつけた。

9時40分、李王職の住永秀子に伴われ、徳恵が駅の貴賓室に到着した。

『京城日報』によれば、この日の徳恵の出で立ちは、「紫縮緬《ちりめん》に牡丹の大柄模様の羽織を召され綸子《りんず》の袴を胸高に」あてた着物姿であったという。権藤四郎介の『李王宮秘史』では、「藤色金紗縮緬の振袖に紫色に大薔薇を浮かせた派手やかな被布《ひふ》」とあって、少し表現に差がある。

牡丹なのか薔薇なのか、写真を見ても私の目には判断がつきかねるが、いずれにしても花のあしらいの華やかな、春そのもののような出で立ちであったことは見てとれる。履物は洋風の革靴であった。

「**姫は見送りの同級生たちに懐かしげにお目をそそがれ**」、休憩室では総督代理の藤原秘書や尹徳栄《ユン・トギョン》子爵ら見送りの要人の人々を引見、その後、定刻10分前には列車の最後部につながれた展望車に移った。李王職侍司長の韓昌洙《ハン・チャンス》が、徳恵の横を固めた。

この展望車の展望台で、洋装の韓昌洙と並んで立つ和服姿の徳恵の写真が、朝鮮語のメディアを含む各新聞に掲載された。新聞の写真を見た朝鮮人のなかには、苦々しく思い、鼻じらむ者が確実にいたことだろう。王世子《ワンセジャ》に続き、王女までもが日本に盗られてしまったと、悲憤慷慨した人もいたはずである。

京城出発を前にした展望車での徳恵。右は韓昌洙
（写真所蔵：韓国学中央研究院蔵書閣）

あと2カ月で満13歳になろうとする少女は、同胞たちの屈折した眼差しを意識するまでには至っていない。徳恵の胸には、親しい人々との別れを惜しむ気持ちが溢れるばかりで、王女の誇りと、留学してしっかり勉強するのだという覚悟が、何とか別れの哀しみをこらえさせていたかに思われる。

出発の時間となった。目を濡らす見送りの女官や従者、同級生たち……。

「**姫さまは凛々しい中にもさすがにお名残惜気に見受けられた**」が、まもなく列車は黒煙を上げ、京城駅を離れた。

「此度姫御東上に際しては**李王同妃殿下**

**並に御学友其の他の御別れを非常に惜まれて居られた**」――。李王職篠田次官が、翌日、記者に答えて述べた言葉である（『京城日報』1925年3月30日）。

級友たちとは京城駅での別れとなったが、大山校長と小川教諭は列車に同乗し、水原《スウォン》まで見送った。李王職長官の閔泳綺《ミン・ヨンギ》は大田《テジョン》まで。李王職次官の篠田治策は玄界灘を越え下関まで。その他、韓昌洙、住永秀子など、計5名が東京まで同道した。

京城を発って約10時間――、午後8時10分に列車は釜山桟橋駅に到着。当地の政府関係者の出迎えを受けた後、ただちに連絡船・徳寿丸の貴賓室に入った。

出航を前に、徳恵は貴賓室から甲板に出た。黒々とした山の連なりのふもとに、釜山の街の灯がちらついている。灯は海面にも反射して、光の帯を波間ににじませた。しばらくの別れとなる祖国である。次はいつ戻ってくることができるのか、予想もつかない。

船上から朝鮮に別れを告げる徳恵を、『京城日報』は次のように伝えている。

「黒味の絹オーバーに和服を召され水色の帽子を戴いた徳恵姫には些かの御疲れの様子もなく**軈《やが》てキャビンから御出ましになり上甲板に佇ませられ春の南鮮の港にあかあかと輝く灯を暫し御名残（＊「惜」脱字）そうに御付の人々と御興趣深げに囁かれつつ御機嫌よく朝鮮に暫しのさようならを告げられた**」（3月30日）――。

「詩の天才」とも言われ、豊かな感受性を見せた徳恵……。聡明な上に勝気な性格で、人一倍の向上心を見せた徳恵……。星のようにきらめく祖国の灯のひとつひとつに、湧きあがる想いは多々あったであろう。船が向かう方向とは逆の、山々の彼方に残してきた生母の面影が、瞼を離れることはなかったに違いない。

だが、祖国との別れの瞬間にも、朝鮮の王女は気丈さを失っていない。海のかなたに開かれる未来に向け、前を向く積極ささえ見せている。

この時、徳恵は気づいていたろうか――。

2日前の『京城日報』は、日本への旅立ちを伝える記事の最後に、「なお御東上後の姫は学習院卒業後は女高師の英文科にお進みになる御予定であると承わる」と書いていた。

「女高師」とは、女子高等師範学校の略で、中等学校の女子教員を養成する官立の学校をいう。つまり、東京の女子学習院卒業後は、教師への道へ進むという進路が示されていたわけである。「英文科」とあるので、英語教師を目指すということになろう。実際に一教師として就職するかどうかはともかく、英語教師の資格を取得する上級学校へ進学する予定だということである。

これは、朝鮮で徳恵に日本留学を積極的に勧めた人間たちの描いた青写真で、この将来像には、徳恵も一応は納得し、気持ちを重ねて覚悟を決めたと思ってよいだろう。

しかし、そのわずか半月前、初めて徳恵の日本留学を公式に伝えた3月13日の東京発の『京城日報』の記事の最後には、「学習院御卒業後は内地の貴族に嫁がせらるる由である」と書かれていたのである。徳恵を囲む朝鮮側の気持ちとは別のところで、徳恵の将来が、日本人貴族との結婚によってひたすら「内鮮融和」の政策に寄与すべきものとして図られていたということだ。

朝鮮には、日本語のメディアでさえ、「朝鮮の姫君」として徳恵の人格を認め、尊重する気運が醸成されていた。朝鮮の王女が詩才にすぐれ、その詩に著名音楽家たちが曲をつけ童謡が生まれることを、朝鮮の栄誉と考え、喝采を送ってきたのである。学芸会での活躍までもが新聞で報じられ、スターかセレブのように見守ってきたのだった。

だが日本内地では、徳恵の個性や気持ちに斟酌することなく、ただ国策上の駒として利用しようとする勢力が確実に存在したのである。日本式の教養を身に着けた後には、日本人貴族と結婚するということが、唯一の既定コースとして考えられていたのだ。

この2つ記事のギャップに、おそらく、少女はまだ気がついていない。

親や友人と別れ、故国を離れる惜別に耐え、涙をこらえて前を向いたのは、海の彼方、人生航路の先に開けるはずの未来に、何とか希望をもとうとするからであった。だが一方では、人身御供となる定めの、抗《あらが》いようのない運命が待ち受けていたのである。

夜の玄界灘を船は進む。

春まだ浅く、波は高かったであろう。初めての長旅、初めての船による移動である。海原を行く9時間の間、寝室の徳恵は眠ることができたであろうか。

船が波に揉まれるたびに、さまざまな思いが小さな胸のなかに揺れたことだろう。ベッドにひとり身を横たえて以降、改めて込みあげてくる孤独の痛みもあったに違いない。他人には見せぬ涙で、ひそかに枕を濡らしもしたろう……。

人生のひと幕が、終わろうとしていた。

# 第Ⅱ部　日本

徳恵が暮らした東京・赤坂の旧李王邸（現・赤坂プリンスクラシックハウス）

# 第５章　異郷につむぐ和歌――東京・女子学習院　その１

《東京到着》

１９２５年（大正14年）３月30日、午後８時半――、船と汽車を乗り継いだ長旅の果てに、徳恵は東京駅に着いた。29日の朝に下関で下船した後、夜の列車に乗り込むまで、地元のホテルで休息したものの、それ以外は、乗り物に揺られ続けた３日間だった。

そのまま、麻布鳥居坂にあった李王世子邸（鳥居坂御殿）に入ったが、その時の様子を、迎えた王世子妃の方子《まさこ》が後に筆にしている。

「姫を出迎えた私はびっくりした。**あどけなく利発そうに輝いていた瞳がくもり、顔もずいぶんやつれてみえた。**幼い身で家と母親から離れるこの旅が、どんなに悲しかったことか。私はいたわしさに思わず涙ぐんでしまった。

『長い旅でおつかれになったでしょう？』

『……』

**語りかけても長いまつ毛を伏せたまま微笑みさえうかべない。**感じやすい少女期のことだから当然のこととは思いながらも、なぜか不吉な予感が頭をかすめていった」（李方子『歳月よ王朝よ　最後の朝鮮王妃自伝』1987　三省堂）――。

京城を出発する際には、気丈さを崩さなかった徳恵だったが、東京へ着くなりのこの変貌ぶりは、何を意味するのだろうか――。

移動に3日もかかるあまりの遠さが、少女なりに精一杯想像力を巡らせて考えていた距離感を遥かに超えていたので、完膚なきまでに打ちのめされ、茫然自失に陥ったのであったか。絶望的なほどの距離感が、よほどのことがなければ帰郷はかなわないという冷厳な現実を、徳恵に知らしめたということだったのか。生母と別れてきた哀しみが、旅路を重ね、列車が東へと進むにつれて、いやましに胸に溢れ、水が枡から溢れこぼれるように、堰を切ってしまったものだったろうか……。

方子によると、そういう徳恵の様子を見て、李垠《イ・ウン》（王世子）は、

「あくどい人間たちだ。人質は私一人で沢山なのに、なにが不足でこの子をつれてきたのだろう」

と述べた。そして妻に対して、

「たとえ腹違いとはいえ日本にいるたった一人の血筋だ。妹を手塩に掛けて育ててくれ」

と頼んだという。

その夜からしばらく、方子は徳恵と同じ部屋に床を並べて語り合い、寝つくまで見守ったと、自伝はそのように述べている。

3年ぶりの再会であった。その間、どのような日々をすごしていたのか、当然ながらそういう話が出たことだろう。李王を始めとする王族たちの近況はもとより、日出小学校での活躍についても、話題にのぼったに違いない。

だが、そういう、普通にかわされたと思しき内容については、方子の回想には載らない。残念なのは、この間、目覚ましい発達をとげた徳恵の詩才について、全く言及がないことだ。

例えばだが、「『蜂』の詩には、思わず頰が緩んだよ。よく観察しているね。あれなら宮城さんも喜んで曲をつけたことだろう。この前、東京でもラジオで放送されたんだよ」とか、「『びら』の詩はよく書けていますわ。驚きましてよ。童謡だけでなく、舞踊にもなったそうね」とか、そういう方面への会話の展開はなかったのだろうか……。

実際には、そういう会話があったのだと信じたい。童詩にまつわる話が出れば、徳恵は随分癒される思いがしたであろう。しかし、そういう文脈での話が、回想や自伝のなかには、いっさい登場しないのである。

これはひとえに、5年後に統合失調症の症状が現れ、やがて病状悪化によって無言の人となってしまう、徳恵の不幸な将来像を前提にし、未来から過去を逆照射するように、悲劇の運命のフィルターを通して物事を見、語ろうとするからであるかと思われる。

方子ばかりではない。この先、女子学習院から結婚に至る日本時代の徳恵について語られてきた話は、どうしてもこのトリックに嵌ってしまい、同じような色に塗られてしまう。

結果として、事実のディテールがないがしろにされ、その時々の徳恵の表情がよく見えなくなっている。抜け殻だけを言上げし、それで事足れりとしてきたのである。

だが、本著では、なるべく現在進行的に、徳恵を追っていきたいと思う。後の運命は定まっているとはいえ、まずはそこに至る道のりを、きちんと追いたい。朝鮮での少女時代と同じく、彼女の「言葉」にこだわり、やがては物言わなくなってしまう人の「言葉」を復権させることから、その生の軌跡を虚心に見つめていきたいのである。

東京到着直後の徳恵の沈黙の理由について、これまで全く問われることのなかった可能性をあげれば、京城と東京との間の距離がもたらした肉体的疲労と精神的ストレスに加え、兄夫婦の姿を見た途端、3年前の甥の王子、晋《ジン》の不慮の死の記憶がにわかに蘇ってきて、身の凍りつく恐怖に襲われたということは考えられないだろうか……。

感受性の鋭い少女は、兄夫婦の家になおも黴《かび》のように染みついている悲劇の記憶の暗い影に触れて、動揺し、喪失感を新たにしたのではなかったろうか……。

京城時代、いくつもの童詩に繰り返し現れた影のイメージは、癒しがたい肉親の死の衝撃が淵源であった。東京に着くなり、この衝撃が再び頭をもたげ、そのおぞましさに少女は殆ど本能的に身を震わせ、金縛りにあったと、そうは考えられないだろうか。自身の恐怖もさることながら、兄夫婦に何を言えばよいのか、まさしく言葉を失ったということだったのかもしれない。


ともかくも、徳恵は東京に着いた。1週間ほどして、本人の心模様とは別に、「公務」がいやおうなしに訪れた。

4月6日、徳恵は皇居に参内し、お目見えの挨拶をした。もっとも、大正天皇は病のため執務に耐えられる体調ではなく、既に1921年から皇太子（後の昭和天皇）が摂政として実務にあたっていた。

大正天皇は皇太子時代に朝鮮を訪問して以来、朝鮮語を学んでおり、日本に留学した李垠に朝鮮語で話しかけることもあったという。皇居で徳恵と直接のお目見えがかなったならば、面白い展開もあったかもしれないが、実際には徳恵の初参内は極めて事務的な挨拶に終始したかと思われる。

その日の夜には、義姉・方子の実家である梨本宮邸《なしもとのみや》を訪問した。徳恵が梨本宮夫妻を訪ねるのは、この時が初めてであった。

方子の母、梨本宮伊都子《いつこ》の日記に、次の記述がある。

「徳恵さま、御参内のよし。午後6時、はじめて王世子両殿下は、徳恵さま御同伴にて御出になり、あちらより御ともせし侍従長の如き人もよび、食事をともにす」——。

朝鮮から随行した「侍従長の如き人」とは、京城駅を発つ折、列車の展望台で徳恵と並んでいた李王職侍司長の韓昌洙《ハン・チャンス》であろう。

またこの日、宮内省の会議により、徳恵の女子学習院本科中期2年への編入が正式に決まった。名前に関しても、「李徳恵」と名乗ることが定められた。

青山にあった女子学習院まで、徳恵は毎日、鳥居坂の兄夫婦の家から通うことになった。

鳥居坂の家には、この先、1930年に紀尾井町に引っ越すまで、5年間を暮らすことになる。現在ではもはやこの家は存在しないが、東洋英和女学院の正門と、道を挟んだ向かい側にあったという。

## 《女子学習院に編入学》

女子学習院は、もともと皇族や華族の子女の教育のため、1885年に華族女学校として創立された。1906年には男子の通う学習院と合併し、学習院女子部となったが、1918年からは再び女子学習院として独立した。併せてこの時、青山に建設した新校舎に移った。

以来、女子学習院では、「女性にふさわしい品性と知性」を身に着けることを教育のモットーとし、全人格的な教育を理想としつつ、規律を重んじた厳格な指導が行われた。

本科として前期4年、中期4年、後期3年の11年に及ぶ一貫教育が行われていたが、徳恵は中期2年に籍を置くことになった。正規の入学の日取りは、4月8日であった。

1925年（大正14年）4月13日、女子学習院では、入学式と始業式が併せて行われた。徳恵は鳥居坂の家から自動車で登校し、始業式に参加した。

始業式の後、中期2年の主任の射手矢《いてや》貞三《ていぞう》教授から、級友一同を前に、徳恵が紹介された。射手矢は、前年に『少年太平記』を刊行するなど、古典の研究や紹介で知られる国文学者だった。

東京到着、女子学習院入学、始業式参加と、徳恵の動静について、『京城日報』は逐一報道を続けた。朝鮮の王女を追う朝鮮のメディア、とりわけ『京城日報』の熱の入れようは、朝鮮出発前の余熱が醒めていないことを窺わせる。

4月14日付で、『京城日報』は射手矢教授への取材も含めた徳恵の近況報告を載せた。記事に載る具体的な事項をかいつまんで述べると、以下のようになる。

女子学習院の授業開始は7時50分。徳恵は午前6時前後に起床、侍女1名を伴って自動車で登校、7時半には学校に入るのを日課とする。

射手矢教授には、今後の徳恵に対する指導方針を訊いている。学校側としては、他の宮様たちと同じく特別扱いをせず、週に1、2度まわってくる当番も公平にし、授業で使う紙や手工材料の配布、掃除、クラス日記の記入なども、級友同様にしてもらう。また、授業は平日は5時間、土曜日は午前中の4時間だが、昼休みには巴合戦という、紅白2隊に分けて陣取りを争う勇ましい遊戯をするのが慣行で、これにも参加してもらうことになる――。

　この答弁を聞いただけでも、女子学習院の校風が知れる。日出小学校の自由主義的なムードと、相当の差があると言わざるをえない。女子教育ではあっても、どこか尚武の精神に通じるものがある。

　徳恵のクラスには「宮様」が３人いた。竹田宮恒久王《たけだのみやつねひさおう》の長女の礼子《あやこ》女王、北白川宮成久王《きたしらかわのみやなるひさおう》の次女の佐和子《さわこ》女王、そして徳恵である。礼子女王と佐和子女王は、１９２０年に女子学習院小学科に入学して以来、ずっと一緒だった。

　中期2年生から編入した徳恵にとって、何よりも大変だったのは、フランス語であった。京城では全く学んだことのない外国語だったが、同級生たちは中期1年から授業で学んできている。1年間のブランクを、自主的な学習によって取り戻さない限り、学校の授業にはついていけないのである。

　学校から帰宅して以降、特別にフランス語の教授に来てもらい、特訓が始まった。持ち前の勝気な性格で、徳恵は奮闘を続けた。

　その間、４月29日には、裕仁《ひろひと》皇太子の誕生日に招かれるという王族としての務めもこなしている。

　5月６日、徳恵のお付きの人となり、家庭教師をも兼ねる人物が決まり、初のお目見えとなった。

　中川イト（糸子とも）――。漢城高等女学校、淑明女学校と、2度にわたって朝鮮で教鞭をとった経験があり、１９２０年に帰国して以降は、関西の甲南女学校に奉職していた。歌人で教育家の下田歌子の弟子筋にあたり、和歌にも長けた人だった。この年47歳、独身であった。5月14日には李王職御用掛に任命され、身分的にも公式の存在となった。

　5月16日、中川の家庭教師就任を伝えた『京城日報』は、中川のインタビューを載せている。

「徳恵姫は至って**御聡明で日本語等も内地人と殆どかわらない位お上手**です。十三日も**京城にお出し**

**になる御手紙**を拝見しましたが**お年にしては実に御立派なもの**です。それに**おやさしい事には御側の人も皆、有難涙《ありがたなみだ》を滴《こぼ》している位**です。私は毎日学習院にお供して行きまして御帰邸になれば復習のお手伝いという役ですが、妃殿下が非常に能く御世話なすって参考書一冊買うにもそのお指図によりますし、**三度の御食事に一度は必ず朝鮮料理**を調理して姫のお不自由のないようにと云った程に行き届いたなされ方ですから私も実に御世話の仕甲斐があって嬉しく思います」——。

この手のインタビューでマイナスイ・メージとなるようなことは語られるはずもないので、いささか話を割引いて聞かねばなるまいが、食事の3度に1度は朝鮮料理にするなど、内側からしか覗きえない徳恵の東京生活の一端は伝わってくる。

日本語による京城への手紙の届け先は、李王夫妻ではありえず（この場合は朝鮮語になろう）、日出小学校の関係者宛てと考えるのが妥当かと思われる。

1年後の報道にはなるが、『京城日報』は1926年3月4日の記事にて、

「徳恵様はかつて京城の日出小学校に御在学であった関係で毎月同窓生や旧師真柄女史などからおたよりするが**姫はこのたよりに接せられるたびにお喜びで必ず御返事を出される**。友情に厚いことは今も昔も少しも変らぬ」

と伝えており、日出小学校の恩師や学友とずっと文通が続いていることを報じている。

中川女史が徳恵の付き人兼家庭教師として奉職し、まず目を通すことになった日本語による手紙というのも、やはり真柄トヨや日出小学校の関係者宛てのものだったのだろう。

内地メディアも、徳恵の留学生活に注目した。5月12日の『読売新聞』は、徳恵を紹介する記事や写

真に併せ、「びら」の詩を全文掲載している。

「徳恵姫　女子学習院二年へ毎日御通学　お好きな童謡さえも此頃は余りお作りにならぬ程　学課にお忙しさ」と題されたこの記事では、高羲敬《コ・ヒギョン》事務官の談話として、次のように伝えている。

「あちらの小学校の六年を御卒業になると（＊「五年を終えると」の間違い）すぐ学習院の二年におはいりになったため最近はいろいろな学課においていそがしく、**お好きな童謡をお作りになる余暇さえないようなお有様**です（中略）……（学校から帰宅し）それからすぐ学習院教授の児玉錦一郎さんに就いて**毎日一時間ずつフランス語を御習得**になります。朝鮮にいられる頃はフランス語は学びになりませんでしたし、学習院の方では一年からフランス語があるので**何でも教科書一二冊分おくれているとのお話で只今はフランス語に専心**していられます。そのうちにはこちらの生活にもお慣れになるでしょうし、お好きな童謡もぼつぼつお作りなさいましょう」——。

東京での新生活にあって、フランス語の学習が焦眉の急であったことがよくわかる。教科書にして1、2冊分の遅れを取り戻すのに、個人教授をつけて、連日特訓を受けている様子が浮かんでくる。

大好きな童謡（童詩）も、今は創作に当てる時間が殆どないというのも、実感がある。しかしそれでいて、徳恵を紹介しようとすれば、童詩に見せた輝くばかりの才能を無視はできないのである。

忙しさのなかでも実際に童詩を少しは書いたのかどうか、この点は、5月13日に朝鮮語メディアの『朝鮮日報』が、「（帰宅後は）**時には楽しみにしていらした童謡もお書きになる**」と伝えたのと、ニュアンスの差がある。

『朝鮮日報』がポジティブに伝えたのは、童謡によって朝鮮の王女が繰り広げた華麗な光彩に、民族の希望を重ねていたということだったろうか……。

童謡童話雑誌の『金の星』が、前年の野口雨情の朝鮮訪問を伝えるとともに徳恵の「雨」の詩を掲載したのも、この年の5月号の誌上でのことだった。「**御詩才豊かにして童謡の姫君様と称せられております**」との賞詞が添えられた。

7月には、「月の砂漠」で知られる童謡作曲家の佐々木すぐるが1924年から続けている『青い鳥楽譜』の第21編において、「李徳恵姫御作謡　黒沢隆朝作曲」の「びら」が紹介された。その曲目解説に曰く、

「李王世子殿下の御妹姫として、目下学習院に御在学中の徳恵姫のお作になる本篇を掲載するの喜びを得ましたことは、啻《ただ》に本会の光栄とする許りでなく、初等教育上斯道《しどう》奨励のために偉大な反響のあることを信じます。徳恵姫は凡《すべ》ての方面に優れた才能を有せらる丶方でありますが、**とりわけ御文才に長ぜられ、これ迄の御作になる童謡も悉く立派な芸術品であること**は、今更申上げる迄もありません。本篇は同人黒沢君が昨年渡鮮の節御前演奏の光栄に浴したものであることを附記しておきます」――。

童詩、童謡における徳恵の才能の豊かさは、繰り返し讃えられたのである。

ただ、そうした事実が、女子学習院の同級生たちの目にどのように映ることになったか、その点は判然としない。斯界においては、童謡詩人や作曲家たちが諸手をあげて徳恵に惜しみない賞讃を送るのだが、それが女子学習院のクラスには届いた様子がない。

公平な教育指導をと、主任教授も述べていたが、校外での賞詞が校内にもちこまれないようにとの配慮からか、いかんせん熱気の「断絶」が感じられてならないのである。

徳恵の女子学習院での最初の１学期について、わかる事実を列挙しておこう。

５月15日、高宗《コジョン》の５男で、徳恵にとっては異母兄にあたる李堈《イ・ガン》が女子学習院を訪問、徳恵の勉学ぶりを見学した（『女子学習院五十年史』１９３５）。兄といっても35歳も年上なので、徳恵としてはその人に馴染むという気分からは遠かったに違いない。

５月31日、徳恵は李垠《イ・ウン》夫妻とともに梨本宮邸でテニスに興じた（梨本宮伊都子の日記による）。

６月24日、徳恵は、**女子学習院の中期修辞会にて、「正義」の朗読に参加**。礼子女王、佐和子女王など、計13名が一緒だった。

「修辞会」というのは女子学習院独特の呼び名で、作文朗読や談話、唱歌などを生徒が披露する演習会のことを言った。小学校の学芸会に匹敵する文化行事で、年に２回行われるのが習わしだった。

まだ女子学習院の雰囲気に慣れていない徳恵だったが、初めてとなる修辞会に、２年生代表13名の一人として「正義」の朗読に参加したのだった。

午後０時半から行われたこの日の修辞会は、プログラムはわかるものの、徳恵が朗読した「正義」がどのような内容のものだったのか、見当がつかない。おそらくは、「正義」とタイトルのつく既存のテキストを、13人が交代で朗読したものではなかったかと思われる。

なお、注目すべきは、同じこの日の修辞会で、３年生の趙淑鎬《チョ・スッコ》が理科談話「桑」という発表を、単独でしていることである。朝鮮貴族の趙重應《チョ・ジュンウン》と日本人妻との間にできた娘で、徳恵とはかつて徳寿宮《トクスグン》の特設幼稚園でともに学んだ仲だった。通園するのに乳母車を使い、それを徳恵が羨ましがって自分もそのようにしてもらったという、あの趙淑鎬である。

趙は日出小学校には進まなかったが、年齢が徳恵よりもひとつ上だったので、女子学習院の３年に進級していたのだった。4年ぶりに再会したわけだが、同じ朝鮮からの留学生ということで、徳恵と趙の間に東京でも親交があったものかどうかは定かではない。

## 《『おたより』が明らかにする徳恵の活躍》

6月24日の修辞会に徳恵が参加したという情報を得たのは、女子学習院が生徒の保護者宛てに出していた『おたより』という小冊子からであった。

その年に使われる教科書の紹介から、学校行事、校内消息まで、内容は多岐にわたるが、通常、年に3回から4回、発行されていた。小冊子とはいえ、紙数は30ページ前後に及ぶ。

青山にあった女子学習院は、1945年5月の米軍機による空襲によって全焼してしまい、当時から伝わる資料は何も残っていない。残念ながら、校内で綴った作文や詩など、徳恵の東京での「作品」は、そこからは出てこない。

ただ、各家庭に配られた『おたより』は、かろうじて、バックナンバーが学習院大学の図書館に保存されており、そのなかに、徳恵の行動の足どりをたどることのできる記述が散見されるのを「発見」したのである。

1925年5月10日発行になる『おたより』第23号に、「李徳恵様の御入学」という紹介文が掲載されたが、これが徳恵に関して『おたより』に載った初めてのこととなる。

「三月末はるばる京城から御入京になりました徳恵様は、此の新学年から本院に御入学なさいました。

本院にとって誠に光栄の事に存じます。あちらでは京城の日出小学校に御通学、既に第五学年御終了になりましたので、唯今中期第二学年に御在学、麻布の王世子邸から毎日元気よく御通学になって入らっしゃいます。**始の程は同級生がいろいろ御世話申し上げましたが、すぐに御慣れになって今では何の御不自由もなく、至って御快活に御通学**遊ばして居られます」——。

この紹介文を嚆矢として、この先、徳恵の名はたびたび『おたより』に現れることになる。修辞会や外国語作文朗読会などのプログラム紹介ページが、その主な登場場所であった。

これによって、女子学習院時代の徳恵の足跡が、飛躍的にふくらむことになった。強いられた留学によって心の傷を深め、失意と沈黙のうちにやがては精神を病んでと、ひたすら坂道を転がり落ちるように語られてきた徳恵だったが、卒業の前年の秋までは学校行事にも積極的に参加し、同学年の学生たちのなかでも群を抜いて優秀な生徒であったことが判明したのである。

従来の典型的な徳恵像を綴った、同級生・尾崎雪香が残した回想文がある。

尾崎は、「憲政の神様」「議会政治の父」などと言われた尾崎行雄の３女で、活発で好奇心旺盛な生徒だった。結婚して相馬雪香となり、戦後は難民救済などの国際的な社会運動にも参加、日韓女性親善協会の会長もつとめた。

徳恵に関する回想は、自伝『心に懸ける橋』（２０００　世界時報社）に登場する。

「その翌年（＊１９２５年）、韓国の李垠殿下のお妹さんで、徳恵様という方が私たちのクラスに入ってこられました。その日、徳恵様はわれわれと同じセーラー服でしたが、お付きの三、四人の女官たちは、ピンクやブルーや黄色の韓国服を着ておられ、まるで天女の羽衣を思わせるような姿で、さーっとクラスに入ってこられたのです。その美しさに強い印象を受けました。

先生から、『徳恵様と仲良くするように』というお話がありました。おせっかいな私は、早速お相手をしようと思い、お友達になりました。口数の少ない方で、**何を言ってもあまりお返事をなさらないで、『ハイ、ハイ』とおっしゃるだけ**でした。昼休みになると、みなが運動場へ出て学習院独特の巴合戦をするのでした。赤、白、黄色のタスキをして、相手の旗を取る遊びです。そういう遊びにもお誘いするのですが、**運動などもあまりなさらないのです。運動会などは、いつもビリ**なので本当にお気の毒でした。

韓国の徳恵様がいらっしゃるということを父に話した時、父が、「韓国に対して日本はずいぶんひどいことをしているから、いつかは償いをしなければならない」と言ったことが頭に残っています。私が徳恵様に、**『私があなたの立場なら、独立運動をやっているのに、なぜ、あなたはなさらないの？』と尋ねても黙っているだけでした**」――。

文面通りに解釈すれば、徳恵が転入してきてすぐのエピソードのように聞こえるが、独立運動云々のところまで、同時期のことなのか、よくわからない。

中期の2年生は、尋常小学校の6年生にあたる。政治や国際情勢に明るい尾崎行雄の娘で、いくらおませな少女だったとしても、果たしてその年齢で、いきなり独立運動について、尋ねたりするであろうか。この質問は、実際にはもっと後になって――例えば、光州《クァンジュ》で独立を求める学生運動が起きた1929年の秋から翌年にかけてのことだったのではないだろうか……。

都合6年間、ともに学んだ長い時間が、晴れの日も雨の日も十把《じっぱ》一絡《ひとから》げに印象をくくられ、ひとまとめに記憶されてしまっているように思えてならない。悪意によるものではなかろうが、後の徳恵の病による悲劇から逆照射するゆえに、そのような陥穽にはまってしまうのだろう。

いずれにしても、尾崎（相馬）は、女子学習院での徳恵の記憶を、一色で塗ってしまった。弱々しく無力で、自閉的で鬱々とし、魂を抜かれてしまったように感情の所在が不明瞭で、いかにも犠牲者然とした虚ろな姿である。

京城時代の徳恵がその道の専門家をも驚かせるほどの詩才の持ち主であったことを尾崎が語らなかったのは、単にその事実を知らなかったからなのかもしれない。ただ、女子学習院での徳恵が、教室で時に淋しげな横顔を見せはするものの、修辞会や外国語作文朗読会などでは大活躍を見せた事実に対し口をつぐんでしまったのは、解せないところである。

これまで誰も注目してこなかった『おたより』だが、そこに載る記録からは、尾崎（相馬）証言からは百八十度異なる積極的な徳恵像が窺われるのだ。

東京での徳恵が、孤独を抱えていたであろうことは否定のしようもない。

フランス語の特訓だけでも大変であったろうに、忙しさのなかでも、京城の日出小学校の恩師や旧友たちにせっせと手紙を書くことを怠らなかったのは、義理がたさからだけではなく、強い郷愁、望郷の念がそうさせたのであろう。義姉の方子は、かれこれと気を遣ってはくれたが、生母と離れ離れである淋しさは、それで埋められるものではあるまい。

だが、孤独であるのと、その孤独につぶされてしまうのでは、大きな違いがある。

徳恵は後ろ髪をひかれる思いで京城を離れ、東京にやって来た。京城の生母や学友たちを懐かしく想う気持ちは、東京でも変わらなかった。それでも、徳恵は淋しさに鞭打って、努力を重《ね》ねたのである。

生活習慣の差、校風の違いなど、不慣れなことに戸惑うことも多かったはずだが、徳恵は音をあげなかった。

『おたより』は、徳恵の並大抵ではない努力と、その結果としての活躍の軌跡を示してあまりある。ここを見逃しては、徳恵の前半生を正確にとらえることはできない。悲劇の真相も見えてはこない。

惜しいかな、『おたより』が載せる修辞会などで発表した作文は、タイトルのみで、詳しい内容が明らかになるわけではない。それでも、タイトルからは、徳恵の心情、真情が、おのずとほの見えてくる。わずかな文言のタイトルもまた、貴重な徳恵の「言葉」だからだ。

女子学習院時代の、東京における徳恵の「言葉」探しを続けよう。当時の新聞が伝えた姿、方子や親族、知人などの回想、それに加え、この『おたより』を大事な手がかりとしながら、女子学習院時代の徳恵の歩みを紐解いていきたい。

## 《生母・福寧堂梁氏の来日。伊香保での夏の思い出》

7月20日から9月10日まで、女子学習院は夏季休暇となった。

夏休み前の最後の登校となった7月19日のうちに、徳恵は兄の李垠《イ・ウン》と方子夫妻に連れられて、群馬県の伊香保《いかほ》温泉に出かけた。

伊香保温泉は、東京から北に百キロあまり行った先、関東平野が尽き、上毛《じょうもう》三山のひとつ、榛名山《はるなさん》を中腹まで登ったところにある山あいの温泉郷である。

伊香保温泉の名は古くは万葉集にも登場するが、本格化するのは戦国時代、真田昌幸によって整備されてからで、有名な石段もこの時に出来た。湯治に逗留した文人墨客も多く、近代に入ってからも、徳富蘆花や竹久夢二などに愛された。

１８９３年（明治26年）、この伊香保温泉の一角に、御用邸が建てられた。以後、１９４５年の終戦に伴う皇室財産整理によって放棄されるまで、皇族たちに愛用された。温泉だけでなく、避暑に訪れるケースも多かった。

伊香保町教育委員会の編になる『伊香保誌』には、御用邸に関する詳しい記述が載り、皇族方の伊香保訪問と御用邸滞在の記録が年代別にまとめられている。

１９２５年（大正14年）には、７月19日から８月30日まで、「李王世子、妃、徳恵姫」が、伊香保御用邸に滞在したとある。ひと夏をまるまる、東京を離れて涼しい保養地にすごしたのである。

故国・朝鮮を離れて４カ月——。その間、慣れない環境に順応し、フランス語の遅れを取り戻すのに必死で、慌ただしく時間が流れ過ぎて行った。今ようやくにして、東京の喧騒を離れ、女子学習院の厳格な教育からも解放されて、豊かな自然のなかに息をつくことができたのである。

『伊香保誌』はまた、同時期に、閑院宮載仁《かんいんのみやことひと》親王夫妻が、５女の華子とともに伊香保御用邸に滞在したことを記載している（７月31日から８月31日まで）。

閑院宮載仁親王と言えば、３年前の秋に京城の日出小学校を訪ね、３年生の徳恵が国語読本の「きのこ取」を美しい声で朗読するのを見学した人物である。不思議な縁で、３年ぶりに徳恵と再会することになった。

徳恵の伊香保訪問は、朝鮮にも伝えられた。

７月17日の『京城日報』は、「徳恵さま　お兄宮殿下とお揃いで伊香保へ　御避暑遊さる」のタイトルで、夏の徳恵の予定を報じている。

「今年初めて内地の夏を迎えさせられた徳恵姫には御兄宮殿下の御優しい心づかいによりて伊香保に御避暑遊ばされることとなり、（中略）八月末迄滞在される筈で姫には此頃も同様優しく夏の生活を楽しまれている」――。

注目すべきは、この記事の主人公が徳恵になっていることだ。李王家の序列から言えば、当然ながら、まずは李王世子（李垠）夫妻の動静を伝え、徳恵について補足するのが筋である。しかし、『京城日報』は主客を転倒させて、あえて徳恵に看板を張らせている。

『京城日報』は、徳恵贔屓なのである。朝鮮のスター・プリンセスが、初めての日本の夏をどのようにすごすのか、『京城日報』は折に触れて、夏休み中の徳恵の動静を伝えた。

そしてこのお蔭で、私たちは予想もしなかった事実を知ることになるのである。

それは、生母・福寧堂梁氏《ポンニョンダンヤンシ》が、非公式のお忍びのかたちで、京城から日本を訪れ、避暑中の徳恵に合流したという事実であった。朝鮮を離れて以来、徳恵の心のなかで最も気がかりだった母と、再会がかなうことになったのである。

8月19日の『京城日報』の2つの記事、「徳恵姫の御生母　福寧堂様御上京」、「**東上の御生母と懐かしき御対面　徳恵姫が伊香保で**」から情報を整理すると、福寧堂は17日午後8時半に東京駅到着、その日は鳥居坂の李王家の屋敷で1泊し、翌朝の汽車で上野駅から伊香保に向かった。

8月21日の『京城日報』には、東京駅に着いた福寧堂の写真も掲載されている。チマ・チョゴリ姿の、しかもお忍びとあって、白一色の地味な出で立ちである。

これは、驚くべきことである。福寧堂梁氏はこの年、満43歳になる。若くして一女官として宮中入りし、やがて高宗《コジョン》の寵愛を受けて徳恵を生んだが、基本的には、宮中のこと以外、何も知らず、世間を狭く生きてきた女性なのである。京城を離れ、遠く旅に出たことなど、なかったに違いない。

その女性が、汽車に乗り、玄界灘を船で越え、言葉の異なる国に着き、夜汽車に揺られて東京へ向かい、そこからまた伊香保を目指したのである。まさに母の愛なればこそ、波濤も旅塵もものかは、はるばると京城から伊香保まで客旅を重ねることができたのだった。

朝鮮からは李王職の住永秀子が同行している。朝鮮語の通訳であり女性であったので、適任であった。徳恵には、日出小学校に上がる前から仕えてきた人である。3月末の徳恵の東京行きにも同行し、その後京城に戻っていたが、再び海を越えた。

住永は、福寧堂を連れた内地の旅を終え、帰路、釜山に上陸したところで、記者を前に語っている（『京城日報』8月30日）。

東京駅に着いた徳恵の母、福寧堂梁氏（京城日報、1925年8月21日より）

「目下伊香保に御兄宮世子同妃殿下と静かに御避暑遊ばされて居る徳恵姫には九月の新学期まで御滞留相成る由で、**御姫様には大変御活発で月々御体重もお増えになりいとも御健《おすこやか》で**御生母も大変御満足の模様でした。御生母の日程は極《ご》短期日で伊香保に六日間御滞在になり日光中禅寺湖なども御見物され殊の外御興趣をひかれました。（中略）福寧堂さまには内地御滞在中は御起居は元よりすべて和服を御用いになりお髪《ぐし》まで日本式に遊ばされた程で、御準備は皆王世子妃殿下のお心尽しになったもので、すべてを御満足遊ばした事をひそかに喜んでいます」――。

お忍びの内地旅行なので、福寧堂は、伊香保では髪型も服装もすべて和風で通したという。民族的自負心を損ね、屈辱を感じることはなかったかと案じられもするが、久しぶりに娘とすごす時間の至福が、すべてに優先されたのであろう。

住永は、福寧堂が伊香保に滞在したのは6日間だったと述べている。伊香保到着の18日から6日間ということで単純に計算すると、23日までとなる。だが22日までだった可能性（その場合は、東京到着から数える）が高い。

8月22日、李王世子夫妻と徳恵は、現地で2つの公務をこなさねばならなかった。この日の『京城日報』に、「李王世子殿下御夫妻前橋へ　徳恵様も御一緒に　製糸工場御視察」のタイトルで記事が載っているが、それによれば、22日、一家は前橋の模範製糸工場を視察、さらに群馬県知事の公邸にて郷土芸能を見学する予定である旨、報告されている。

ローカル紙の『上毛新聞』には、もう少し詳しくこの日の行事が載っている（8月23日）。牛塚虎太郎群馬県知事の案内で交水社の製糸工場などを視察した李王世子夫妻と徳恵は、午後2時からは知事官邸で、佐波《さわ》郡采女《うねめ》村青年団の獅子舞や、玉村町の青年たちによる八木節を鑑賞した。

獅子舞では踊り手の野趣に富む面白い仕種に、「**各宮にも遉《さすが》に莞爾《かんじ》とほほえませられた**」とある。午後3時に演舞がすべて終わると、「**両殿下と徳恵姫には知事其他に畏《おそれおお》くも一揖《いちゆう》**（＊「一礼」の意）**され自動車に召されて先ず商品陳列所から第二公園へと御遊覧の後、御帰邸遊ばされた**」という。

夕方まで前橋での視察が続き、伊香保の御用邸に戻ったのは夜になったことだろう。

おそらくはこの日、22日の朝に、徳恵は兄夫妻に同行して伊香保を生母と一緒に発ち、渋川駅までは同道、そこから兄夫妻について前橋に向かい、福寧堂は住永に伴なわれ、日光へと向かったのではないだろうか。

『上毛新聞』が次に徳恵らの動静を伝えたのは8月31日——、関連記事が2つ載った。

8月29日に、閑院宮一家と李王世子一家が、ともに落合簗《おちあいやな》の桟橋で清遊したとの記事がある。落合簗は利根川にかかる名所で、昔ながらの簗を使って獲った鮎を料理して出すことで知られていた。徳恵もきっと、川のせせらぎを聞きつつ、新鮮な鮎料理を口にしたことだろう。

もうひとつの記事には、8月30日に、李王世子夫妻と徳恵が午後3時20分に渋川駅を出発する臨時特別列車で帰京したとある。

7月19日以来、40日を超す日々を伊香保にすごした徳恵は、この日、8月30日の夜、東京の鳥居坂の李王世子邸に帰宅したのだった。

充実した伊香保での夏であった。徳恵の「言葉」にも、貴重な果実が実ることになった。現在知ることのできる、日本での初めての詩が生まれたのである。

それは、京城時代のような童詩ではなく、徳恵が日本に来て以後馴染むようになった、伝統の和歌(短歌)であった。

**夏休みに作りし歌**

**山坂を登りてゆけば風穴の　あたりは涼し冬の心地こそすれ**

**榛名湖**
**湖はかがみの如くすみわたり　遠く近くに浮かぶ舟かげ**

**同**
**さざなみのよする榛名の湖の　ほとりはすずし夏を忘るる**

これらの歌は、翌1926年3月の徳恵の帰郷時に『京城日報』が伝えたので、判明したものである。榛名湖の2首は、朝鮮語新聞の『毎日申報』でも、朝鮮語に訳して紹介された。

伊香保温泉のメイン・ストリートとなる石段を上がりきったところに伊香保神社があるが、そこからさらに小一時間ほど山道を登ると、ワシノ巣風穴に達する。第1首目の「風穴」の歌は、ここを訪ねた時の思い出を詠んだものだろう。

榛名山一帯の長期にわたる火山活動の結果、火山の隆起と冷却の過程で生じた大地の裂け目に、年間温度の変わらない風が吹き出している。「風穴《ふうけつ》」と呼ぶが、夏には、大小の岩石が点綴《てんてい》する地肌を、風穴からの空気が薄ら白くたなびく。冷気を帯びた風穴からの空気は涼しく、夏の山道を登ってきた身には、ことさらひんやりと感じられる。

自然のなせる神秘のわざだが、その不思議さに驚いた素朴な感動を、徳恵は歌にしたのである。

榛名湖は、榛名山のカルデラにできた火口原湖で、標高1100メートルに位置し、周囲は4・8キロに及ぶ。伊香保温泉の奥座敷的な存在として知られ、澄んだ湖水を湛え、円錐形の榛名富士を湖面に映す「逆さ富士」の景観はつとに有名だ。

榛名湖での2首の歌が、湖を訪ねた思い出から生まれたことは自明ながら、とりわけ湖面に浮かぶ舟影を詠《よ》んだ歌は、まるで印象派の絵画を見るようで、情趣の深い佳作に仕上がっている。

鏡のように澄みわたって静かにひろがる湖水。青空を映し、彼方の山（「逆さ富士」）をも映す、光に満ちた輝く世界に、色を沈めた小舟が浮かんでいる。「舟かげ」とは通常「舟の姿」のことを言う言葉で、必ずしも「影」を意味はしないが、ひろびろとした湖面の所々に、アクセントとして古い朽ち木でも置いたように、小舟の浮かぶ情景を詠んだのである。

榛名湖。正面の山が榛名富士

ただ、「湖はかがみの如くすみわたり」を空や山を映す順光の湖とせずに、昼下がりの逆光を浴びた湖面が一面の白い鏡と化し、そのおちこちに小舟のシルエットが点綴していると、あえてそのようにイメージをとっても、それはそれで大変に興趣深い。そう読んだ方が、京城時代から引きずる光と影の妙が、なおも詩の屋台骨に生きていると考えられそうである。

和歌の後半、舟かげを「遠く近くに」ととらえた遠近感が素晴らしい。ただの情景描写を超えて、その奥に、過去と現在や、朝鮮と日本など、徳恵の胸の内なる思いの陰影をも詠みこんでいる。

これが、日本に留学し、初めて和歌というものを知って4、5カ月にしかならない異国の少女によって詠まれたのだから、徳恵の詩才は並大抵でない。課せられた言語、課せられた教育、課せられた詩形式においてすら、そのハンディを超え、溌溂と輝く見事な詩精神を発揮してしまうのだ。

3首の和歌が、正確にはいったい夏休み中のいつ詠みこまれたものなのか、それを伝える記録はない。しかし私は、これらの和歌が生母・福寧堂梁氏と一緒にすごした夏の思い出につながるものだと信じたい。

1週間近く、伊香保で一緒にいた母と娘なのである。積もる話もさぞやあっただろうが、風穴も、榛名湖も、その合間に、ともに訪ねたであろうことは容易に想像される。

宮中育ちで足腰の弱い母であっても、駕籠《かご》や馬に乗れば、風穴にも行ける。榛名湖へは、乗用車でも行ける。遠路を厭わず、娘のためには慣れぬ和装にも甘んじたという母であれば、親子水入らずの思い出のためなら、喜んで同道したかと思われる。

住永秀子が伊香保から日光中禅寺湖にまわったと釜山でのインタビューで述べているのも、福寧堂梁氏が娘と訪ねた榛名湖を気に入り、それならば、より著名な中禅寺湖にもと、足を伸ばすことになったのかもしれない。無論、母が真に気に入ったのは、湖そのものではなく、娘と一緒に訪ねた時間だったに違いないのだが……。

榛名湖での「舟影」の和歌が湛える精神性の深さは、数奇な運命の歯車に巻き込まれてしまった自身と母の、来《こ》し方を思い、今を思い、未来を思うところに胚胎しているのかもしれない。

間違いなく言えることは、伊香保でのひと夏の経験が、徳恵をさらに成長させたということである。

女子学習院転入以来、苦労も多かったはずだが、緑溢れ湯煙に満ちた山あいの別天地に起居しながら、母を待ち、母と再会し、母とともにすごした日々によって、徳恵は深呼吸をするように羽をのばし、自分自身の真の「言葉」に向き合うことができたのだった。

《和歌とともに成長。東京の秋から冬に》

11月13日は、女子学習院の開校記念日である。1925年（大正14年）、徳恵が編入学した年の開校記念式には、貞明皇后（大正天皇妃）を始め、李王世子妃など、5人の妃殿下たちが臨席した。

この日、徳恵は和歌1首を残している。先の夏休みに詠んだ和歌もそうであったが、日本移住1年目にできた和歌の代表的作品が、翌年3月に初めて朝鮮に里帰りした折に、日本での1年の学びの成果として『京城日報』等に発表されたので、今日でも知ることができるのである。

**女子学習院記念日**
**しとしとと雨の音さへけふの日を　祝ふが如く聞こえぬるかな**

この年の開校記念日は、秋の雨が降っていた。記念式典自体は室内で行われたが、徳恵は記念日の祝賀を、雨の印象とともに詠みこんだ。

ひょっとすると、この和歌は、純粋に個人の意思から詠まれた歌ではなく、創立記念日に学生たちに等しく与えられた課題としてつくられたものだったのかもしれない。歌の後半は、創立記念日を賀すという趣旨に、いかにも沿ったものである。

だが、しとしとと降る雨の音にじっと耳を傾け、何か深い意味や意義を感じ取ろうとする少女の感性は、独特であり、繊細、鋭敏だ。あえて言うなら、雨と一緒に詠みこまれているからこそ、一般的な奉祝歌の平凡さや追従的《ついしょう》トーンを脱することができたのである。

身のまわりの森羅万象は、この少女にとっては、自然の息吹を伝え、世界の真実を語る神秘の存在だったのだろうか……。異郷の学び舎で、雨粒ひとつひとつの音までを聞き分けようとするかのような徳恵の息のひそめ方は、個性的という次元を超えて、どこか危うささえ覚えるほどだ。

日出小学校4年生の時に、徳恵は「雨」という童詩を詠んでいた。その時には、亡き父への思いを、空にひろがる黒雲と、涙のように落ちてくる雨に仮託して、詩にしていた。

童詩の「雨」が視覚的であったのに比べ、こちらの和歌は聴覚が基礎になる。そういう違いはあるが、雨に何かの気配を感じている点は、似通っている。文字としては表れていないが、雨ということで、徳恵の潜在意識のなかに、伏せられた連想が働いているような気がする。

それは、徳恵がなおも抱える父・高宗《コジョン》への思いである。雨を通して、徳恵は遠く離れた故国の土に眠る父の声を聴こうとしているのではないだろうか。

異国の首都に身を移し、不慣れに戸惑い、淋しさに枕を濡らす日々ではあっても、遠い故国から父が見守っている……。天から降り落ちてくる雨を通して、今も父が自分を励ましてくれている……。

学校の創立記念への奉祝の体裁を装いつつ、その底には、「異郷にあっても頑張るんだぞ」という、父の声なき声を聴いていたということではなかったろうか。

翌11月14日はうって変わった晴天で、女子学習院の全校生徒たちは秋晴れの青空のもと、新宿御苑の一日参観を楽しんだ。現在と違い、御苑は一般公開されていたわけではないので、女子学習院の開校記念に合わせ、特別に許可されたのである。

この日の様子を報じた『おたより』第25号（１９２５年12月20日発行）では、宮様方も参加したことが知られるばかりで、徳恵個人の記録が載るわけではないが、おそらく徳恵も参加し、東京の秋の一日を、豊かな樹林に囲まれた庭園にすごしたことだろう。

『おたより』に載るこの日の模様を綴った生徒の作文からは、朝には葉末に宿る水滴がきらきらと輝き、銀杏は黄色に、楓は紅に染まって、秋の佳日であったことが知られる。前日の雨に洗われ、美しく輝く秋の庭園に、徳恵も憩い、心をときめかせたことだろう。

そしていつしか、京城の秘苑《ピウォン》の秋景色を思い返していたことだろう。日出小学校の級友たちや大山校長、真柄教諭などを秘苑に招いて楽しい時間をすごしたのは、３年前のことだった。その日、生母の福寧堂梁氏《ポンニョンダンヤンシ》もその様子を目の当たりにして、涙を浮かべていたのだった……。

母は祖国の京城に留まり、自分は異郷の東京にいる。住む所は分かれていても、秋の庭園の華麗な色づきが母娘をつないでくれるとの思いが、徳恵の胸を染めあげていたことだろう。

師走に入って、日本の皇室に慶事があった。12月6日、皇太子に初の子供が生まれたのである。女児で、照宮成子《てるのみやしげこ》内親王と名づけられた。

12日には命名式が行われたが、この日、女子学習院では奉賀式が催され、全校生徒によって奉祝の旗行列と行進が行われた。

徳恵はこの日、内親王誕生を奉祝する歌を詠んでいる。おそらくは、女子学習院で生徒たちに等しく課せられたものだったろう。

翌年3月4日の『京城日報』によれば、徳恵のこの詩に、『七つの子』や『青い目の人形』などで知られる童謡作曲家の本居長世がつけた曲を、本居の娘姉妹たちが歌い、東京放送局で放送されたという。

照宮殿下　御降誕を祝い奉る　　李徳恵

静かに暗の夜ははてて
あけの明星かがやきぬ
東の空は紅の
色もめでたく日の本の
東西南北一せいに
ひらめきたなびく日の御旗

タイトルの下に「李徳恵」という名前があるのは、この歌が女子学習院の教室から生まれたであろうことを推測させる。ラジオ放送までされたというのだから、社会的評価は高かったことになる。朝鮮の王女が、今や日本の「王族」として日本皇族の誕生を奉祝するという、その政治的な「価値」を、当局が利用したという面もあったろう。

正直な話、他の徳恵作品に比べ、個性の輝きという点では見劣りがするのは如何ともしがたい。徳恵自身の魂が入っていない。かつ、少女には酷な言い方なるが、後世から見れば、時局迎合的である。ただ、見逃してはならないのは、この歌に漲る自信のような張りである。ガラス細工の繊細さとは対極にある、しっかりと組み立てられた石造りの建築物を見るような、落着き、安定感である。

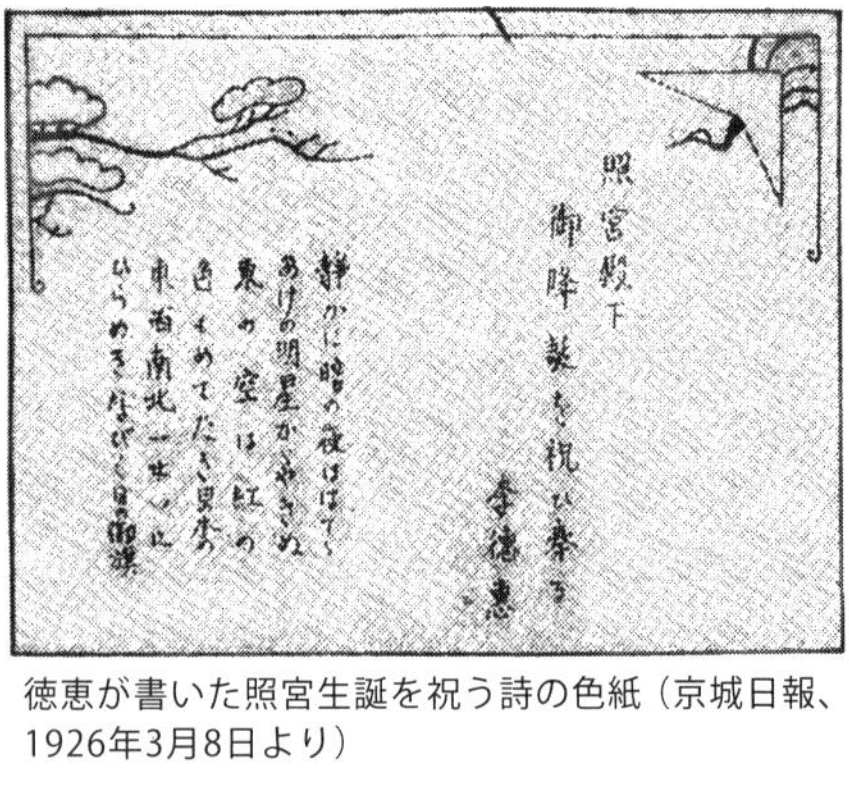
徳恵が書いた照宮生誕を祝う詩の色紙（京城日報、1926年3月8日より）

女子学習院転入から半年がたち、不慣れや戸惑い、そして淋しさや居心地の悪さを、何とか克服しつつある自信が、詩の響きに揺るぎなさを与えているのだろうか。

徳恵にとって、そこは異郷である。朝鮮王族でありながら日本の「王族」に組み込まれ、朝鮮人でありつつ「日本人」であるという奇妙な二重構造のなかに、日々を重ねている。

日本の皇族の誕生を、朝鮮王族のプリンセスが讃えるという、ある意味では、民族的アイデンティティの二重性や虚構性が破裂しかねないような状況下にあって、徳恵はむしろ、心の歌としてみれば借り着の装いであろうと、堂々とした、張りのある調べを響かせてみせたのである。

技量もさることながら、それ以上に、揚々とした徳恵の姿勢に、端倪《たんげい》すべからざる何かを感じる。自身の詩心の深いところからつむがれる作品の出来ばえとは別に、自分がつくる詩歌がもつ社会的な価値について、朝鮮のプリンセスは気づいていたかに思われる。

その自覚があればこそであろう、徳恵は後日、鶴と松を配した色紙にこの歌を清書したうえで、日出小学校に寄贈している。

なお、本居長世がこの徳恵の歌に曲をつけ、ラジオ放送までされたという音曲については、確認がとれない。朝鮮のメディアが、翌年の徳恵の朝鮮帰国の際に報じた記事を除き、記録として残るものがない。

この年、1925年の暮れ、女子学習院が冬休みに入るなり、徳恵は日出小学校の恩師・小川吉太郎とかつての級友たちに宛てて、手紙を出している。

12月28日に書かれたこの手紙の一部は、翌年春の帰郷の折、3月8日の『京城日報』で紙上公開された。

**「いつもながらおやさしい先生のお心、お姿も見えるようでなお夏休み中の林間学校のお写真ではお元気な皆様にお目にかかったように感じました。又朝鮮神宮もおかげ様でよくわかりました。そして去年の冬のなつかしい思い出が浮かんで参ります。この間内親王御生誕の時学習院では進行歌を高らかに歌いつつ校庭で旗行列を催して奉祝いたしました。その時のお写真をお送り致します」**――。

京城の町を見下ろす南山《ナムサン》の山腹に建てられた朝鮮神宮は、１９２５年の10月15日に、日本から勅使が派遣されて「鎮座の儀」が行われた。17日には初の例祭もとり行われて、メディアによる報道も盛んであった。日本による朝鮮支配の精神的統合の象徴という意味を有するからだった。

日出小学校は南山のすぐ下に位置するので、新神宮のことは学校でも話題になり、関心も高かったかと思われる。日本人教師の小川は、学内の日本人生徒の気の高ぶりをそのままに、季節の話題の慶事として、東京に留学したかつての教え子に伝えたようである。

宗教観の異なる朝鮮人に、日本式の神社、それも官幣大社としての神宮の建立がどのような気持ちを引き起こすか、そして、その報せを受ける相手が他でもない朝鮮のプリンセスであるという繊細な事情に、小川が配慮をした痕跡は見られない。

だが、その報せを受けた徳恵も、恩師に宛てた返事を見る限りでは、民族感情を盾に嫌悪感を露わにすることはなかったようだ。民族対立につながるような感情のささくれだった部分はすべて削ぎ落ちてしまって、日出小学校のことは、ひたすらパラダイスとして記憶が純化されているように見える。

「去年の冬のなつかしい思い出」とあるのは、南山での雪中登山のことを言うのだろうか、南山と聞いて徳恵の瞼に思い浮かぶのは、級友たちとの楽しかった思い出ばかりなのである。

それは、とりもなおさず、4月以来の異郷暮しの孤独の裏返しなのであろう。日出小学校の旧友たちとの交歓は、フランス語を始めとするハンディを負った学習での絶え間ない刻苦勉励の合間に、ふとつむぐ美しい夢だったに違いない。

## 《初の帰郷と日出小学校再訪》

1926年になった。大正の最後の年となる新年が明けた。女子学習院では、1月8日から授業が始まった。

新年早々、1月13日に、東京放送局で徳恵の詩に宮城道雄が曲をつけた「雨」と「蜂」が、牧瀬数江の歌唱によって放送された。同日の『読売新聞』は、この放送予定を紹介しつつ、「童謡の姫君……朝鮮昌徳宮徳恵姫」「今夕唄われる　徳恵姫の作歌」の見出しで記事を載せ、日本に留学中の朝鮮のプリンセスの豊かな詩才を伝えた。

新聞、放送と、ダブルで徳恵の童詩が紹介されたのである。女子学習院の同級生たちの耳にも、こうした情報が入らぬはずはなかったであろう。

2月、梅の花の咲く頃になって、徳恵の身辺に新たな事情がもちあがってきた。かねて希望のあった李《イ》垠《ウン》・方子《まさこ》夫妻の世界視察旅行が実現する運びとなり、出立に先立って李王への挨拶伺いのため京城を訪れることになったが、徳恵も兄夫妻に従って一時帰郷することになったのである。

李王・純宗《スンジョン》は、新しい年を迎えてよりしばらく体調を崩したので、その見舞いも兼ねた京城行きであった。

2月23日、朝鮮語新聞の『毎日申報』が、その消息を伝えている。「徳恵翁主御同伴　李王職に公報来着　王世子と同妃殿下は徳恵翁主同伴にて帰鮮（予定）」との見出しで、22日午後に李王世子から昌徳宮《チャンドッグン》に公報が届き、3月3日に東京を出発する予定である旨、報じられた。

『毎日申報』は、徳恵を迎える母堂の喜びについても触れている。徳恵の帰郷中の滞在先についても、「昌徳宮内福寧堂に宿す予定」と報じた。

同記事では、3月3日に東京出発とされたが、実際にはその日に京城到着となるよう、旅程が組まれた。徳恵も春休みを待たずに、3月1日、兄夫妻とともに慌ただしく東京を発った。

3月2日夜、下関から乗った連絡船のなかで、同行する『京城日報』の光永記者から、日出小学校では90名の同窓生たちが徳恵をお迎えし、歓迎学芸会を開く予定である旨が告げられた。

**「まあ嬉しい。私は早く皆さんにお目にかかりたい」**――。

そう徳恵が述べたと、『京城日報』の記事は伝えている（3月4日）。

徳恵にとっては1年ぶりの祖国であった。帰郷の望みは、第1には生母とすごすことであり、第2には、母校・日出小学校の懐かしい同級生たちに会うことであった。

この3月、かつて机を並べて学んだ同窓生たちは日出小学校を卒業する。多くの旧友たちが、高等女学校に進学するための入試を受けることになった。高等女学校とは、旧制の女子教育において、尋常小学校での6年間の修業を終えた後に進む学校のことである。

試験が近づき、徳恵は旧友たちに宛てて、合格を祈る詩を詠んだ。級友たちのもとに送られた「西の空」と題されたその詩の第3節だけが、『京城日報』で紹介された（3月8日）。

## 西の空

**きたらん春の入学の**
**試験は見事安々と**
**通らんことを神かけて**
**いのりまつらん西の空**

3月3日朝7時半、連絡船は釜山《プサン》港に到着。そこから汽車に乗り換え、一路京城へ――。1年前、東上した時と同じ距離と移動手段の行程ながら、気持ちは全く異なっていたろう。

釜山から京城を目指す列車のなかで、慶尚北道《キョンサンプクト》金泉《キムチョン》郡からの献納品にあった朝鮮改良紙を王世子妃の方子が珍しそうに目にし、**徳恵が朝鮮改良紙について詳しく説明**したと、3月4日の『京城日報』は伝えている。

日本人の義姉に対し、朝鮮の文物を解説する徳恵の様子が目に浮かぶ。周囲の人々にも明らかなその聡明さと闊達ぶりに、祖国へ戻ってきた喜びが透けて見える。

3月3日18時50分、汽車は京城駅に到着。京城駅長以下、親任官や文武官などの公人が出迎えたが、日出小学校の旧友たちが多数姿を見せていることが、徳恵を喜ばせた。

京城駅に降り立った王世子夫妻と徳恵の3人を撮った写真が、翌日の『京城日報』に載った。王世子は陸軍大尉の軍服姿、方子妃と徳恵は洋装で、コートを着ている。いかにも利発げな、凛とした美しい少女の姿がそこにある。

３人は、京城駅からただちに王宮の昌徳宮に向かい、楽善斎《ナクソンジェ》にて小憩をとった後、内殿にて李王夫妻に対面、帰国の挨拶をした。

翌日より、王世子夫妻は宗廟《チョンミョ》訪問を始めとする公式行事に追われたが、徳恵は一連のそうした王室行事に同行した形跡はない。３月６日夜、内殿でとり行われた李王夫妻主催による朝鮮料理の王族晩餐会には、徳恵も参加したようである。

京城駅に到着した李垠・方子夫妻と徳恵（京城日報、1926年3月4日より）

なお、３月９日の『京城日報』によれば、王世子夫妻の洋行については、この王室一家の晩餐会の席上、基本的に承諾された。随行員の内定まで話は進んだという。洋行すればしばらくは会えなくなるので、このたびの京城滞在を数日延ばすよう、李王は王世子に勧めた。それで、もともとは８日に予定していた出発を延期することになった。

徳恵にとっては、その分、生母・福寧《ポンニョン》堂梁氏《ダンヤンシ》のもとで長くすごすことができるので、延長は喜ばしいことだったはずだ。生まれ故郷での親子水入らずの時間を、徳恵は心ゆくまで楽しんだに違いない。

日本留学後の初めての朝鮮帰国に伴い、『京城日報』を始めとする在朝鮮メディアは、徳恵の東京での暮らしぶりをにぎにぎしく報じた。そのなかには、詩作についての近況を伝えたものもあった。

「日出小学校御在学時から御堪能であった**童謡は、御進級と共に益々歌詞もお上手になられ、皇孫殿下御誕生の歌や両陛下御銀婚式の童謡は東京放送局にても本居姉妹が放送申上げたが非常な喝采を博した**」（『京城日報』３月４日）——。

驚かされるのは、突如として、「両陛下御銀婚式の童謡」が登場してきたことである。

大正天皇の銀婚式は、１９２５年５月10日に行われた。天皇本人は病のために公の行事には参加できなかったが、宮中行事だけでなく、市中でも奉祝の提灯行列など国民的祝賀行事が行われた。この日は日曜日だったが、女子学習院でも、「大婚二十五年奉賀式」が挙行されている。

京城から東京に移り、女子学習院に転入学をして約１カ月——。学校行事としても体験することになったこの「慶事」の日の様子を、徳恵が詩に詠んだというのである。

「童謡」のもとになったというのだから、和歌ではなく童詩だったのだろうか……？

見ようによっては、徳恵の詩才が、日本に来るやいなや、童心本位を離れ、国家的行事を奉祝する目的に利用されたと言えなくもない。

今となっては、この詩の文面、内容を確認することはできないが、徳恵には大正天皇の銀婚式を詠った詩作品も存在したという事実を確認しておきたい。

３月７日、日曜日の午後２時、徳恵は懐かしい日出小学校を訪ねた。春のうららかな陽射しのなかを校門から校舎へと向かう徳恵の全身を写した写真が、３月８日の『京城日報』に載っている。ロイヤルファッションの円いフェルト帽に、可憐な洋装姿——。手にコートを抱えているのは、降り注ぐ陽光が暖かいので脱いだものだろう。校庭の地面にくっきりと影が映っている。膝頭までのスカートから下に突き出た両足とその先の革靴が、ずんずんと進む足取りの勢いに満ちて、弾んだ気持ちを物語っている。

この日、日出小学校では特に徳恵のために歓迎学芸会を用意した。

徳恵が京城に着いた３月３日の翌日、４日から６日まで、ちょうど高等女学校の入試が行われていた。殆どの生徒たちが受験するため、５年生の時の担任だった小川吉太郎が４日に昌徳宮を訪ね、学芸会開催の日取りが７日に調整されたのである。

当日の様子を、３月８日の『京城日報』に伝えてもらおう。

1年ぶりに日出小学校を訪ねる徳恵
（京城日報、1926年3月8日より）

「（徳恵姫は）同級生のお出迎えを受けられて、応接間に入られ佐藤、真柄、小川諸教師とお久々の御挨拶を交され、歓迎会場に当てられた講堂にお出になる。一年男女の対話『お雛様とねずみ』、三年女生の唱歌『乙姫さま』など、**姫には絶えず微笑をたたえて御覧になり、**同級であった**六年女生の**

**遊戯『月夜のうさぎ』は一々お馴染み深い旧友たちなので殊に興深く覚えられ、つづいて御自分も同級生の中央に立たれて御自作の童謡『ビラ（ママ）』を声高らかにおうたいになり、**つづいて愛国婦人会附属幼稚園児の童謡遊戯『兵隊』『桃太郎』『ダンス』等を御覧になり」——。

学芸会は3時に終了、その後は場所を理科教室に移して、同級生90余名たちと「歓迎茶話会」に臨んだ。懐かしい対面、対話が続いた後、旧学友総代の挨拶の辞があり、それを受けて徳恵が挨拶に立った。その模様を、3月9日の『京城日報』が伝えている。

「徳恵姫には中央にお進みになりつつましやかな朗かなおん声で

**『先日はお忙しい処を私のためにわざわざ停車場までお出迎い下さいまして有難うございました。今日はまた私の為めにこの嬉しい学芸会をお開き下さいまして有難う存じます』**

とご挨拶があり（中略）、最後に同窓生全部は『もう一度姫さまの為に『ビラの歌』を歌いましょう』とて『南の空から飛んで来た——』と声一杯に歌うさまを**徳恵姫は嬉しげに御覧になり、**それが済んで御帰鮮の記念に学校のために**『温故知新』の四文字を水茎のあとうるわしくお認《したた》めになり、**午後四時生徒職員のお見送りのうちに御帰りになった」——。

3月9日の記事には、徳恵を迎えた日出小学校の佐藤穂三郎次席訓導の談話も添えられている。

「満一年振りに母校を御訪い下され我々におあい下さることは非常に嬉しゅうございます。**徳恵様は御在学中から詞藻の豊かな方でありましたが女子学習院御入学後いよいよ天才的閃めきを見、最近の御作などを拝見すると御進歩のあと著しいものがあります。**私どもは満腔の謝意を表し同時に姫さまの将来の御幸福と御生長をお祈り申すばかりです」——。

「最近の御作などを拝見」というのは、徳恵が母校の恩師や旧友たちに送った便りに、和歌などの詩作品が添えられていたことを物語る。

3月8日の『京城日報』は、「慕師の情や友情にあつい徳恵さま　旧友の試験合格を心から祈られた『西の空』の歌」という大きな見出しのもと、12月28日に小川教諭に宛てて書かれた手紙とともに、徳恵の近作の詩歌を紹介した。

「照宮殿下御降誕を祝い奉る」の歌に始まり、「夏休みに作りし歌」（「風穴」の和歌）、「榛名湖」の和歌2首、「女子学習院紀念日」の和歌、そして「西の空」の一部と、総計6作品がまとめて掲載されたのである。「照宮」の歌は、徳恵直筆の色紙の写真までが添えられた。

この記事のお陰で、東京留学1年目の徳恵の作品が、かろうじて残ったのである。私は時の経過と徳恵の折々の状況に応じて、時系列的にそれぞれの作品を紹介してきたが、その出典はすべてこの日の『京城日報』の記事による。

ところで、3月7日の「歓迎茶話会」で徳恵が述べた、京城到着時の旧友たちによる駅での出迎えに対する謝辞は、高等女学校の入試が翌日に控えたなかをわざわざ駆けつけてくれたことに対する御礼の言葉だった。

その入試の結果が発表になった。幸い、日出小学校の旧友たちの殆どが合格し、高等女学校に進学できることとなった。5年生の時の担任だった小川教諭は、入試の合格者のなかから6名を選び、昌徳宮に徳恵を訪ねた。「西の空」の詩で、徳恵が旧友たちの合格祈願を詠み、献じていたことへの答礼であった。

そのことを伝えた3月12日の『京城日報』の記事に、小川らの昌徳宮訪問の日付は明記されていないが、前後の状況から、3月9日か10日であったことは間違いない。昌徳宮では茶菓がふるまわれ、楽し

く語らいの時がもたれた。多くの同窓生たちの高等女学校合格の報せに徳恵も喜び、

**「それはお目出とうございました。御一緒に勉強いたしましょう」**

と述べたという。

６名の名前は記事からは伺えないが、出発が延びたことで、３月７日の日出小学校での歓迎行事に続き、徳恵は再び旧友たちと親しく交わる機会に恵まれることになった。

順延された京城出発は、３月11日となった。この日の朝、王世子夫妻と徳恵は昌徳宮内殿に伺候《しこう》し、李王夫妻への別れの挨拶を済ませた後、京城駅に向かった。

京城駅は、３人の見送りに集まった官民の人々で溢れかえった。その数は５００名にものぼったという。そのなかには、小川教諭に率いられて昌徳宮を訪ねた日出小学校の旧友たち６名もいた。

列車に乗り込んだ３人は、最後部の展望台に立った。王世子（李垠）は陸軍大尉の軍服姿、方子妃は茶色のオーバーに緋色のボンネット姿、そして徳恵はやはり茶色のオーバーを着て円い帽子をかぶったプリンセスらしい姿……。３人が横並びに立って、見送りの人々に会釈を送り続けた。

午前10時、汽車は京城駅を離れた。

京城を発つ３人の様子を伝えた『京城日報』は、「御名残惜しげに　王世子けさ御東上　**妃の宮に徳恵姫も　御共に御機嫌美し**」と見出しをつけた。確かに、上機嫌のうちに初の故国再訪を終え、帰路につくことになったのだった。一連の新聞記事を見る限り、朝鮮帰郷時の徳恵には一点の曇りもない。才にたけ、溌溂として、成長著しいまばゆいばかりの姿がメディアに映し出された。

だが、日出小学校の同級生だった小南保子（結婚後の姓は佐藤）は、63年後の回想文のなかではあるが、「学習院にいらして**一年目に帰って来られたお姿拝見しましてこんなにもお変りになられるものかと子**

**供心に驚いた**事を思い出します」と綴っている（『誌上合同クラス会』第11号　１９８９）。

ここで言う「こんなにもお変りになられた」というのは、成長著しいというような意味ではない。すぐ後の文章に、「上京なさいましてからの徳恵様のおなやみ悲しみはいろいろおありになった様です」とあるので、屈託のない笑顔の美しかった日出時代の朝鮮の王女が、やつれるなり、疲労を滲ませるなどして、陰影を引きずるようになったことへの衝撃を語っているのである。東京での苦労や孤独が、かつて机を並べてすごした元同級生の目には、偽らざる姿として目に見えたということだろう。

日本に居を移し、女子学習院に編入学して1年――、持ち前の聡明さと努力によって、様々なハンディを乗り越えてきた徳恵だった。天与の詩才においては、和歌というそれまで馴染みのなかった形式に慣れるにつれ、作品が新聞に載ったりラジオ放送でとりあげられたりと、いくつもの輝かしい成果をあげた。

しかし、表に立ち現れる華やかな活躍とは別に、じわじわと彼女の内面に侵蝕し、澱を蓄積させる魔の手があったのかもしれない。そのことに、徳恵に近い人々は気づいていない。徳恵自身さえ、その正体を見極められていない……。

3月13日の夜、徳恵は兄夫妻とともに、東京に帰着した。母も友もいない、異郷での暮らしが再び始まった。

# 第6章　別れの数々——東京・女子学習院　その2

## 《父のような兄、純宗の死》

1926年（大正15年）3月中旬——、日一日と春めいてくる自然の力をよそに、徳恵の心はいささか虚ろだったかもしれない。

朝な夕な生母とともにすごし、懐かしい日出小学校の同窓生とも旧交を温めることができた京城での甘美な記憶が、まぶしげに追慕されてならなかったろう。だが、徳恵が生きなければならない東京での現実があった。

女子学習院の授業は3月25日までで、27日には成績簿の交付。その後、いくつかの学校行事を経て、卒業式が4月6日。そこからが完全な春休みで、新学期は4月13日からであった。

学業が軽微になると、王族としての公務が徳恵を待ち受けていた。3月20日の夜、東京の帝国劇場で行われた欧州大水害救済音楽会に皇族方が参観したが、朝香宮《あさかのみや》夫妻や久邇若宮《くにのわかみや》夫妻とともに、朝鮮王族として李王世子夫妻と徳恵も参加している。

3月25日から29日にかけては、李王世子夫妻とともに、関西方面に出かけた。伊勢神宮、奈良畝傍《うねび》御陵、桃山御陵を参拝してまわる日本の王族としての務めであった。

4月に入るや、朝鮮から衝撃的な情報がもたらされた。李王の純宗《スンジョン》が、にわかに病勢を悪化させたというのである。

以前から蒲柳《ほりゅう》の質で、この年の初めには病に伏すこともあったが、3月に兄夫妻と伺候した際には、機嫌もよく、李王夫妻の主催で王族一家の晩餐会が開かれもした。3月25日には、52回目の誕生日を迎えたばかりだった。

それが、一気に重篤に陥ったというのである。とるものもとりあえず、李王世子夫妻と徳恵は京城に向かうことになった。3月の帰郷からひと月もたっていないが、事は急を要した。

4月6日に、東京を発った3人だったが、途中、方子ひとり扁桃腺炎にかかって下関で数日間養生するところとなり、連絡船には李垠《イ・ウン》と徳恵が先に乗り込んだ。

4月8日朝8時、兄とふたり京城駅に到着。『京城日報』には京城駅でのふたりの写真が載ったが（4月9日）、兄は例によって陸軍大尉の略装、徳恵は「紺セルの外套にチョコレート色の帽子」という姿、緊張をみなぎらせたきりりとした表情である。

ふたりは京城駅から車で昌徳宮《チャンドッグン》に移動し、ただちに大造殿《テジョジョン》に入って李王の病床を見舞った。以後、連日の看病が続くことになる。李王の病は、典医によって慢性腎臓炎と診断された。

4月11日の『京城日報』は、「御休養もなく御看病に御専念」という王世子の献身的な看病の様子を伝えつつ、徳恵の様子をも長々と報じた。「御散歩さえ御遠慮して　御全快を御祈願遊ばさるる徳恵姫の御心痛」と題された記事をそのまま引く。

「李王殿下にはかねて徳恵姫をお慈しみ給うことあり。先年東京御留学に御出発に際しても近侍の者が御心配申上ぐる程お別れを惜まれ給うた程であったので今回殿下が御重体に臨らせられて姫様が御帰鮮遊ばされると、おそば近くお召になり姫様の御心遣いを殊の外お喜び遊ばされたと拝承する。**姫様には生来御思いやりに富ませられ御涙にもろき女性であらせられるだけに、王様の御病気に対しても殊の外御心痛遊ばされ常に涙ぐまれて御全快をお祈り**申あげ給い、**早朝お目覚めと共に直に御宿所観物軒から内殿に御参入御見舞い**申あげるのが常である。**御生母福寧堂の君と終日御学問所にお詰きり御散歩さえ御遠慮遊ばされてひたすら王様の御平癒をお祀願**遊ばされていると御側近の某賛侍は姫様の心事を感涙して語った」――。

純宗重篤の報を受け急遽帰郷、京城駅に到着した李垠と徳恵（京城日報、1926年4月9日より）

『京城日報』の記者もさすがに王宮の奥深くには直接の取材ができぬと見え、近侍の者を通しての情報収集となった模様である。第２次情報になるとはいえ、重要なポイントは押さえている。

まずは徳恵と李王との関係である。１９１９年に父の高宗《コジョン》を亡くして以降、異母兄の純宗が父替わりとして徳恵の面倒を見た。38歳も年上であったので、徳恵にとっては兄というより養父か叔父のような感覚であったろう。純宗には子供がなかったので、徳恵を実の娘のように可愛がった。

そういう大切な人が、重い病床にある。徳恵としては、恩もあれば情もある。さらに言えば、高宗、そして兄の李垠の初の子である晋《ジン》の死以来、肉親をもぎ取られることに対し、恐怖に近い感覚がある。重い病に伏す王の傍らで、徳恵は哀しみに疼き、身を震わせていたのだろう。

だが一方では、学業をおろそかにはできないという事情を抱えてもいた。王を見舞う時以外は、ひたすら御学問所に籠って、勉強を続けたのである。この4月から、徳恵は女子学習院の中等科3年生になる。王の看病のために学業に遅れをとるわけにはいかなかった。

4月14日には、王世子妃（方子）が京城に到着。扁桃腺炎のために大事をとり、下関で足止めとなっていたが、6日遅れで夫と徳恵に合流した。徳恵を始め、近親者が駅まで出迎えている。この日から、李王の看病に方子も加わることになった。

4月16日の『京城日報』は、再び「日夜怠りなく徳恵姫が御看病」との見出しで、徳恵を大きく報道した。記事本文には、「楽善斎に御仮泊中の李王世子両殿下、興福軒に御生母と御起居になっている**徳恵様にも日夜おこたりなく御看護申上げられ一日も早く王殿下の御快癒の日を待ち詫《わび》らるる**」とある。11日付の記事では徳恵が御学問所に籠りきりとあったのに比べ、王の病床に侍る看病の機会と時間が増えている様子が窺われる。

同じ紙面には、4月15日の午後に、王世子が妻方子と徳恵を誘い、王宮内の承華楼《スンファル》に出向き、咲き誇る連翹《れんぎょう》を鑑賞、その後、秘苑《ピウォン》にて動植物を一巡したとの記事も載る。連日の看病の合間に、つかの間、故国の春を味わったことになる。李垠の妻と妹に対するやさしい気遣いであったろう。

李王の病勢は、24日午後になって急変、昏睡状態に陥った。

王の危篤を伝える『京城日報』には、「近侍の物語り」として、王世子夫妻と徳恵の様子が報じられた。

「李王世子、同妃、徳恵さまの不眠不休の御看護でも、御危篤になられたので何とも申上げる言葉がない。**お三方の御悲痛は御いたはしく、二十四日は王殿下の御そばをはなれず、御食事もとられずに、寝ずに御看護をされていました**」（4月26日）――。

　だが、3人の祈りもむなしく、李王純宗は、4月25日のうちに帰らぬ人となってしまう。26日の午前6時10分、正式な発表があった。

「悲しみの日は来れり　李王殿下御薨去《こうきょ》　半島の全住民哀悼の意を表す」との見出しに、在りし日の純宗の写真を添えた『京城日報』の記事は、「大造殿内の李王御寝所なる興福軒には二十五日の暁、全く危篤に陥られたる殿下を囲んで、**眼を泣きはらされたる王妃をはじめ、王世子、同妃殿下、徳恵姫が身も世もあらぬほど御なげき遊ばれている**、この御そばに参じている近親、朝鮮貴族たちはこの悲愁そのままの深刻なるシーンに知らず知らず目のうちを熱くしている」と綴った（4月27日）。

　亡き李王を弔う葬儀は、日を定め、国葬としてとり行われる。それとは別に、先祖の霊を祀ることを大切にする儒教を国是としてきた朝鮮ならではの、故人を弔う儀式が王宮内で連日のように行われた。

　亡くなったその日の午後10時には、薨去後の初の儀式となる「招魂《チョホン》の儀」が行われ、以下、27日には「小斂《ソリョム》（しょうれん）の儀」、29日には「大斂《テリョム》（だいれん）の儀」「成殯奠《ソンピンジョン》（せいひんでん）の儀」、5月1日には「成服奠《ソンボクチョン》（せいふくでん）の儀」と、細かな儀式が続いた。いずれも、王族として徳恵も参列している。

　その間、4月28日には、その日より李垠が新たに李王を名乗る旨が発表された。

4月6日に東京を発って、既に3週間ほどが経過していた。女子学習院の新学期は、2週間前に始まっている。李垠と方子夫妻は国葬までずっと滞在しなければならないが、徳恵は学校の問題もあり、どうすべきかが検討された。

家庭教師の中川イトを東京から呼び寄せて、国葬の終わるまで昌徳宮内で勉強を続ける案もあったが、結局、李垠の意向もあって、徳恵ひとり、先に東京に戻ることになった。

先王の国葬は6月10日と決まった。徳恵の出発日は5月10日となった。午前10時京城発の列車で、日本へ戻るのである。

5月11日の『京城日報』の記事によれば、9日の晩、新王となった李垠夫妻と晩餐を共にし、生母の福寧堂梁氏《ポンニョンダンヤンシ》と大造殿興福軒《フンボッコン》にて最後の一夜をともにした徳恵は、10日朝には亡き王の霊前に拝跪、新王夫妻にも挨拶をした上で、京城駅に向かった。

駅には斎藤春子朝鮮総督夫人を筆頭に、李王職長官や各課長、軍や憲兵隊の代表など、多くの公人たちが見送りに参集した。総督夫人は、徳恵にお土産として果物籠を手渡した。

「黒のボンネットに純黒の外套」という出で立ちの徳恵は、汽車の最後部に連結された展望車のお立ち台に立ち、見送りの人々に別れの挨拶をした。

見送りの人々は、李王職の職員を除けば、立場を代表して集まった人々が多く、徳恵には馴染みの薄い人たちであった。ただそのなかに、日出小学校の大山校長が姿を見せていたのを、徳恵はきっと目ざとく見つけたことだろう。『京城日報』が伝えた見送りの人々のなかに、その名前がある。

4月8日から5月10日まで、1カ月あまり京城に滞在しながら、王宮内に籠りきりで、この間、日出小学校には連絡をとることもなかった。懐かしい旧友たちが皆小学校を卒業してしまい、この春からは高等女学校など上級校に進学したこともあって、にわかに母校が遠のいて行くのを、徳恵は感じたことだろう。

永遠の魂の故郷として見えていた学び舎が、思いもよらなかった速さで過去に埋没し、姿を朧にしていくのである。徳恵の胸を覆う寂寥感は、父のような兄を亡くしたことだけにあるのではなかった。

純宗の死をきっかけに、徳恵の人生に微妙な変化が訪れた。それまでは、李王が王宮におわし、生母も暮らし、また母校の日出小学校の恩師や同窓生たちもいる京城が、あくまでも故郷であり、東京は留学のための逗留の地であるにすぎなかった。

それが、王が没し、母校の同窓生も散り散りになった今となっては、京城はなおも母の在所ではあるものの、ホームとしての実体を半ば喪失した「空き家」さながらの稀薄さを呈し始めたのである。

これまでは、東京から京城に「帰る」「戻る」と明言できたものが、今や京城から東京に「行く」のか「帰る」のか、あやふやになってきた。表現を変えれば、これまでは日本に留学した朝鮮のプリンセスであったものが、今や東京に暮らす朝鮮の王族になったとも言える。

変化の具体的な顕れのひとつとして、ここから先、徳恵の詩作品の新作がメディアに登場しなくなる。彼女の動静を伝える記事はあっても、その肉声が聞こえてこなくなる。日出小学校との関係が切れたことで、徳恵の詩が社会に届く経路が塞がれてしまった。

童詩であろうと和歌であろうと、表現の器の差ものかは、水を得た魚のように、潑溂とした輝きを見せた詩才が、まるで歌を忘れたカナリアと化してしまったように、新作の詩がぴたりと聞こえなくなってしまうのである。

## 《大正から昭和へ》

東京麻布の鳥居坂の屋敷に、徳恵は戻った。

兄の李垠が新王となったため、「李王家東京邸」と呼称されることになったその屋敷に、徳恵は兄夫妻の不在のままますごした。その地に移り住んで1年になるが、本来の主を欠いたままの家は、いかにも仮寓の淋しさを見せた。

もっとも、感傷に浸っている余裕はなかった。女子学習院では、中等科3年の授業がひと月前から始まっていた。遅れを取り戻すのに、家庭教師の中川イトを相手に、日々奮闘せざるをえなかった。

6月10日の純宗《スンジョン》国葬の日には、徳恵も「麻布鳥居坂の李王邸にて**謹慎哀悼、奉訣の時刻には京城の方角を向き黙祷**」したと、『京城日報』は伝えている（6月11日）。

純宗の葬儀は、先王の高宗《コジョン》の葬儀が3・1独立運動を誘発してしまったことを按じた総督府の気遣いから、朝鮮式にとり行われた。それでも、やはり独立示威運動が起きたが、国民的な広がりをもつには至らなかった。

新李王の李垠《イ・ウン》と方子《まさこ》夫妻は、2カ月を超す京城滞在の後、6月27日に現地を発った。

その同じ日、徳恵は新宿御苑で行われた皇族がたの集まりに参加している。昼食会があったのと、ゴルフやテニスなどスポーツを楽しむ人もいた。李王家を代表して徳恵ひとりが参加したかたちだったが、義姉・方子の母にあたる梨本宮伊都子《なしもとのみやいつこ》が誘った。

李垠と方子夫妻が東京に帰り、3人そろっての暮らしが戻ってきた。しかし、鳥居坂の屋敷に腰を落ち着ける間もなく、李垠は再び東京を離れた。

向かった先は、湘南の大磯にあった滄浪閣と呼ばれる別荘だった。もとは伊藤博文の別宅（後に本宅）であったのを、伊藤の死後、１９２１年になって李王家に譲渡されたものである。１９２３年の関東大地震で受けた破損がひどく修復作業が進められていたが、ようやく整備が終わり、李王家の別邸として再び使用されることになったのである。

『官報』によれば、李王と方子は7月5日から18日、7月24日から8月22日と、それぞれ大磯に滞在している。また8月28日にも、李王夫妻が大磯へ出かけたとある。

李王家の大磯訪問に関しては、神奈川県をカバーするローカル紙の『横浜貿易新報』（『神奈川新聞』の前身）でも確認できる。それによれば、7月5日と、24日に、李王夫妻が大磯に着いたとある（記事はそれぞれ7月7日と25日）。

また、7月13日の記事では、「大磯町西小磯御別邸の李王殿下及梨本宮規子女王殿下徳恵姫は十一日午後御帰京遊ばされた」とあって、11日（日）の午後、徳恵が李王（李垠）、梨本宮規子（梨本宮家の次女。方子の妹）とともに、大磯から東京に戻ったことが記されている。なお、この日の記事は『横浜貿易新報』に徳恵の名前が登場した初めての記事であった。

『横浜貿易新報』に載る李王家の消息は、大磯発のニュースとして、1行程度のごく簡単な動静が伝えられるだけであり、また大磯別邸への出入りの記録が、すべて網羅的に記事に載るわけでもない。現に、11日に帰京したと報告された徳恵に関しては、いつ大磯に到着したのか、その記録が見当たらない。

おそらくは、大磯の別邸が使用可能となって、徳恵は週末に訪ねたが、女子学習院はまだ夏休みに入っていない（この年の夏季休暇は7月20日から）ので、慌ただしく日曜中に東京に引き揚げたということだったろう。

徳恵の名前が『横浜貿易新報』に載ったのは、この夏、先の記事ただ1回だけだが、兄夫妻の動静も鑑みて推測すれば、女子学習院が夏休みに入って以降、24日に再び兄夫妻とともに大磯に赴き、その後は夏の間、この海辺の町に滞在したと、そう考えてよかろうかと思う。

そう推測するのは、8月17日の『京城日報』に載った、李王夫妻が大磯に滞在中で今夏は帰国予定がないことを伝えた記事で、篠田李王職次官が談話として次のように語っているからである。

「又御一緒である徳恵姫も両殿下が卒哭祭に御列席であったら御同伴の予定であったが御予定御変更の為今年は御帰鮮なきことになった」——。

「卒哭祭」とあるのは「卒哭《チョルゴク》（そっこく）の儀」とも呼ばれ、儒教の葬送儀礼のうち、死後100日目に行われる弔いの儀式のことを言う。哭するのを卒する（泣くのを終える）日との意味で、故人への悲嘆、哀情に区切りをつけ、これ以後は毎日朝夕の決まった時間にだけ哭泣すればよいとされる。

先王（純宗）の「卒哭の儀」は8月8日に京城でとり行われたが、新王李垠はこれに参加せず、玄《ヒョン》・百運《ペグン》賛侍を代理として朝鮮に派遣した。8月17日の『京城日報』の記事は、これに伴い、徳恵もこの夏には母国に帰ることはなくなった旨を報じているのである。またこの記事によって、徳恵が兄夫妻ともども、大磯の別邸にて避暑中であることも知れる。

1年前の夏には、伊香保の御用邸に避暑に出かけた李垠夫妻だったが、この年以降、大磯の別邸が生活の拠点のひとつになる。兄夫妻同様、徳恵にとっても、大磯は日本でのゆかりの地として、この先、大きな意味をもつ土地となる。

『横浜貿易新報』をさらに追うと、この夏の最後の李王がらみの記事として、8月30日に「李王殿下、妃殿下とともに御帰京」とあるので、最終的にはこの日、李王は方子や徳恵を連れて東京・鳥居坂の李王邸に戻ったのであろう。

1926年の夏は過ぎ、秋の新学期が始まった。

次に徳恵の動静がメディアに登場するのは、10月12日の『京城日報』で、来日中のロシア人バイオリニスト、ボリス・ラスが久邇宮《くにのみやくにひで》邦英王と李王垠の招きを受けて奈良ホテルで御前演奏したのを、方子妃ともども聴いたというもの。私的演奏会で、ピアノ伴奏を久邇宮邦英王自身がつとめたという。

ボリス・ラスはこの後、朝鮮公演を予定していたので、李垠は「是非行ってしっかりやってくれ給え。必ず受けるだろう」と述べたとある。なお、記事では徳恵の名前を出すにあたって、わざわざ「詩の君徳恵姫」と形容している。

徳恵の不在のところで、その名声が轟くこともあった。12月2日、京城を訪問した声楽家の清水金太郎、静子夫妻が京城公会堂で開いた「歌劇と音楽の夕」の2日目に、徳恵の和歌「榛名湖」2首をもとにした自作の歌曲を披露し、喝采を浴びたのである。

清水金太郎は通称「シミキン」と呼ばれて親しまれたバリトン歌手で、大正期に隆盛を見た浅草オペラの大スターだった。静子夫人もソプラノの歌手で、徳恵の詩をもとにつくられた「榛名湖」の歌曲は、清水金太郎が京城入りしてから作曲し、夫人によって歌われたのである。

公演の主催者でもあった『京城日報』は、既に12月1日の公演初日の記事で、「徳恵姫のお作を作曲して唄う　徹宵作曲した『榛名湖』を清水氏夫妻が二日目に公演」と、徳恵の詩による歌曲が翌日に披露されることを予告している。徳恵が前年夏に詠んだ榛名湖の2首の和歌が、枠で囲まれて恭しく紹介され、併せて「詩の御天才――徳恵姫様」のキャプション付きで徳恵の写真も載せた。

記事によれば、清水は朝鮮の王女がたいそうな詩才の持ち主であることを知り、その詩に曲をつけ公演の曲目に加えたいと願い、『京城日報』社にかけ合ったところ、近作の和歌として「榛名湖」の2首を紹介されたという。

徳恵の詩による新作歌曲のお披露目となった公演第2夜の様子は、「若き人の胸を踊らす静子夫人の唄　聴衆を魅了した榛名湖の曲　盛況裡に音楽の夕終了」という記事が、聴衆の熱狂ぶりを伝えている（『京城日報』12月3日）。

この時の録音が残っていないのは仕方ないとして、清水が作曲した歌曲の楽譜が伝わっていないものか探したのだが、見つからない。

ともあれ、春以来、半年ぶりに、朝鮮では徳恵フィーヴァーに火がついた格好となった。徳恵自身は、自身の不在中のこの季節外れのような熱気を、東京にいて、どう受けとめたのであろうか……。

いまだに自分のことを忘れない朝鮮の人々に（朝鮮人、日本人ということを超えて）、感謝する思いもあったろうし、歌になるべき選ばれた詩作品が「榛名湖」の和歌であったことには、ことに嬉しくも感じたろう。生母とともにすごした夏の思い出が、胸中に蘇ってきたに違いない。

故郷、母国へのノスタルジアを掻き立てる報せに接する一方で、広い世界や新しい時代へと視野を開かされる出来事にも遭遇した。

この年の夏、スウェーデンのイエーテボリで開かれた第2回国際女子競技大会に日本人として単身出場し、走り幅跳びと立ち幅跳びの2種目で優勝するなど、大活躍を見せた陸上選手の人見絹枝が凱旋帰国し、皇族たちに招かれた。

12月10日の『大毎社報』によれば、「ご参集の方々は閑院宮《かんいんのみや》載仁《ことひと》親王殿下を始め同若宮妃、東伏《ひがしふし》見宮《みのみや》妃、伏見宮《ふしみのみや》妃、同若宮妃、東久邇宮《ひがしくにのみや》妃、北白川宮《きたしらかわのみや》美年子《みねこ》女王、同佐和子女王、李王妃、徳恵姫、山階宮《やましなのみや》大妃の十一殿下。日の丸の旗がスルスルと中央の優勝マストに掲げられたのを見たとき覚えず嬉し涙にくれた心中を物語るに至り妃宮、姫宮方には特に感激に堪えられぬ御面持に拝せられ御用取扱の老女等のハンカチに涙打ち拭うのさえ見えた」とある。

世界に雄飛し、自身の実力によって活躍した女性の新しい生き方を目の当たりにして、多感な14歳の少女が感じるところは大いにあったかと思われる。と同時に、国際的な檜舞台で日の丸が掲揚された時の感激を語る人見選手の晴れがましさに接して、祖国朝鮮が国家を失った状態であり、世界の人々を前に掲げるべき国旗もないという哀しい現実を、改めて噛みしめることにもなったであろう。

なお、人見絹枝選手は、2年後の1928年にはアムステルダム・オリンピックで女子800メートルで準優勝、日本女子初の五輪メダリストとなる。

記事のなかでは徳恵も11人の「殿下」の1員に数えられていたが、正確には微妙な問題であった。というのも、12月1日に「王公家規範」が公布され、それによって、韓国併合後、日本の王皇族制度に組み込まれた李王家について、細かく規範が定められたからである。

称号としては、李王家のうち徳恵、李鍵《イ・コン》（李垠の異母兄・李堈《イ・ガン》の長男）に関しては、「殿下」の称号がつかない旨が確認された。これまでも徳恵がメディアに登場する時には、「徳恵姫」「徳恵様」「徳恵姫様」といった呼称が慣習的に用いられてきたが、それが公式にも踏襲されるところとなったのである。徳恵自身が、この処遇をどう感じたか、肉声は伝わっていない。

12月25日、かねて病床にあった大正天皇が帰らぬ人となった。

大正天皇は、１９０７年に皇太子として朝鮮を訪問、時の大韓帝国皇帝の純宗と親交を結び、爾来、朝鮮語を進んで学習した。当時、朝鮮人が日本語を学習するのは当たり前とされながら、日本人で朝鮮語を学ぼうとする者は、警察関係など職業上の必要がある者を除けば、極めて少なかった。

そのような時代に、国のトップに立つ天皇が、自らの意志で朝鮮語を学んだのである。英仏語にも巧みであったというが、単に語学に秀でたということを超えたユニークさが光る。

漢詩を詠むことを趣味とし、１３００首を超える作品を残してもいる。政治能力に関しては疑問視する声が多いが、文人気質に富んだ天皇だったのである。大正リベラリズムが、その治世下に花開いたのも頷ける。

この年、１９２６年、時の波を等しくかぶるかのように、朝鮮の王と、日本の天皇が、同じ年に世を去った。

新たな李王は東京にいて、朝鮮から離れていることが常態化している。大正に次ぐ昭和という時代は、文化の輝く時代というより、軍靴の響く時代となっていく。

忍び寄る時代の影の予感のようなものを、異郷にあって、14歳の少女は感じていただろうか……。

## 《兄夫妻、欧州へ》

１９２７年になった。前年12月25日に始まった昭和元年は１週間ほどで終わり、昭和２年の幕開けとなった。

1月15日、東京の李王一家の近況を伝えた『京城日報』の記事に、徳恵が登場した。

「（李王殿下は）スポーツに趣味を持たせられ東京鳥居坂の御殿お庭にテニスコートをおつくりになって妃殿下を相手に御精遊遊ばされ**徳恵姫さまも時には御参加になっている**」――。

スポーツはどちらかと言えば苦手な徳恵だったが、日本に留学して以降、テニスはそれなりに馴染んだようだ。西洋文化のエッセンスを受容する王皇族としての嗜《たしな》みに、兄夫妻とともども触れたということだろうか……。

2月18日、徳恵の「雨」と「びら」に黒沢隆朝が作曲した童謡の楽譜を収めた『可愛い童謡　第9集』が、敬文館から発行された。

先に紹介した「徳恵姫の御作其の他」という黒沢の文章も、ここに掲載されている。3年前、1924年の9月3日に黒沢は日出小学校を訪ね、教室に運び込まれたオルガンを弾きながら、徳恵とクラスメイトたちを前に、「雨」と「びら」の2曲を披露したのだった。

2月25日には、女子学習院で行われた**中期修辞会で、徳恵は朗読「若き日本の使命」に登場**している。同級の竹田宮礼子女王、北白川佐和子女王など、13人がともに参加した。修辞会で徳恵が登壇するのは2度目のことになる。

前年1926年8月1日の発行となる『若き日本』という雑誌（社会基調協会）の巻頭に、同誌の発行兼編集人である玉井広平が書いた『「若き日本」の使命』という文章が載っており、おそらくはこの文章を、13人がリレーでつなぎながら暗誦したものかと思われる。

玉井広平は1920年代を中心に、主として青少年に向けてメッセージを発し続けた言論人で、文部省の嘱託でもあった。『現代青年処女の作法』（1924）その他の著書もあり、社会基調協会を組織して、

その文章を閲すると、東西の文明のありようの差を述べて、西洋は物質文明、東洋は精神文明と分け、それぞれの代表格をアメリカと日本に置き、過去にあって日本は国を鎖し西洋文明を拒否した時代もあったが、明治以降これを受容し、これからは「東西文明の渾一同化を行い、以て宇宙一元の原則に依る新文明を創造せねばならない」と説いている。文章の結びの部分を引こう。

「蒼海の浪の中に巌《いわ》ヶ根を組んで押しも押されもせぬ新国家を建設した日本民族《やまと》は、これから全世界に光明《ひかり》と幸福とを漲らす新文明を建設する為に、海よりは強く宏《ひろ》き力を得、山よりは崇《たか》き清き心を授かって居ります。新日本の建設、新文明の創造に力を致さるる諸君、冀《こいねがわ》くば益々頑健に益々御奮闘を希望する次第であります」――。

「日本民族《やまと》」という言葉がここ以外にも重ねられ、民族としての使命感が強調されている。努力、精進を促す文意に、悪意はない。しかし、この文章の朗読に参加しなければならなかった徳恵の胸中は、複雑だったはずである。

韓国併合後、国家としては、朝鮮は「日本」に帰属する。しかし、自明のことながら、併合後にあっても、国家とは別に「朝鮮民族」が確かに存在する。ひたすら「日本民族《やまと》」の使命を謳いあげる玉井の文章には、そういう点への配慮は稀薄である。

玉井が提唱する「全世界に光明と幸福を漲らす新文明の建設」という高邁な理想に、異論のありようなどない。しかし、その理想の旗手を――、進むべき道の行人を、「日本民族《やまと》」に限定し、輝ける栄光をその手にのみ委ね、讃えるような論調には、徳恵は距離や戸惑いを感じざるをえなかったろう。

前年の春に純宗《スンジョン》が亡くなり、新しい李王は日本にいて、故国を留守にしたままである。自分もまた、異郷の学び舎で、「日本民族《やまと》」を称揚し、鼓舞する文章を朗読するクラス代表の輪に加わっている……。

徳恵の足元、存在そのものの立ち位置に対する疑義が、ふつふつと湧きあがってきたのではなかっただろうか。朝鮮の王女の誇りは傷つき、亡国の悲哀が胸に迫ることにもなったことだろう。

そのような徳恵の心のひだの奥深くを、残念ながら、女子学習院の同級生や教師たちは、気づくことがなかったように見える。気づきえるだけの想像力や思いやりがあれば、徳恵を巻き込んでの朗読の素材に、玉井の文章は選んでいなかったに違いない。

そして、このささやかな出来事から読みとれることは、東京での徳恵が、日を重ねるほどに、また、本人が頑張ろうと努力するほどに、時としてこのような辛酸を舐めざるをえず、それが自身の存在そのものへの懐疑や呵責へ向かったであろうということである。そうした自己の立脚点への猜疑心や咎めが強まれば、やがては自己否定にまでつながっていくことになろう。

２月末の中期修辞会での朗読参加に比べれば、３月３日に公務として出かけた「青い目の人形」の歓迎行事は、徳恵にとって微笑ましく胸はずむものだったかと思われる。

この日、アメリカからの親善と友情の証である「青い目の人形」の到着を祝う「お人形歓迎会」の式典が東京青山の日本青年館で開かれ、日米関係者や、幼稚園や小学校の児童、アメリカンスクールの生徒たちなど、総計２０００人あまりの人々が詰めかけた。

「青い目の人形」とは、日本の中国大陸進出や米国内の日系移民排斥等によって、日米関係が悪化したことを懸念したアメリカ人宣教師のシドニー・ギューリックが、日本経済界の重鎮・渋沢栄一と組んで進めた子供たちのための日米親善事業によって、アメリカから日本に送られたセルロイド人形のこと

を いう。「世界の平和は子供から」というスローガンが謳われた。

アメリカから贈られた人形は1万2739体にも及び、日本全国、また朝鮮や台湾などの外地にまで配布され、各地で歓迎を受けた。朝鮮に渡った193体の人形のうち1体は、京城の日出小学校に寄贈されている。

3月3日の東京での式典には、渋沢栄一とマクヴェーグ駐日アメリカ大使を始め、外相の幣原喜重郎や文相の岡田良平も参加、また子供のための祝典に華を添えるため、北白川、竹田、朝香の各姫君ら7人のプリンセスも駆けつけ、来賓席に着席した。そのなかに徳恵もいたのである。

女子学習院の『おたより』第29号（1927年3月22日発行）でも、この日の行事が報告されている。「三月三日（木）午後二時より三時まで、日本青年館に於て開催の米国寄贈人形歓迎会に前期二年秋組、前期一年春組の学生全部及び幼児合せて八十人参加」——と、学校行事を紹介する「日記抄」の欄にある。

また、同じ『おたより』に載る、実際に歓迎会に参加した生徒が学級日誌に書いた「米国寄贈人形歓迎会」という文章では、登壇したアメリカの子供たちから日本の子供たちに人形が手渡された後、米国大使と渋沢翁の挨拶があり、その後で「**女子学習院においでの宮様方がおそろいで壇上のお人形を御覧遊ばされました**」とあるので、徳恵もまじかに人形に接したことがわかる。

青い目の人形については、東京の歓迎会だけではなく、全国的に大きな歓迎ムードに包まれた。いくつもの歓迎行事のなかに、徳恵の気を引いたに違いない出来事があった。

大阪朝日新聞が、「青い目の人形歓迎の歌」の詩の募集をしたところ、1等当選を果たしたのは、鄭旭朝《チョン・ウクチョ》という驪州《ヨジュ》公立普通学校4年生の少女だった。朝鮮の少女が日本語で書いた詩が、1等に輝いたのである。

鄭は大阪に招待され、3月6日に朝日会館で開かれた「アメリカお人形さん歓迎コドモ大会」に出席、日本語で挨拶した。少女は日本にいる間もチマ・チョゴリ姿ですごし、式典にも民族衣装で臨んだ。ラジオ放送にも出演し、流暢な日本語を披露した。

この鄭旭朝の招聘に尽力し、大阪まで引率したのが、朝鮮児童協会の佐田至弘であった。徳恵の童詩の才能を伝えてまわった、朝鮮の「お話のおじさん」こと、あの佐田である。

かつて自分の童詩のために尽力した佐田至弘が仲介したこともあり、青い目の人形をめぐる予想外の副産物として、鄭旭朝の件は徳恵も注目したのではなかったろうか……。

3月21日の『東亜日報』は、『京城日報』には載らない徳恵の消息を伝えている。「李堈《イ・ガン》公帰京　徳恵《トッケ》翁主《オンジュ》は熱海へ」という短い記事だが、これによれば、徳恵は19日午後に熱海へ向かったとある。

女子学習院では、春休みを前に3月26日までは授業がある。19日は土曜日だが、温泉地の熱海に小旅行を楽しんだものだろうか——。

『官報』を見ると、李垠・方子の兄夫妻は3月5日から22日まで熱海に滞在し、さらに3月25日から29日まで、再び熱海旅行を楽しんでいたことがわかる。つまり、徳恵は兄夫妻の熱海旅行に合流したのである。

李王家の別邸がある大磯には温泉が出ない。李垠としては、この先、欧州視察旅行が控えているので、日本の温泉にゆっくりと浸かって、くつろぎたい気持ちがあったものだろう。

もっとも、李王夫妻には、欧州へ発つ前に朝鮮に向かわねばならない用件があった。先王純宗の1周忌である。

徳恵も兄夫妻とともに朝鮮に戻り、1周忌の行事に参加することになった。4月12日からは女子学習院の新学期が始まるが、李王家の王女として、学校を休んででも、朝鮮に戻らなければならなかった。4月7日、兄夫妻とともに東京を発った徳恵は、4月10日に京城に到着。女子学習院に留学して以来、3度目となる帰郷を果たした。

到着後すぐに、故・純宗の王妃だった尹大妃《ユンデビ》に奉伺し、その後は、この日より東京に戻る日まで、生母の福寧堂梁氏《ポンニョンダンヤンシ》と起居を共にすることになった。母娘再会は8カ月ぶりのことである。

4月12日には、李王垠・方子夫妻に伴われて、純宗の王陵である金谷御陵《クムゴク》（裕陵《ユルン》）に参詣。また14日の「御一年祭」では、「練祭の儀《ヨンジェ》」など、男性王族のみが参加する儀式とは別に、尹大妃、方子妃と徳恵とで、麻の喪服《サンボク》に身を包み哭礼を行った。

純宗1周忌の徳恵が関わる行事としてはここまでで、4月15日には、徳恵ひとり京城を発って、東京に戻る途についた。5泊6日の京城滞在となったが、学校の新学期が既に始まっているので、それ以上先延ばしにはできなかったのである。

李王垠・方子夫妻は4月18日に京城を発ったが、すぐには東京を目指さず、大邱《テグ》、慶州《キョンジュ》、鎮海《チネ》など朝鮮各地をまわり、下関到着後も、別府、耶馬渓などに寄ってから、東京へ戻った。

こうした夫妻そろっての漫遊も、ほどなく欧州視察の旅に出ることになるので、その前に、朝鮮や日本の景勝地をまわっておきたいと願ったものかと思われる。

5月24日、いよいよ李王垠・方子夫妻が欧州視察の旅へ発った。フランス、イギリス、ドイツなど、ヨーロッパ10カ国とバチカンを歴訪した旅は、翌年4月の帰国まで、1年近くに及んだ。

李王夫妻は、日本の王族であることが明言され、英語では「Prince & Princess Ri」と表記された。あくまでも、日本の王族の一員としての外国訪問であった。

徳恵は横浜港にて、高宗《コジョン》5男の李堈《イ・ガン》とともに、李王夫妻の出立を見送った。出発の様子を記事にした『京城日報』は、「**御見送りの徳恵姫様の御惜別　おいじらしさが目を引く**」と報じた（5月25日）。

李方子の著書『流れのままに　李方子自叙伝写真集』（1978　明恵会）によれば、別れ際に、徳恵は次のように語ったという。

「**おるす中は一心に勉強いたします。どうかご安心あそばして**」——。

1987年に出た『歳月よ王朝よ』（三省堂）では、

「**どうぞご安心ください。熱心に勉強いたしますから**」

と語ったとある。

若干の表現の差はあるものの、徳恵がひとり残される不満をかこつことなく、いじらしくもけなげな態度と言葉で兄夫妻を見送ったことは間違いない。

地縁も血縁もない異郷の只中に、家族と離れ、たったひとりになってしまった徳恵……。その淋しさを乗り越える心のバネは、ひたすら勉強に専心することだった。少なくとも、本人はそのように決意し、覚悟したのだった。

ところが、兄夫妻が日本を離れてひと月もたたぬうちに、徳恵の繊細な心を揺るがす「事件」が起きる。

6月11日の『京城日報』は、「徳恵姫様のおめでた　近く御来鮮の藤麿王殿下と　昨年来御結婚の御内談　御慶事も遠くはない」との記事を載せた。6段抜きの大きな扱いで、藤麿王と徳恵の写真を並べて載せるというセンセーショナルな仕立てである。

この記事が言う「藤麿王」とは「山階宮藤麿王《やましなのみやふじまろ》」のことで、1905年生まれの22歳。皇族男子は通常軍務につく習わしであったが、体が弱いとの理由から兵役が免除され、東京帝国大学の国史学科に進み、歴史研究を志した。歴史への強い関心から「史の宮」とも呼ばれた。記事では、近いうちに歴史調査も兼ね、内談を進めに朝鮮を訪問する予定であるとされた。

『京城日報』の記事には、末松李王職事務官の「昨年来のお話　そうなれば至極御結構、故障の起らない限りそうなろう」という謹話も添えられている。半ば公式に、話が進行中であることを認めたかたちであった。

徳恵にとっては、衝撃以外の何物でもなかったろう。

確かに、前年の夏の終わりに、1度だけ、『東京朝日新聞』にその人との縁談の噂が報じられたことがあった（8月29日）。しかし、それきりで他社の報道もなかったので、根も葉もない憶測記事として、深く気にすることもなかった。しかし、誤報と信じた縁談が、水面下ではずっと進行し続けていたことを、今になって知ったのである。

談話を発表した李王職の担当者が末松熊彦事務官であったことも、ショックを上塗りしたかもしれない。この人は、日出小学校で徳恵の「ご学友」のひとりだった、末松下枝子の父である。基本的には、徳恵の側に立ってくれるはずの人だと信じてきた人であった。

降って沸いたような縁談話を耳にして、徳恵が誰よりも頼りにしたかったのは、兄の李垠夫妻であったであろう。李王である兄が自分と一緒にいてくれたなら、噂話が自分を素通りしたまま新聞報道に現れるような事態は防げたのではなかったろうか――そのような気持ちが徳恵の胸を占めたとしてもおかしくない。

あるいはまた、兄嫁の方子にも、不安を打ち明けたい気持ちに駆られたかもしれない。というのも、梨本宮家の長女だった方子が、兄との婚約について、新聞報道で初めて知らされたというのは、よく知られた逸話だったからである。

いずれにしても、兄夫妻の不在を嘆く気持ちは抑えがたく感じて当然であろう。

徳恵の衝撃は、大きく言うと、２つに分けられたかと思う。ひとつはもちろん、自分の運命が自分のあずかり知らぬところで動かされることに対する苛立ちである。しかも事は、結婚という人生の一大事についてなのだ。目に見えない所から、まるで操り人形のように自分を御し、制しようとする力が存在することと自体、生理的な怖れと嫌悪を感じてならなかったろう。

そしてもうひとつは、結婚という、自分としてはかなり先のことと思っていたことが、公のメディアで話題になるようになったという事実への驚きである。この時、徳恵は満で15歳になったばかりだった。メディアの気の早さもあるだろうが、自分の結婚が早くも社会的関心事となり、人々の興味や思惑の俎上にのることに、白昼夢を見ているような違和感しか覚えなかったであろう。

しかも、候補として名のあがった相手は日本人であった。『京城日報』の報道姿勢においても、李王職事務官のコメントでも、日本人との結婚が当然なものとして扱われていることに、動揺せざるをえなかった。自分はそのような承諾をした覚えなどないと、叫びたくなるような気持ちが胸を突くことにもなったことだろう。

不安、懊悩、反発……すべてのおぞましい感情の渦を、徳恵はひとりで抱え、自分の力だけで乗りきらねばならなかった。

心に抱えたもやもやはそれとして、学業の方はおろそかにはできなかった。いやむしろ、ひた向きに学校での勉学や活動に専念することで、難局を乗りきろうとしたかに見える。

6月24日、女子学習院の**中期修辞会で、初めて仏語対話「桃」に参加**したのは、まさに、他人には見せない葛藤を心の内に秘めつつも、表舞台である学校ではひたすら精進を重ねていた、その懸命さの表れであった。

徳恵は、同級の竹田宮礼子女王ら、6人で登壇した。そのなかには、かの尾崎雪香もいた。「桃」という演目のタイトルが知られるばかりで、どのようなテキストを用い、それぞれがどのような役割を担ったかなど、具体的なディテールは不明だが、フランス語での代表者の一員に選抜された意義は大きい。特訓の甲斐あって、1年遅れのギャップを見事に撥ね退けたのである。

徳恵は努力を惜しまぬ人であった。日出小学校時代から、勝気なところがあり、負けず嫌いだった。頼れる肉親が不在で、また人生を揺るがしかねない一大事がもちあがっているなか、徳恵は平素に輪をかけて、不断の努力に打ち込んだようである。

惜しむらくは、仏語対話に参加したという事実の記録が残るだけで、この頃の徳恵の胸の内を語るような「言葉」が、全く見当たらないことだ。詩作品の類も、いっさい出てこない。

ひとり異郷の地に残された15歳の少女が、小さな胸に抱えた揺れる想いはいろいろとあったろうに、しかも、その心の揺れを鎮めてくれるとしたら、それは童詩にせよ和歌にせよ、何よりもまず詩に託してひそかな思いを綴ることであったろうに……。

近々朝鮮を訪問する予定であると『京城日報』が書いた山階宮藤麿王は、7月9日に京城入りし、10

日あまり、朝鮮に滞在した。

その間、歴史好きの「史の宮」らしく、古墳などの遺跡をまわったが、合間には京城の昌徳宮《チャンドックン》を訪ね、亡き純宗の妃であった尹大妃にも挨拶に伺っている。

その行動を、『京城日報』は逐一報道した。いささか過熱ぶりの目立つ報道姿勢は、朝鮮のプリンセスの伴侶となる可能性が高かった人物だったからであろう。

この年、女子学習院は7月20日から夏休みに入った。だが、徳恵はこの夏、生母の暮らす京城に帰らなかった。代わりに、7月24日に大磯の李王家別邸に向かい、そのまま滞在するところとなった。

その事実を明かすのは7月26日付の『横浜貿易新報』に載った「徳恵姫の来磯」と題された短い記事で、「李王殿下の御妹君徳恵姫には去る二十四日午後四時四十九分大磯駅着列車にて御下車　大磯町西小磯李王殿下の御別邸にお成《なり》遊ばされたが**当分御避暑の為め御滞在遊ばさるる**様承わる」と、報じている。

京城に戻らず、避暑の名目で大磯に引き籠ったのは、おそらく、朝鮮を訪れた山階宮藤麿王を避けるためであったかと思われる。山階宮藤麿王が朝鮮を離れた後も、王宮や朝鮮社会になおも残る波紋に巻き込まれたくないとの思いが強くあったことだろう。

山階宮藤麿王との縁談話は、やがて立ち消えとなる。というのも、翌1928年7月に、藤麿王は自ら望んで臣籍降下し、「筑波藤麿」となったからだった。皇族から華族になったわけである。臣籍降下の3カ月後には、毛利高範子爵の令嬢と結婚している。侯爵として貴族院議員をつとめたが、戦後は靖国神社の宮司に転身した。

# 《ひとりの想いに》

女子学習院の夏休みは9月10日までで、12日から秋の新学期が始まった。徳恵の「言葉」を探し続けているが、この時期の彼女の心情を窺い知れる記録や資料になかなか出会うことができない。

そのなかにあって、この秋唯一、徳恵の足跡を確認できたのは、11月7日に、女子学習院の初等科、中等科の生徒たちとともに、東京郊外の立川飛行場を見学に訪れたことであった。

『おたより』第32号（1927年12月18日発行）に学校行事としての立川訪問が記されているが、そこに徳恵の名は登場せず、帰路、新宿駅での解散の際に「ここで宮様方をお送り申し上げて」という文言があるばかりである。しかし、『東京日日新聞』府下版（11月8日）に載った「秋の飛行場に　宮様方御成り」と題された記事を見て、徳恵も参加したことが確認できた。

「朝香宮紀久子、北白川宮美年子、同佐和子、竹田宮礼子各女王殿下並に李徳恵姫には、学習院初等科及び中等科女子部生徒の御資格で、松浦院長職員生徒四百七十余名と共に、七日午前九時七分立川駅着の臨時列車で御到着、立川飛行場第五連隊を見学遊ばされた」——。

記事の冒頭に名前の挙がった朝香宮《あさかのみや》紀久子《きくこ》は、朝香宮初代当主・鳩彦《やすひこ》の長女で、明治天皇の孫にあたり、徳恵の1年下の学年で学んでいた。

立川飛行場は、1922年、陸軍によって開設され、軍用機だけでなく、25年からは民間機もここを利用し、昭和の新しい時代を開く新名所となった。

1928年には東京・大阪間を3時間で結ぶ民間航空路線も開かれ、31年に羽田飛行場がつくられ、やがて民間機がそちらに移るまでは、立川は「空の都」と謳われ、新興の機運に満ちていたのである。

11月7日当日の女子学習院の生徒たちの行動内容については、学生自身が筆にした『おたより』に詳しく書かれているので、それをベースに、また一部新聞記事も参照しながら、かいつまんで紹介する。

この日、新宿駅から臨時列車で立川に向かった生徒たちは、9時過ぎには立川飛行場に到着。小畑連隊長から飛行機の歴史や構造などの解説を聞き、格納庫にしまわれた飛行機を実見した。連隊長の講話のなかには、日本では民間航空機の利用が欧米に比べて遅れているとの指摘もあり、飛行機を恐れてはならないと諭された。

その後、生徒たちを引率した松浦院長を始め数名の教師たちが、実際に飛行機に乗せてもらい、短い空の旅を体験した。生徒たちは試乗に参加できなかったが、先生方が飛び立つたびに、地上から喝采して見送った。

先生方が地上に戻って以降は、高等飛行のデモンストレーションに移り、宙返りや垂直旋回、横転、錐もみなど、曲芸飛行が演じられ、生徒たちをひやひやさせた。

さらに、朝日新聞社が所有するドルニエー・コメット機も見学、これは乗客4人ほどが楽に腰をかけられるキャビンを有していたが、徳恵ら女子学生たちは、地上においてではあったが、その座り心地を体験した。新聞社の社機なので、航空写真を撮影する写真機も備えられていたが、生徒たちはそのカメラと、それで撮られた写真も見学した。

昼食後は、近くの甘藷畑に移動し、芋ほりを楽しみ、午後3時には立川駅から臨時列車で帰路につき、新宿駅で解散となった。雲ひとつない秋晴れの一日、生徒たちにとっては、東京郊外での楽しい遠足となった……。

『東京日日新聞』の記事によれば、「**各女王殿下には御機嫌うるわしく**」とあり、社交辞令の部分はもちろんあるであろうが、「宮様方」にとっても、楽しい訪問であったことが知れる。

11月8日の『東京朝日新聞』の夕刊にも、やはり女子学習院生徒たちの立川飛行場訪問の記事が載った。

「姫宮おそろいで飛行場を御見学　学習院生徒と共に立川へ　本社旅客機に御輿」と題された記事は、自社の所有になるドルニエー・コメット機の扱いが大きい。同社の航空部の代表や飛行士などから、「機体の性能、航続時間等詳細なる御下問があったが**各女王殿下はこもごも『よく出来ている』と語らせられつつ座席に腰をおろされて親しく乗心地等を味わせられた**」とある。

記事は5人の「宮様方」をひとまとめにして行動や感想を伝えているので、徳恵ひとりの思いにまで踏み込むことはない。

だが、立川飛行場を訪ねた徳恵の心情は、格別なものがあったろう。というのも、日出小学校時代、徳恵は「びら」という童詩をつくっており、そのなかで「飛行機」が詠われていたからだ。

連隊長の話では、欧米では既に民間でも飛行機が電車や汽車のように頻繁に利用されているという。ならばやがて、遠くない将来、日本と朝鮮を航空機が結ぶ日も訪れるであろう。

東京から京城まで、当時は汽車と船を利用して、片道に2泊3日はかかる。それが、数時間で移動できる日が来るというのである。そうなれば、母の住む京城まで、頻繁に往復することができることだろう……。

徳恵が頭に描く近未来社会の青写真に、飛行機が加わった。新しい文明の申し子は、徳恵を故国・朝鮮に運び、そこに暮らす母へと思いをつないだ。

実は当時、立川飛行場では見学客に対して、しばしば飛行機を使った空中からのびら散布のデモンストレーションを行っていた。この日、実際にびら散布が行われたかどうかは不明だが、たとえ女子学習院の生徒たちの前で実演がなくとも、びらの話は飛行機の説明の際に必ずつけ加えられたはずである。

そのような話を耳にした徳恵は、「びら」の詩の冒頭の、「南の空から飛んできた　大きなお羽の飛行機」が、自分を乗せ、日本から朝鮮へ向かう姿を想像していたのではなかったろうか……。

もうひとつ気になるのは、この日、立川飛行場で、徳恵が朝鮮出身のユニークな女性との出会いに恵まれた可能性があることだ。

朴敬元《パク・キョンウォン》（１９０１～１９３３）——。日本統治下の朝鮮で、初めての民間女性飛行士となった人物である。

大邱《テグ》出身の朴は１９２５年に来日、立川の東京日本飛行学校に学び、１９２７年に３等操縦士資格を、翌28年に２等操縦士資格を取得した。２等操縦士の資格は、当時は女性が取得できる最高級の免許で、朴がこれを取得したのは、日本全体の女性としても３番目になる快挙だった。

裕福な家庭の出身でない朴は、朝鮮で看護師として働き、その給与と、『東亜日報』が全朝鮮から募集した寄付金をベースに、日本に留学した。練習時間11時間にして、単独飛行を行ったという逸話が伝わっているので、航空機の操縦には天性の才があったのだろう。時代の先端を行く、進取の気性に富む新しい女性でもあった。

立川郵便局副局長の家に寄宿しながら操縦技術を学ぶ朴にとって、立川飛行場はホームグラウンドだった。徳恵が飛行場を訪ねた１９２７年11月７日時点では、３等操縦士資格を有する身であったが、女子学習院の一行を迎えた飛行場側のスタッフのなかに、朴がいた可能性は充分にあるだろう。

女子学習院の一般学生にとって、朴敬元の存在は、男まさりの女性飛行士というだけだったろう。しかし徳恵にとってみれば、同胞女性であり、異郷にあって活躍する頼もしい存在として、ひときわ輝いて見えたに違いない。

女性の社会進出、活躍という点では、古き因習が居座り、日本以上に難しい朝鮮であった。しかも、今は日本統治に甘んじる亡国の状態である。そういうハンディを乗り越えて、朴は彼女自身の力によって、大空に羽ばたいているのだ。

みずみずしい徳恵の感性が、このような同胞女性の活躍の姿を目の当たりにしたなら、刺激されないはずがなかったであろう。

なお、朴敬元は、その後１９３３年に、女性飛行士として初めての日本海横断飛行に挑み、日本から朝鮮、「満州」へと向かう飛行ルートを進むべく、羽田から離陸したが、途中、伊豆地方の濃霧のために墜落、帰らぬ人となった。


12月24日、女子学習院は冬休み前の終業式を迎えた。休みに入るのを待ちかねたように、翌日の夜、徳恵は東京を発ち、朝鮮へ向かった。

「御帰鮮の徳恵姫　二十五日東京発」と題した『京城日報』（12月26日）の記事では、東京発として「学習院御在学中の徳恵姫には二十五日午後九時十五分東京駅発列車で国本御用掛高木属をしたがえ御帰鮮の途につかせられ、明年一月七日頃御上京のはず」と報じた。

27日夜に京城着。京城駅に降り立った徳恵の写真が翌日の『京城日報』に載っている。だいぶ娘らしくなってきた姿で、生気に満ちている。兄夫妻の後ろに身を小さくして控えていた頃の徳恵とは段違いな印象がある。

写真に添えられた記事には、李王職職員ら多数の出迎えを受けた徳恵が、「**姫様には最後部の展望車より御降りあそばされ出迎えの方々に御会釈あり**」、その後は自動車で昌徳宮《チャンドッグン》に向かったとある。はやる気持ちで、車窓を流れる夜の京城の町を眺めていたことだろう。

はやる気持ちが向かう先は、生母の福寧堂梁氏《ポンニョンダンヤンシ》だったことは間違いあるまい。この年の夏は、奇妙な縁談の噂話の余波で朝鮮に帰れなかったので、母に会うのは4月以来、8カ月ぶりになる。

1928年（昭和3年）の新しい年を、徳恵は母とともに迎えた。1月1日の『京城日報』から引く。

「新年と李王家　本年は賀宴なし　王殿下御渡欧中とて」とのタイトルの記事に曰く、「**御帰鮮中の徳恵姫様は御生母のもとにあってつつましやかに新年を迎えさせられた**るが、二日御出発御東上の予定である」――。

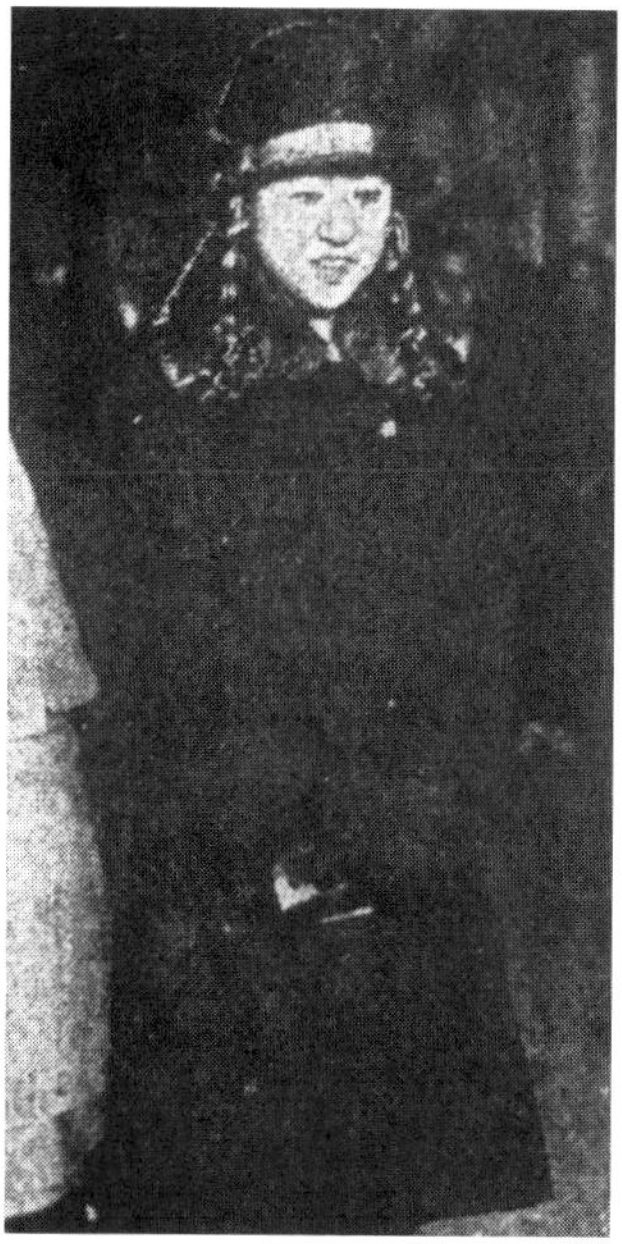

兄夫妻と別に単独で帰郷、京城駅に到着した徳恵（京城日報、1927年12月28日より）

女子学習院の、冬休み後の始業式は1月9日であった。それに間に合うためには、12月26日の記事にあるように、1月7日頃東京に戻れば問題はないはずであった。

しかし、1月1日の記事によれば、出発を2日に改めたようである。出発を早めることにしたのは、どのような事情によるのだろうか。

1週間という区切りをもって、徳恵は京城滞在を切り上げ、母のもとから東京に向かった。何かしら、徳恵の

「覚悟」を感じさせる引き揚げ方である。冬休み中に進めなければいけない、学業上の大事な懸案が生じたのであろうか……。

この年——1928年の4月から、徳恵は女子学習院の後期第1学年に進む。前にも記したが、女子学習院は前期4年、中期4年、後期3年の、合わせて11年に及ぶ独自の教育制度を有しており、中期を終えて後期に進むことは、言うなれば中学を卒業し高校に進むような、大きな節目を迎えることだった。

推測になるが、中期を終え、後期に進むにあたって、同学年の生徒たちにその覚悟や抱負を綴る作文が求められたのではなかろうか。そういう内容の文章が学校側から要求された可能性が、実は高い。

というのも、この先、2月24日に行われる中期修辞会で、作文朗読として、「中期を去るにのぞみて」という文章が執筆者自身によって披露されたからだ。

いつその文章が、書かれることになったのか、その時期については判然としないが、冬休み明けの提出がひとつの望ましいかたちだったように思われる。

学校側から中期4年生全員に課せられ、そのなかから、最優秀作がひとりだけが選ばれて、登壇する。中期を終えてという発表なわけなので、実質的には卒業生代表のような挨拶となる。

その、生徒総代に匹敵する栄《は》えある作文朗読の大役をになうことになったのが、朝鮮からの留学生、李徳恵だったのである。

## 《中期から後期へ　顕著な活躍ぶり》

1928年2月24日、女子学習院の中期修辞会――。

『おたより』第33号（1928年3月15日発行）に載るこの日のプログラムには、午後0時半から講堂で開かれた中期修辞会が、これまでにない「見栄えのある会」となり、「正味二時間五十分という新記録」をつくったとある。とりわけ中期を終え後期に進む四年生の「掉尾《とうび》の活躍」が目立ったという。

そのなかにあっても、単独での作文朗読で壇上に立った徳恵の「**中期を去るにのぞみて**」は、当日のハイライトともいえる、ひときわ輝く活躍ぶりであった。

この日生徒たちによって披露された演目は、全部で20ほどだが、単独での作文朗読は徳恵ただひとりである。礼子女王も佐和子女王も、グループに交じっての出演であった。尾崎雪香もまた、集団での朗読の一員として登壇したにすぎなかった。

徳恵が書き、朗読した作文の細かな内容を知ることができないのは、返す返すも残念でならないが、日出小学校時代から顕著だったその文才が、今や女子学習院においても、いかんなく発揮されるようになったのである。

こうした生徒総代ともなるような活躍を耳にしたからであろう、朝鮮語メディアの『毎日申報』が、3月10日になって、「十七歳の新たな春を迎えられた徳恵翁主　高等科五年に優等で昇級なさった」という写真付きの記事を載せた。短い記事なので、全文を翻訳する。

「朝鮮の子供たちが最も敬愛している我らの徳恵翁主《トッケオンジュ》様が母上のもとを離れ東京に留学なさって既に五個星霜――このたびの学期からは、女学部高等科第五学年に**最優秀の成績で昇級**遊ばされた。**和歌童話の天才がおありになり、日ごとに美しく現れる天質は近侍者も驚かざるをえないほど**である。十七歳の春を迎えられた翁主の今後が喜びと幸福で溢れるよう祈るばかりだ」――。

女子学習院中期を終えた満16歳の徳恵（毎日申報、1928年3月10日より）

少し補足しておこう。徳恵は1912年生まれで、この年、満16歳になるが、「十七歳」とされたのは朝鮮式に数え年で勘定しているからである。

ただ、京城から東京に移り、女子学習院に転入したのは1925年の春であるから、それからまだ3年しかたっていない。「五個星霜」は年を多く見積もりすぎている。また「高等科五学年に昇級」という表現も、正しくは、中期第4学年を終了し、後期第1学年に進学したのである。「最優秀の成績」であったかどうか、これは確認のしようがない。

そのような些細な誤謬や筆の滑りはあっても、朝鮮人記者が記事を綴った誇らしげな気持ちは、充分に理解可能だ。しかも嬉しいことに、伸びゆく徳恵の詩才について触れている。作品が掲載されていないのが悔やまれるが、もはや徳恵が天与の文才に恵まれていることは、誰の目にも明らかであった。

記事に添えられた徳恵の近影は、記事に比べると大きなものである。三つ編みにして下げた髪に、白っぽい七分袖のワンピース。横一文字に締めた濃い色のベルトが白地に映える。いかにも潑溂とした印象だ。未来への可能性を秘めた、若さのまぶしい姿である。

それはあたかも、これから2年間にわたって続く女子学習院の修辞会や外国語作文朗読会での度重なる活躍を予見するような、生命《いのち》の輝きに満ちている。

これまで語られてきたような、ひたすら憂いに沈み、打ちひしがれたネガティブな徳恵像とは正反対の、ポジティブさ全開の徳恵像が、熱い血潮に脈打っているのである。

1年にわたって欧州を旅してきた兄の李垠《イ・ウン》・方子《まさこ》夫妻が、長い旅を終えて、日本に戻ってくる。

4月8日の朝、徳恵は兄夫妻を神戸港で出迎えるために、東京を発った。

4月9日の朝、兄夫妻を乗せた船は神戸港に安着。李堈《イ・ガン》とその息子の李鍝《イ・ウ》ら、かけつけた親族たちとともに、徳恵は船の甲板まで出迎えに赴いた。

『流れのままに　李方子自叙伝写真集』（1978　明恵会）で、方子はこの時の模様を次のように回想している。

「（神戸港）の岸壁には李堈兄上さま、徳恵さま、李鍝公、梨本の両親や妹、李王家職員などのなつかしい顔、顔が、大勢の出迎え人の中から、いちはやく目にとびこんできました。**徳恵さまのはれやかな笑顔**にうれしくこたえながら、私はまた、この旅によって見聞をひろめ、将来への生きた学問になったことを、心から感謝しているのでした」——。

神戸で上陸した兄夫妻ともども、徳恵はその日の夜には神戸を発ち、汽車で東京に向かった。

1年ぶりに東京に戻った李垠・方子夫妻は忙しい。4月17日には宮中に参内、帰国の報告を行った。19日は皇族親睦会に出席。この時に撮られた集合写真を見ると、徳恵も参加していたことがわかる。20日から24日までは京都、三重に旅行。これには、春学期の始まっている徳恵が同行したとは思えない。

しかし、先代の李王・純宗《スンジョン》の3回忌には、徳恵も学校を休んで参加せざるをえなかった。

4月29日、午前9時25分発の汽車で、徳恵は兄夫妻とともに東京駅を発った。京城到着は5月1日の夕暮れであった。

翌5月2日には故李王3年祭の「祥祭《サンジェ》の儀」、3日には「別茶礼《ビョルチャレ》の儀」がとり行われ、これをもって純宗を祀るこのたびの「大祥祭《テサンジェ》の儀」は滞りなく終了するところとなった。

せっかくの帰郷なので、生母とともにゆっくりしたい気持ちはあったろうが、女子学習院を欠席し続けるわけにもいかず、徳恵ひとり、5月5日、京城を発って東京に向かった。李垠・方子夫妻は5月12日に京城を発ち、東上の途についた。

東京に戻った徳恵は、5月17日、学校行事で水戸を訪れている。中期以上の学生は皆、参加する行事だった。『おたより』第35号（1928年7月17日発行）に載った学級日誌からの引用文によれば、7時26分上野駅発の列車で片道3時間ほどかけて水戸に着くや、午前中は偕楽園などを見学、午後からは茨城県女子師範学校を訪ね、運動場で行われた生徒たちによる合同体操を見学、その後は鹿島神社や弘道館などもまわって、3時27分水戸駅発の列車で帰路についたという。

例によって『おたより』では徳恵個人の名前は登場しないが、意外なところからその水戸行きを確認することができた。水戸訪問から60年以上が過ぎた1989年、日出小学校の同窓生たちが出した『誌上合同クラス会　第11号』で、かつての同級生だった高丸（旧姓大塚）春子が綴っている。

「徳恵様のことも、学習院に入学しておられた頃、北白川宮家の二人の姫様と**水戸師範を見学に来られ、校庭を歩いておられる**お写真を、付属小学校か中学校かで見つけたのですが、今はおたづねしてもどうなったのか、失くなっている様です」――。

要は、徳恵が水戸の女子師範を女子学習院から見学に訪れた際、他の皇族女学生らと一緒に校庭で撮られた写真が存在したということであり、その写真を、後日――いつのことかは明記されていないが、高丸（大塚）が水戸の学校で目にしたと、そういうことになる。

夏休みを前にした女子学習院の終業式が7月19日に行われた。21日から9月10日までが夏期休暇である。この年の夏休み、徳恵は朝鮮には帰っていないようだ。５月初めに、純宗の３回忌に里帰りしているので、控えたようである。

『官報』によれば、李王夫妻は7月下旬には湯河原に、８月初旬は軽井沢に、それぞれ滞在したとある。大磯へは、李王は８月28日から30日まで、方子は８月20日から30日まで滞在し、また９月15日から17日まで夫妻そろって赴いたとある。『官報』は基本的に徳恵に関しての情報が載らないので、正確な動静は不明ながら、兄夫妻と行動を共にしていた可能性は高い。

いずれにしても、大磯にはこの夏にも足を運んだことは間違いない。『横浜貿易新報』には、この夏の大磯入りの記録は載っていないが、９月18日に掲載された記事に、以下の報告がある。

「中郡大磯町西小磯の御別邸に御避暑中の李王殿下には昨十七日午前七時二十分大磯駅発列車で御帰京遊ばされた　又徳恵姫には一昨日十六日午後四時大磯駅発列車にて御帰京遊ばされた」——。

９月16日は日曜日。月曜からの授業に出席するため、徳恵ひとり、帰京を急いだものだろう。いつから滞在していたのかは不明ながら、大磯は既に日本での生活の一拠点として定着してきている。

10月22日には、東京女子高等師範学校（お茶の水女子大学の前身）の運動会を見学した。『おたより』第36号（１９２８年12月20日発行）の「日記抄」に、「午後中期以上の学生有志神宮外苑に於ける女子高等師範学校運動会参観」とある。５月17日の水戸行きに次ぐ、女子師範の運動行事への参加である。

学校からの参加ではあったが、女性皇族の来賓として扱われもした。お茶の水女子大学のデジタルアーカイブズでは、この日運動会に臨席した5人の「宮様方」を納めた写真を公開している。閑院宮春仁王妃直子《かんいんのみやはるひとなおこ》、北白川宮美年子《きたしらかわのみやみねこ》、北白川宮佐和子《さわこ》、李王妃方子《まさこ》、そして徳恵……。写真は屋外ではなく、建物の中、廊下かテラスのようなところで撮影されたように見える。成人女性である閑院宮直子と李方子は後列に立ち、女学生3人は前列で椅子に腰かけている。円い帽子を目深にかぶった徳恵の表情は窺い知ることができないが、前列の中央に腰かけているのが目を引く。

東京女子師範学校を訪問した徳恵（前列中央）と「宮様方」（写真所蔵：お茶の水女子大学）

東京女子高等師範学校は、女子師範学校や高等女学校、小学校などの教員を養成する学校であり、女子学生の最高学府でもあった。

義姉の方子によれば、徳恵は、「将来は学校の先生になって」と、希望を語っていたというから、東京女子高等師範学校の「視察」には、充実した思いを得ていたのかもしれない。

11月10日には、昭和天皇の即位の礼があり、女子学習院でも「御大礼奉賀式」が行われた。

12月22日、後期学生による**外国語作文朗読会（欧語会）が開かれ、徳恵はフランス語による作文の朗読を披露**、再び華々しい活躍を見せた。

『おたより』第37号（１９２９年3月20日発行）に、この日のプログラムが掲載されている。全30演目のうち、徳恵が属する後期第1学年からは12演目に計14人が出場し、それぞれ英語や仏語による作文朗読を披露した。単独での朗読を披露した者は11名に及ぶ。

徳恵が朗読した作文のタイトルは「**L'intelligente Marie**」と言い、発表者名は「**Princess Ri**」となっている。この「インテリジェントなマリー」というタイトルが何を表わすのか、「マリー」が人名であることは明らかだが、それ以上のことがわからない。

散々調べた結果、ひとつの仮説として考えられるのが、この年の10月13日に死去したロシア皇太后、マリア・フョードロヴナのことではないかという推測である。もとはデンマークの王女で、本来の名をマリー・ソフィー・フレデリケ・ダウマー（Marie Sophie Frederikke Dagmar）と言った。

１８４７年生まれ、１８６６年にロシアのアレクサンドル皇太子と結婚した。知る人とてない遥かな地へ輿入れが決まり、故国デンマークを離れる際に、群衆とともに見送った詩人・童話作家のアンデルセンは、「涙が溢れた。何と不憫な子であろう！」と嘆いたと言われる。

だが、マリーはロシアで大歓迎を受け、夫が皇帝アレクサンドル３世として即位した後は、皇后としてロシア国民から慕われた。１８９４年に夫が死去した後は、息子のニコライが皇帝になり、彼女は皇太后となった。ロシア革命後は、故国デンマークに帰国、亡命ロシア人たちを助けたという。激動の国際情勢のなか、国を越え、逞しく生き抜いた女性であった。

徳恵とこのマリーの接点を探ると、兄夫妻が欧州を周遊した際、デンマークにも滞在したことが重要になる。

おそらくは、日本に戻った兄夫妻から、この数奇な運命をたどり、その苛酷さに打ち勝った女性の賢さについて、いろいろと話を聞いたのではなかったろうか。そして、マリーが80歳で逝去したとの報に接して、徳恵はこの賢明で勇気ある女性王族について、自身の思いを綴ったのではなかったろうか。もちろん、国を越えたマリーの生き方に、朝鮮から日本に留学してきている徳恵自身を重ねた共感をベースとしながら……。

この日の外国語作文朗読会では、竹田宮礼子《たけだのみやあやこ》も仏語作文を朗読している。そのタイトルは「La Grande Revue Navale」、発表者は「Princess Takeda」である。タイトルのフランス語は「大観艦式」と訳されるが、12月4日、横浜沖で行われた昭和天皇即位の大礼に伴う「御大礼特別観艦式」のことを言っている。連合艦隊を始め、外国の軍艦を含む186隻が参加、かつてない盛大な規模で行われたのだった。

同じ王皇族でありながら、徳恵の選んだテーマ（あくまで推測ではあるが）は、早熟というか、人の生き方そのものを考えさせる深いものである。21世紀の現在からみても、共感できる視点に立っている。もはやフランス語の1年遅れのハンディを克服したというレベルではない。かつての童詩の天才は、日本留学から3年半あまりの歳月を経て、人間的にも豊かな成長を見せてやまなかった。

12月24日に終業式を終えると、徳恵は帰郷の支度にとりかかった。今回は、兄夫妻は日本に留まり、徳恵ひとりが里帰りすることになった。もはや兄夫妻が同行せずとも、単独での朝鮮行きに問題などない。愛する生母が待つ故国に、徳恵は8カ月半ぶりに戻ることにした。

12月28日朝に釜山着。朝鮮の土を踏んだことを知らせる『京城日報』に、かつての日出小学校の同級生・関水三保子が出迎えたことが報じられている（12月29日）。関水は日出小を卒業後、釜山高等女学校に進学していた。

12月28日の夜には京城着。駅に降り立った徳恵を撮った写真が29日の『京城日報』に載ったが、はじけるような笑顔である。

韓昌洙《ハン・チャンス》李王職長官、末松熊彦同事務官ら50人の出迎えを受けたが、徳恵は「**出迎えの一人一人に会釈した**」と記事にある。

そのまま新年——1929年を故国で迎えた徳恵が、元日に兄（李垠《イ・ウン》）に向けて書いた葉書が伝わっている。

**御兄上様　ご機嫌うるはしく幸多き新玉の年を御迎え遊ばしました御事をはるかに御喜び申し上げます　元旦　徳恵**

単独で帰郷、京城駅に着いた徳恵（京城日報、1929年12月29日より）

同じく元旦に、義姉の方子に宛てて書かれた葉書もある。

**御姉上様　御かげ様で帰鮮以来日々をのどかに過ごして居ります　当地は思いの外　御暖たかで昨日まで晴天でございましたが今日は珍しく雪が降りました　もう近い中にお**

**目にかかれますことをたのしみに致して居ります**
**　なでしこ**

葉書の裏側には、次の文も添えられた。

**賀正　御機嫌うるわしく幸多き新玉の年を御迎え**
**遊ばしました御事をはるかに御喜び申し上げます**
**元旦　徳恵**

これらの葉書は、在日韓国人2世の美術コレクター、河正雄《ハ・ジョンウン》氏のコレクションに含まれていたもので、2011年11月から翌年1月まで、韓国ソウルの古宮《コグン》博物館《パンムルグァン》で開かれた「純宗《スンジョン》皇帝の西北巡幸と英親王《ヨンチンワン》、李方子《イ・バンジャ》王妃の人生　河正雄寄贈展」で公開された。タイトルにある通り、河氏が収集し、古宮博物館に寄贈した大韓帝国以降の朝鮮王室関連の資料を展示したものだった。なお、「英親王」とは、正確には大韓帝国時代の李垠の称号だが、一般にはその後もそのように呼び習わされることがある。

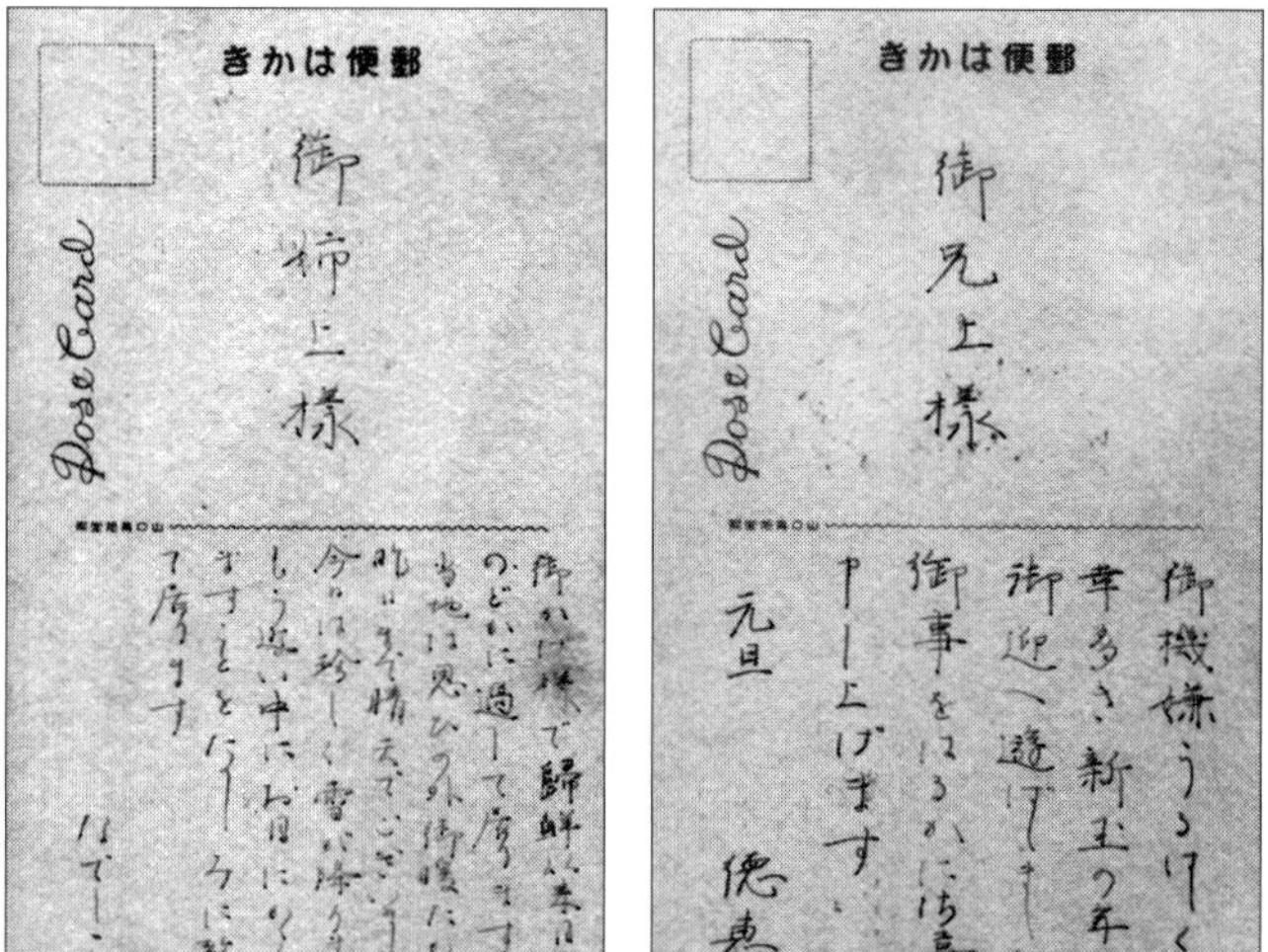

李垠・方子夫妻に宛てて書かれた徳恵の年賀葉書（『徳恵翁主展』図録より）

この時公開された徳恵の肉筆の葉書は、それまで存在も知られておらず、この時期の数少ない彼女の「声」を聞く貴重な資料となっている。どちらも徳恵自身の筆になる手書きのものだが、義姉の方子宛てだけでなく、朝鮮人同士である兄の李垠宛てのものもすべて日本語である。ある意味、当時の李王家が置かれた立場を、鮮やかに示すことにもなっている。

内容的には正月の挨拶を超えるものではないが、ふと素朴な疑問が立ちのぼって来る。年末年始、徳恵が単独でも朝鮮に戻った理由は、生母の福寧堂梁氏《ポンニョンダンヤンシ》とすごすためであったろうに、母のことが全く触れられていない。朝鮮に戻って以来、「日々をのどかに過ごして」いるとあるだけで、傍らにいるはずの母についての記述がない。

口にするのを憚られる事情が存在したのだろうか。あるいは、李王である兄夫妻と、先々代の王の側室であった女性との間には、宮中のしきたりとして、厳然とした境が存在したためであったろうか。丁寧な文面には、肉親に宛てた私信にもっと顕れてもよいであろう生な感情が抑えられている。無表情であることが、むしろ逆に、何がしかを語っているのかもしれない。

語るに語れない思いを、徳恵は抱えていたのだろうか……？

1月8日が、女子学習院の始業式である。新学期に間に合うよう、東京に戻らなくてはならない。徳恵は1月4日朝に京城を出発、同日夜には釜山を船で発ち、5日朝に下関着、そこからは特急列車で一路東上した。

12月28日朝の釜山入りを迎えた日出小学校の元同窓生・関水美保子が、帰路も、釜山から下関に向かう連絡船に乗り込む徳恵を見送っている。

これまでにも何度か登場した『誌上合同クラス会　第11号』（1989）所載になる、井東（旧姓関水）

美保子が寄せた「徳恵様を偲んで」という文章のなかに、そのことに触れた回想がある。

「学習院に転校されて四年後、私が釜山高女に居りました折、御上京の為関釜連絡船にお乗りになるのをお見送りしたのが最後で、お言葉はかけられませんでしたが、**なつかしそうにやさしいまなざしで見つめて下さった**のを忘れられません」——。

この時の徳恵が東京の兄夫妻にも語ることの憚られる事情を抱えていたのなら、複雑な胸中の思いを抑えつつ、元同窓生に気を配り、力を振り絞って挨拶をかわしたものだったろうか。

あるいは、今も日出小学校での縁を忘れず、朝鮮への行き帰りに港まで出迎えに来てくれた旧友の無垢なる情愛に、寄りすがりたいような気持ちだったのだろうか……。

瞳の奥に秘めた真意は、徳恵にしか知りようもなかった。

## 《生母・福寧堂梁氏の死》

1929年（昭和4年）——、この年の4月から徳恵は女子学習院の後期第2学年に進級した。

新学期が始まって1カ月半がたった5月30日、徳恵は信じがたい悲報に接することとなった。生母、福寧堂梁氏《ポンニョンダンヤンシ》（梁貴人《ヤンクィン》）が死去したというのである。

5月31日の『京城日報』が逝去の様子を詳しく伝えている。

「徳恵姫御生母貴人梁氏は三年前よりの乳癌にて御静養中であったが三十日午前六時頃より危篤に陥り遂に同七時永眠した。梁氏は明治十五年（＊1882年）京城に生誕、同三十八年昌徳宮に入り徳寿宮洗手間内人として出仕。大正元年（＊1912年）四月福寧堂を賜わり貴人として遇せられ同年五月徳恵姫を御分娩になったものである。

三十日は午前六時頃から危篤に陥り痰が喉につまり排除困難となり前にのめったまま心臓麻痺を起こし、池部御用係医の手当ての効なく遂に逝かれたものである。葬儀は来月五日挙行のはずである」——。

母の死の報せを受けた徳恵の様子を、『流れのままに　李方子自叙伝写真集』（1978　明恵会）の記述から見よう。

「五月三十日、いたわしくもこの日、徳恵さまはご生母福寧堂さまご死去の報を受けられ、ただちにお供の中川女史とともに京城に向かわれました。福寧堂さまはまだ四十八歳のお若さ……乳ガンであられたとのことです。

思えば四年前のご上京以来、兄上李王さま薨去《こうきょ》のおりのほかは、数えるほどにはご帰国もなく、母娘のご縁うすくすごされなければなりませんでした。とはいっても、おすこやかであれば、またお会いになれる望みもあったのに、それもかなわないことになっては、これからのお心の支えを、何に求められればよいのか……。何もかも、殿下の場合とまったくおなじご不幸をたどられることになってしまったのですが、姫君で、まして内気なご性格なのですから、

『お心を、しっかりおもちあそばすのですよ』

と、申しあげはしたものの、それがどれほどの慰みにもならないことは知っていました。他に申しあげようもない私に、徳恵さまは、

**『はい……』**

**とだけお答えになって、西への旅をいそがれたのでした」**——

5月31日の朝に東京を発った徳恵は、6月2日午前7時に京城駅に到着、ただちに昌徳宮《チャンドッグン》に向かった。

京城駅に到着した徳恵の写真が『京城日報』他主要メディアに載ったが、帽子から靴まで黒づくめの洋装に身を包んでいる。さすがに悲痛の表情は隠せない。**「姫には悲みの色をたたえさせられ」**（『京城日報』6月3日）、「翁主は**黒い洋装に哀痛にやつれた身を包まれて**」（『東亜日報』6月3日）などと、駅頭での様子を各メディアは綴っている。

京城駅から昌徳宮へと車で移動した徳恵は、かつて母と暮らした思い出の残る観物軒《クァンムロン》へ向かい、短い休息の後、純宗《スンジョン》未亡人の尹大妃《ユンデビ》への挨拶に伺った。

その後、朝鮮服に着替え、12時半には福寧堂が最期を迎えた桂洞《ケドン》の家に移動、ここで初めて母の遺骸と対面することとなった。

「（徳恵翁主は）浅淡服《チョンダンボク》に着替えられた後、桂洞殯所《ケドンピンソ》に向かわれ、新たに1時に挙行される成服奠《ソンボクチョン》に参列されたが、**たったひとりしかおられないのに、亡き母君の遺骸を前に非常に哀痛なさる**

生母死去の報を受けて帰郷、京城駅に着いた徳恵（京城日報、1929年6月3日より）

様子は、近くにお仕えする人たちの涙を誘った」（『東亜日報』6月3日）——。

「浅淡服」とは先祖の魂を祀る祭祀の際に着用する伝統の薄い青色の祭礼服のことで、また「成服奠」とは故人が亡くなって3日ないし5日後に初めて行う喪服を着る儀式をいう。

「桂洞の家」が出てくるが、梁氏の「自宅」にあたり、病が重くなって以降、王宮を出て私宅で療養につとめていたようだ。桂洞は昌徳宮のすぐ西側、王宮の外郭のような地区にある。

福寧堂梁氏は、桂洞にある自宅で亡くなり、「殯所」——殯《ひん》（もがり）の場所、つまりは葬儀の前に遺体を安置し、霊前に祈りをささげる場所も、そのまま桂洞の家に置かれた。それで、徳恵は宮中から桂洞まで移動して行ったのである。

さて、ここで思い出されるのは、この年の正月に京城から東京の兄夫妻に宛てて出された徳恵の葉書の、母に関する記述が全く登場しない不思議さや、文面に見られるどこか血の通わぬよそよそしさである。これはすべて、生母の病気と関係があったのではないかという疑念が、俄然頭をもたげてくる。

おそらくはこの時、徳恵は母の病について、知るところとなったのではないだろうか。体調が悪いのでまもなく桂洞の家に移るつもりだと、母からそう告げられたのかもしれない。ひょっとすると、既に桂洞の家に移っていたとさえ考えられる。

とはいえ、徳恵が春休みに帰省していないところを見ると、正月の時点では、急に命を落とすような重患には見えなかったのだろう。医者の言うことをよく聞いてちゃんと養生するから、あなたは東京でしっかり勉強なさいと、母は娘への愛ゆえに、気丈にもそう諭したのではなかったろうか。

ところで、帰省当日の「成服奠」から6月5日の葬儀に至る一連の福寧堂梁氏の葬礼儀式の間中、徳恵の服装問題が議論をかもすことになった。

先に記した通り、6月2日の「成服奠」の際、徳恵は薄い青色の「浅淡服」を着用した。だがこれは祭祀の際の服であって、本来、遺族が故人の葬儀や服喪期間に着るべき「喪服《サンボク》」ではない。「喪服」なら、粗い麻布で織った服に縄を頭や腰に巻くような恰好になる。儒教的な考え方では、最も粗末ななりでひたすら故人の死を哀悼するのが最高の孝とされたのである。

現に、純宗《スンジョン》逝去の折、また1周忌に際しても、徳恵は兄夫妻ともどもこの麻の「喪服」に身を包み、遺族の勤めを果たしている。

それゆえ、今回も徳恵は「喪服」を身に着けるべきだという主張が、旧臣たちや梁氏の親族などからあがった。だが李王職は、１９２６年に定めた「王公家規範」を盾に首を縦に振らなかった。その規定によれば、貴族出身でない梁氏に対して、王公族である徳恵が公的な意味では「喪に服する」ことはできないことになり、「喪服」を着用することは許されなくなってしまうのである。

主要メディアのなかでは、特に朝鮮語新聞の『東亜日報』がこのことを詳しく報じ、民族的な立場から当局の姿勢を難じた。

しかし結局は、6月6日の葬儀に際しても、徳恵は「喪服」ではなく「浅淡服」を着ることになった。これを、日本による抑圧の象徴と見る向きもある。伝統を墨守するなら3年間の服喪になるが、それだけ長い期間はともかくとして、葬儀の際に伝統の「喪服」を着せたかったとする朝鮮の人々が存在したことは間違いない。

ただ、服喪問題は結局、大きな展開を見せなかった。6月6日、葬儀は滞りなく行われた。

午前8時半に出棺となり、朝鮮式の葬列は鍾路《チョンノ》など、京城の目抜き通りを通って埋葬地の高陽郡《コヤングン》崇仁面月谷里《スンインミョンウォルゴンニ》へと向かった。市内では葬列を送る人々が沿道を埋め、大混雑となり、騎馬警官も出動して、整理、統制にあたった。

故人を慕う気持ち以上に、徳恵の母であるという点が、多くの市民たちの同情を集めたのだった。葬列は月谷里には午後2時に到着、墓所での儀式も午後7時には終わった。

その間、徳恵はどうしていたのだろう……。葬儀の様子を伝えた各メディアから、徳恵にスポットを当てた記事を拾おう。

まずは『京城日報』が6月6日に伝えた「御喪装の徳恵姫　御葬列を御見送り」と題した記事――。

「御生母御葬儀の当日たる五日、徳恵姫には午前五時過ぎ御起床、御喪服に改めさせられ、ねんごろなる御焼香の後、いよいよ午前八時半**御出棺となるや御涙さえ催され運ばれ行く御棺を御見送り**申し上げられ、御遺奠御行列の静々とお進めなされた後を昌徳宮間物軒に御帰還遊ばされた」――（＊「間物軒」とあるのは「観物軒」の誤植）。

日本人向けの新聞ということもあり、「喪服《もふく》」という言葉を日本流に一般化して使用しているが、これは朝鮮人がこだわった粗い麻の「喪服《サンボク》」を意味しない。この日も徳恵は薄い青色の「浅淡服《チョンダンボク》」に身を包んだ。基本的には徳恵贔屓を重ねてきた『京城日報』だが、朝鮮の伝統の葬礼文化について疎いことを露呈してしまったかたちになろう。

次に、同じく6月6日に朝鮮語メディアの『中外日報』が載せた「翁主哀痛至極」と題された記事を引こう。

「この日御生母との永久の別れに臨まれる徳恵翁主様は、早朝に観物軒から自動車で桂洞梁貴人官邸に赴かれ、出棺時までお留まりになった。葬儀をとり行った者によれば、翁主が最も哀痛されたのは、むしろ**霊轝《ヨンヨ》**（＊遺骸を載せた輿）**が桂洞をお出になられた際、自動車の中で慟哭なさった**時で、その後、昌徳宮に御帰還遊ばされたという」――。

2つの記事を併読して情報を整理すると、この日、朝5時過ぎに昌徳宮観物軒にて起床した徳恵は、「浅淡服」に着替え、車で桂洞の母の自宅に向かい、懇ろに焼香を重ね、出棺時までそこに留まった。8時半に出棺、葬列は月谷里を目指して進んだが、徳恵は出棺を見送り、車で葬列の後を追いつつ、途中からは別れて昌徳宮に戻った。出棺の際に涙を見せ、母の葬列の後に続く車に乗り込んでから、いよいよ激しく慟哭した……と、こういうことになる。

この日の徳恵の直接の言葉は、どこにも見当たらない。しかし、2つの記事を読めば、徳恵の悲嘆の深さは伝わってくる。

桂洞の家で焼香をしている時までは健気にふるまっていた徳恵が、いよいよ出棺の段になって涙をこらえきれなくなり、自動車に乗り込んで以降、一気に哀しみを爆発させ、号泣したというのは、悲痛の心情をありありと伝えてあまりある。

もちろん、昌徳宮の観物軒に戻ってからも、徳恵はひとり、涙にくれたことだろう。母を喪った悲しみが堰を切ったように溢れ、身を切るような孤独感にも襲われたことだろう。

父も母も、もはやいない。父母を同じくする兄弟姉妹とていない。天涯孤独、とうとうひとりぽっちになってしまった……。

母逝去の報せを受けて急ぎ京城に駆けつけてより、悲しみが晴れることはなかったが、痛みや無念が疼きとなって突き上げるのは、後悔が絡むからだった。

最後の日々、最期の瞬間にも、徳恵は母の横にいてあげられなかった。患っていることは承知ながら、まさかこれほど急に悪化し、瞬く間に病魔が母の命をさらって行くとは、予想もしなかった。こうなるとわかっていたなら、せめて春休みに帰省し、母の側についていていてあげたかった……臍《ほぞ》を噛む気持ちが離れなかったろう。

また、悲痛を深くしたもうひとつには、死去から葬儀に至る一連の流れのなかで、改めて生母の身分の低さ、それに起因する世間の冷たさを思い知らされたということもあったろう。

それは必ずしも「王公家規範」と、それを定めた日本に対してのみ矛先を向けるものではなかったかもしれない。古くからの宮中のしきたりのなかにも、身分による厳然たる処遇の差があり、母は冷たくあしらわれてきたのだった。

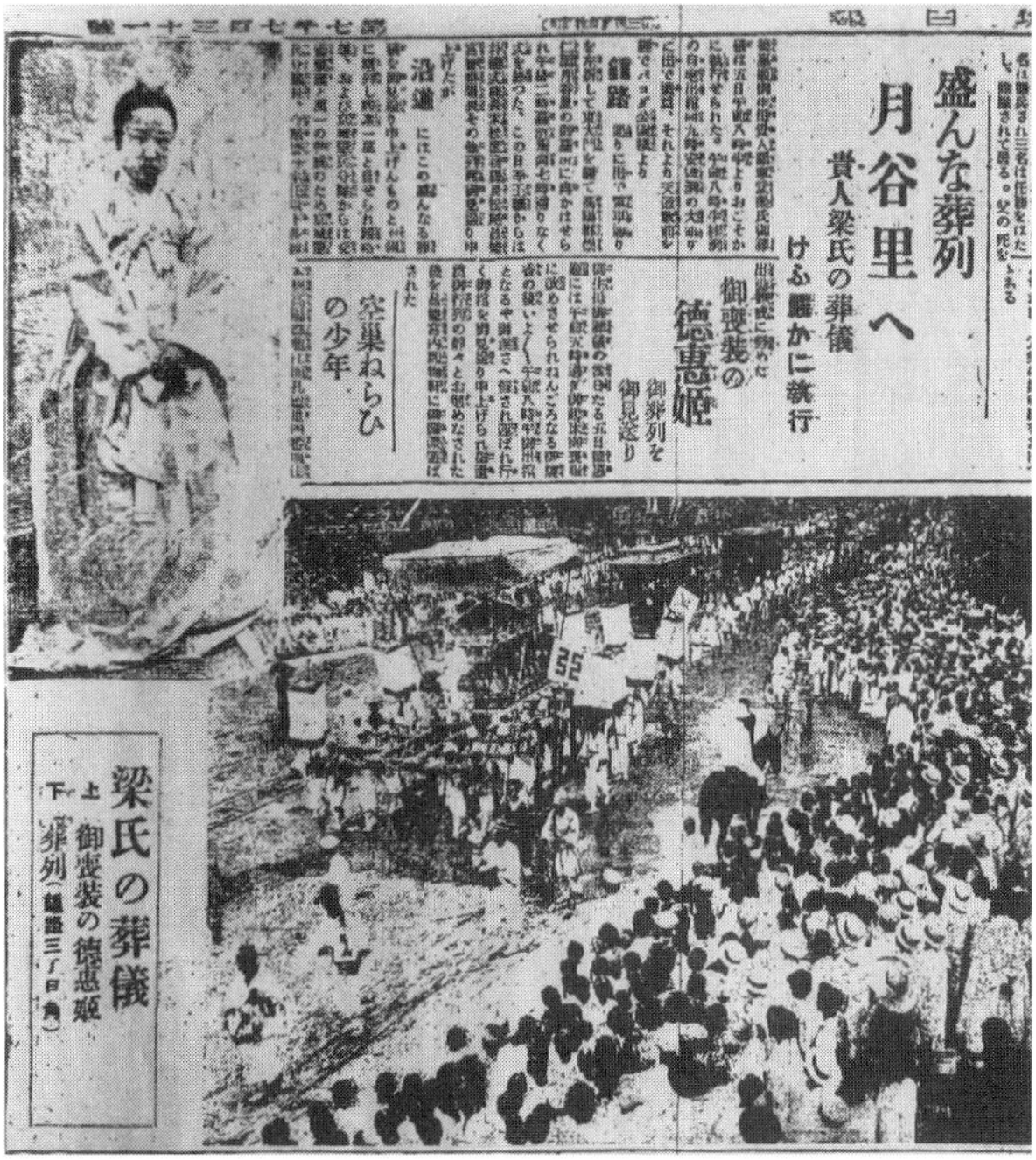
盛んな葬列
月谷里へ
貴人梁氏の葬儀
けふ麗かに執行
御喪装の
徳恵姫
御葬列を御見送り
空巣ねらひの少年
梁氏の葬儀
上　御喪装の徳恵姫
下　葬列（鍾路三丁目角）

「浅淡服」に身を包んだ徳恵（左上）と、生母・福寧堂梁氏の葬列（京城日報、1929年6月6日より）

母の遺骸に初めて対面した「成服奠」の儀においても、「たったひとりしかおられないのに、亡き母君の遺骸を前に非常に哀痛なさる様子」（＊傍点筆者）と『東亜日報』に報じられた状況であったのだ。京城に居住する王族や貴族たちが、母の死を悼んで、弔問に列をなすことがなかったのである。

高宗《コジョン》に先立たれて以降の、母の淋しさや不安というものが、つくづく身に沁みたことだろう。

日出小学校在学中から、母が徳恵の行く末を心配し、王世子（当時）の李垠《イ・ウン》のもとにいることの大事さを説き、そしてそのためならば愛娘を東京に送り出すことも厭わなかった理由も、今にしてようやく、その真意を理解することができたのではなかったろうか。

最後に母とすごしたこの年の正月、既に病に侵されていたにもかかわらず、母はやはり、東京の李王のもとでしっかり勉強するようにと、徳恵を諭したはずである。その母の思いを受けてでなければ、葬儀が済むなり、心を鬼にして東上を急いだ、徳恵の胸の内が見えてこないことになる。

葬儀の翌日、6月7日――、徳恵は夜の列車で京城を離れる前に、月谷里の母の墓所に参詣した。


「御生母逝去によって御帰鮮中であった徳恵姫には、御学業の関係から急ぎ御帰京せらるることとなり、七日は**最後のお別れに午後三時より高陽郡崇仁面月谷里の生母梁氏御墓所に御墓参あらせられ**、一旦昌徳宮へ御帰還の上、午後十時二十分発特急列車にて御退城相成ることとなった」――（『京城日報』6月7日）

「お悲しみの徳恵姫には御生母の御安葬を終らせられ七日夜発御帰京遊ばされたが、同日午後昌徳宮観物軒を出でさせられ女官をおともに自動車にて月谷里なる**まだ新しき御おくつきにぬかづき給い、今はなき御生母の御冥福を祈らせられた**」――（『京城日報』6月8日）

葬儀の際には、埋葬に立ち会うことのかなわなかった母の墓所を、徳恵はようやくにして自身の目で確かめた。

まだ土を盛ったばかりの真新しい墓所であった。墓前に拝跪し、チョルと呼ばれる伝統の礼を捧げる。

土に還った母に、徳恵は何を語りかけたのだろうか……。

心を凝らし、祈り続ける。たちまちのうちに、時間が尽きる。

暮色の忍び寄る墓に背を向け、その場を離れた徳恵の気持ちは、いかばかりであったろうか……。

## 《痛々しき大奮闘》

母の訃報を聞き東京を発ってからおよそ10日ぶりに、徳恵は麻布・鳥居坂の李王邸に戻った。

徳恵を送り、迎えた義姉の方子《まさこ》は、『流れのままに　李方子自叙伝写真集』（1978）のなかで次のように回想している。

「（徳恵を送り出してより）アイゴーの叫びが、地の底から、高く低く聞こえてきて、明け方近くまで眠れない夜があったりするうち、ご葬儀も終わって**徳恵さまがご帰京。いっそうものいわぬ姫になられた**ことはいうまでもないでしょう」——。

9年後に出た『歳月よ王朝よ』では、幾分加筆されている。

「殿下はますます口数が少なくなった。私も寝つかれないまま『アイゴー』という叫びをいく度となく聞いたり、葬儀の模様を夢にみたりして、弱気になっているのが自分でも感じられた。半月後、徳恵姫は東京にもどった。**やつれていっそうものいわぬ姫になっていた**」——。

方子が語る「アイゴー」の叫びとは、福寧堂梁氏《ポンニョンダンヤンシ》の死を悼む人々が放つ哭声の幻聴であった。わが子の晋《ジン》を京城訪問で亡くし、現地で朝鮮式の葬礼を体験しているので、その時に耳にした哭声が蘇ってきたのかもしれない。

だが、自らの苦しみを語りつつも、なぜ徳恵をひとりで帰らせてしまったのか、どうして同行しなかったのだろう……という方向には、思いも筆も進まない。さらに不思議なのは、4年前、福寧堂梁氏が遠路遥々伊香保にまで足を運び、夏の数日間をともにすごしたことが、全く触れられないことである。

徳恵の生母ではあっても、自分たちからは遠い存在として語っている。これは、夫の李垠《イ・ウン》についても全く同様である。それが李王家内でのしかるべき距離の保ち方なのであろうか……。

京城で痛感した生母の身分の低さ、寄る辺のなさが、東京にまで引きずられた。母の孤独や無念から受けた心の傷は、兄夫妻のもとでも癒えなかった。

「もの言わぬ姫」になったと方子は語る。方子の前では、殻を閉じた徳恵だったかもしれない。しかし学校では、決して寡黙にして自閉的だったわけではない。むしろ、母の死から半年間、徳恵の学内での行動は以前にも増して活発になり、積極的な活躍を見せる。

おそらくは、生前何度となく母から聞かされていた、東京で頑張るようにとの説諭が、これまで以上に徳恵の心の弓を張らせていたと言えようし、自らに鞭打つことで、悲しみを乗り越えようと精一杯の努力をしたということかもしれない。

以下、痛々しいほどの奮闘の軌跡を追っていこう。

6月25日、徳恵は女子学習院のテニス会に初めて出場した。『おたより』第39号（1929年7月17日発行）に、参加者の名前と試合結果が載っている。

このテニス会は、中期第3学年以上の学生たちによって行われ、すべてがダブルスで、優勝者を決めるトーナメント方式はとらず、それぞれ1回だけ試合に臨む。中期は2セット制だが、後期になると3セット制である。

全部で197人の生徒たちが一堂に会し、5つのコートに分かれて試合をしたのである。壮観であったろう。「硬球」と但し書きが付された試合が1試合だけあるので、他はすべて軟式テニスだったかと思われる。

午前10時から午後3時まで、学校行事として行われているが、必ずしも全員が試合に出るわけではない。テニスに嗜《たしな》みがあり、希望する者だけが出場する。現に、同級の宮様のうち、「礼宮様」(礼子女王)と「徳恵様」の名前は見当たるが、佐和子女王はない。尾崎の名もない。

試合結果を見ると、「徳恵・小川」組は「黒田・松平」組と対戦し、2セットをとられて敗れている。だが、この場合、問題は勝敗ではない。試合に出場するかどうか、参加すること自体に、前向きな意志が現れている。もともと運動の苦手な徳恵にしてみれば、なおさらである。喪失の痛みから必死に立ち上がろうとする奮闘の努力が見てとれるのである。

7月10日、女子学習院の**外国語作文朗読会にて、再び徳恵が活躍**を見せた。『おたより』第41号(1930年3月24日発行)に載ったその日のプログラムに、「L'été Princess Ri」とある。

この日の朗読会では、英語とフランス語を合わせ、後期の1学年から3学年まで、全体で26人が朗読を演じたが、第2学年としては8人だけが選ばれ、登壇した。

徳恵としては、前年12月の「インテリジェントなマリー」に続く、フランス語での作文朗読である。タイトルの「L'été」は、「夏」の意味である。定冠詞がついているので、「その夏」とも訳せる。具体的な作文の内容を伝える資料は現存しないが、私はこれを、4年前に母とともにすごした伊香保の夏の思い出を綴ったものと解釈したい。

外国語朗読の発表を行ったのは、母が亡くなってから約1カ月半後になる。学生たちが提出した作文が審査にかけられ、優秀作のみが朗読の対象となることを考えれば、福寧堂梁氏の死からさほど日のたたぬうちに、母との美しい夏の記憶を綴ったと考えられる。

母はこの世を去った。しかし、自分には永遠の夏がある。溢れる緑の輝く山々、山間に静かに水を湛えた鏡のような湖……、母とともに眺めた美しい夏は、決して褪せることはない。母の思い出が永遠であるのと同じように……と、そのような気持ちを綴ったのではなかったろうか。

作文の内容が優れていて、しかもその外国語の訳文がきちんとしていればこそ、外国語作文朗読会に出場することができる。

徳恵は母の死を乗り越え、なおも前向きに努力しようとしている。7月10日の朗読会での活躍は、持ち前の才能を活かした発奮に、母を追慕する気持ちが重なった結果だったのであろう。


この年の女子学習院の夏季休暇は、7月20日から9月10日までであった。

宮城道雄が徳恵の詩に作曲した「蜂」と「雨」を録音したレコードが、この7月に発売になっている。徳恵のもとにも、出来あがったレコードが届けられたことだろう。

どちらも、日出小学校4年在学時に詠んだ詩であった。母が健在だった頃の思い出とともに、徳恵はレコードに耳を傾けたに違いない。

8月前半には大磯に滞在していたようである。というのも、8月16日の『京城日報』が次のような消息を載せているからだ。

「大磯の別邸に御避暑中の徳恵姫は、十五日午前八時五分、李王妃殿下と共に帰京された」——。

義姉の方子と一緒に、8月15日に大磯から東京に戻っているのである。なお、どういうわけか、『横浜貿易新報』では、この夏の大磯への出入りは全く記事がない。

この夏休み、徳恵はひとつの課題を抱えて、読書を重ねていたことと思われる。夏休みが明けて2週間後に開かれた後期修辞会にて、徳恵は単独の作文朗読で再び登壇、『良寛を読みて』という題で発表している。

夏休み、徳恵はこの江戸時代後期の放浪の詩人に向き合い、その世界——生涯と作品を追っていたに違いないのである。

ストレートに修辞会に進む前に、その5日前にあった皇室関係者の集まりで、徳恵が栄誉に浴した話を語らなければならない。

9月21日、東京・永田町にあった閑院宮《かんいんのみや》邸で皇族方の懇親会が開かれた。徳恵も出席したが、30人ほどが集まったこの席で、宮城道雄の御前演奏が行われ、「蜂」も披露されて好評を博した。

吉川英史著『この人なり　宮城道雄傳』（1979　邦楽社）に、事の次第が綴られている。

「九月には、閑院宮御殿での御前演奏という光栄ある日が訪れた。九月二十一日の夜開かれた皇族懇親会に集まった三十人の宮様方に、宮城の新曲を演奏したのであるが、当時は御前演奏ということは、演奏家にとって最高の名誉と考えられていたのである。この光栄に浴した演奏家は、宮城の外に、吉田清風夫妻、牧瀬喜代子・数江姉妹であった。参集の皇族は、秩父宮夫妻、高松宮、澄宮《すみのみや》（後の三笠宮）、閑院宮夫妻、梨本宮妃、山階宮と御母堂、賀陽宮《かやのみや》、朝香宮夫妻、北白川宮と御母堂、竹田宮夫妻、東伏見宮、李王妃、徳恵姫、その外幼い宮様方であった。

曲目は、全部宮城曲で、『君が代変奏曲』、『谷間の水車』、『小鳥の歌』などで、最後は『舞踏曲』に終ったが、その間に、童曲を挿み、しかもお集りの澄宮（現三笠宮）の作『青山の池』と、徳恵姫作の『蜂』の演奏には、さだめし御本人や一同が顔をほころばして聴かれたことであろう。外に、葛原しげる作の『夜の大工さん』と『チョコレート』という、宮城の童曲の代表作のおまけがつけられた」——。

なお、翌１９３０年の1月に宮城道雄は吉田清風らと朝鮮公演を行っているが、『京城日報』の１９２９年12月31日版に、その予告記事に併せて、閑院宮家での御前演奏のことが触れられている。「両師が演奏する徳恵姫の御作歌　三十六宮方の御前に　面目を施した傑作」——タイトルからして、記事が徳恵を主語として書かれたものであることが一目瞭然である。記事本文から引こう。

「おそれ多いことであるが、今春（＊「今秋」の誤り）各皇族殿下三十六方がお集りになったとき、この新日本音楽がよいというので、宮城吉田両師が御前演奏の光栄に浴したことがある。この時は、今度の演奏会のプログラムにもある澄宮殿下御作歌の『青山の池』、徳恵姫御作歌『蜂』を演奏申上げたところ、非常な出来で、秩父宮殿下は澄宮の『青山の池』に対して熱心にニコニコして聴いていられ、熱心な拍手を送られた。**又徳恵姫も前列の椅子に腰をかけていられたが、各殿下から非常な傑作だと推賞され**、これを作曲演奏した宮城、吉田、西脇も面目をほどこして退下したほどである。徳恵姫の御作『蜂』を京城で演奏するには両師とも非常な意気込みでいると洩らしていた」[*1]——。

ここに登場する澄宮とは、２０１６年に亡くなった三笠宮崇仁親王《みかさのみやたかひと》のことで、成人前は専らこの名で呼ばれていた。少年時代から文才を発揮し、童詩などもつくり、「童謡の宮様」と言われた。この日、閑院宮家では、日本の皇族の「童謡の宮様」と、朝鮮王族の「童謡の姫君」が顔をそろえ、並び賞されたわけである。

各皇族方から「非常な傑作だ」と賞讃を受けた徳恵の胸中はどうだったろう……。国としては、祖国は日本に屈服し、亡国の憂き目に甘んじているが、支配する国の最上位の人たちから、掛け値なしに褒め称えられたのだ。自分ひとりの才華において、徳恵は対等の座を勝ちとっている。

それを栄誉と感じ、晴れ晴れとした気持ちになったであろうか。あるいは、母を喪った悲哀がなおも心を曇らし、皇族方の褒詞がどこか遠く響いたものだったろうか……。

晴れ舞台の「前列」に腰を据えながら、徳恵の心は晴れなかったかもしれない。栄誉などとする考えが、功利的で邪《よこしま》な心のように思えていたかもしれない。

そう考えるのは、この時期の徳恵の良寛への傾倒を思うからである。

9月26日、後期高等科修辞会で、徳恵は**単独の作文朗読で『良寛を読みて』**を発表した。『おたより』第40号（1929年12月20日発行）に載るプログラムによれば、この日の発表演目は後期1学年から3学年まで合わせて全部で19、音楽演奏も5演目あり、また談話もあったので、作文朗読となると5つに絞られる。そのうち、「○○を読みて」と題されたものが3つあり、おそらくは、夏休みの読書をもとに感想文を提出させ、そのうちの優秀作が選ばれて発表に及んだのであろう。

徳恵は第2学年だが、同学年の生徒で、7月10日の外国語作文朗読会に続き、9月の修辞会にも出場した者は徳恵だけである。いかに、徳恵の活躍が目覚ましかったか、日本語であろうと、外国語であろうと（徳恵にとって実は日本語も外国語なのだが）、こと作文となれば、かなう者はいなかった。

9月21日の皇族懇親会、そして26日の後期修辞会と、徳恵の奮闘、そして輝きは、頂点に達した観がある。

実はこの頃、良寛はちょっとしたブームであった。1928年、岩波書店から大島花束著『良寛全集』が発刊され、版を重ねた。その前後にも、1926年には相馬御風による『良寛和尚万葉短歌抄』が、1928年には同じ著者による『良寛坊物語』が出版されており、また1929年の6月には坪内逍遥作の新作歌舞伎『良寛と子守』が上演されている。

それまではローカルな人物にすぎなかった良寛が、この頃から一気に全国的な著名人となったのであった。

徳恵が良寛に興味をもったのは、そういう時代の機運に乗った部分もあるだろうが、注目すべきは、良寛という人が、権勢や栄誉など現世的な欲望を棄て去った「世捨て人」だったという点である。

良寛（1758〜1831）は、江戸時代後期の流浪の僧侶で、歌人、漢詩人でもあった。もとは越後国（現新潟県）の出雲崎の名主の家に生まれたが、権勢を嫌い、18歳にして出家、曹洞宗の僧となった。僧となっても寺をもたず、托鉢をしながら放浪を続け、子供の純真さこそが誠の仏心と信じて、子らと手毬をついたりかくれんぼをしたりして遊び、童心を重んじた。

和歌や漢詩を詠み、無私無欲の自由な人生を送った良寛は、家を捨て、寺を捨て、金、権力など、世俗的欲望のいっさいを捨てて、無一物に生きたユニークな詩人だったのである。

童心に生きた詩人という点は、小学校時代から童詩に才を発揮した徳恵と共通するところであろう。良寛がよくした和歌は、徳恵も女子学習院に進んで以来、馴染んだ世界でもあった。

ただ、看過できないのは、良寛に惹かれているのが、他でもない、王女だという点である。社会にあって世俗的権威として君臨する王族の一員であり、日本に渡っても「姫」「姫様」と呼ばれる身なのである。それが今、世俗の権威を否定し、言葉は悪いが「乞食坊主」として生きた良寛に傾倒するというのは、ひと筋縄ではいかない、かなりの心理的な曲折があると言わなければならない。近頃にわかに復活してきた百年前の詩人に興味を覚えてというような単純なレベルの話ではないのである。

おそらくは、母を亡くした哀しみを何とか乗り越えようとする、淋しさに沈み、寄る辺のない不安な心に、すべてを捨て去った放浪の詩人が、すっと入ってきたのだろう。

母を喪って以降の学校行事での群を抜いた活躍を見れば、一方では、母の遺志に応えるかたちで精進を重ね、積極的に人前にも出て、プラスの方向に進もうとする意欲に満ちているのだが、その内側では、すべての世俗的な価値を否定し、物欲や執着を離れ、徹底して捨てようとするマイナスの方向に心が傾いているのである。プラスとマイナスをともに抱え、それぞれを増進、肥大化させながら、微妙なバランスのもとにひとつの調和をなし、極みに達している……。

ここに、徳恵の天涯孤独な、そして絶壁に立つような切羽詰まった心模様が見てとれよう。

11月9日、再び女子学習院ではテニス会が開かれたが、徳恵はここでもダブルスに出場している。『おたより』第39号（1929年7月17日発行）に載る試合結果によれば、「徳恵・水野」組は、6月25日と同じ「黒田・松平」組と対し、またしても2セットを連取され、1セットもとれずに敗れている。ただ、この日の徳恵の同学年生からの出場は6組12人である。6月のテニス会では11組22人が出場していたので、より選抜されたメンバーでの試合になっている。徳恵以外、同学年の皇族は出場していない。

とするなら、出場していること自体、徳恵の意欲は言うに及ばず、テニスの腕前の方も伸びていたのではなかろうか。いずれにしても、極めて前向きな意志と努力の結果、この日の試合に臨んでいるのである。

徳恵の奮闘は、少なくとも1929年11月のこの時点で、少しも衰えていないように見える。

＊1　1930年1月7日、8日と行われた宮城らの京城公演では、徳恵作詞による「蜂」と「雨」が演奏された。澄宮の「青山の池」も併せて披露された。公演初日の模様を伝えた1月8日の『京城日報』の記事は、「澄宮殿下御作歌『青山の池』、徳恵姫御作歌『雨』『蜂』の演奏に至っては、弾き手も唄い手も真摯な演奏振で堂にみちた聴衆も全く厳粛な態度でこれを謹聴していた」と伝えている。

《最後の詩作品。日出小学校の思い出を詠む和歌3首》

秋のテニス会に前後して、久しぶりに徳恵の「作品」が世の中に出た。11月3日発行の『京城日出公立尋常小学校　創立40周年記念号』という同窓会誌の詞華集のページの冒頭に、「李徳恵姫」作の和歌3首が掲載されたのである。

**日の本の千代の栄を色深く葉ごとにちぎる学びやの松**

**友どちと日の出の庭にたはむれし幼きころのなつかしきかな**

## 師の君にみちびかれつつ分け入りし文の林のおもしろきかな

和歌に付せられた解説には、「徳恵姫には大正十年四月本校第二学年に御入学、大正十四年三月第五学年御終了後直ちに女子学習院中期第二学年に御転学、目下後期第二学年に御在学中。朝夕、麻布鳥居坂の李王家御用邸にて御兄君及同妃の両殿下の御側で親しく婦徳の御修養に勉めさせられていらるる由」とあり、日出小学校での修歴と東京での近況を簡単に伝えている。

徳恵の作品が載るに至った経緯は、おそらく、創立40周年を記念した同窓会誌を編纂するにあたって、日出小学校出身者のなかで最も高位の貴人である徳恵に、和歌が所望されたものと思われる。

3首を見てまず感じることは、日本の伝統詩歌である和歌への習熟の著しさである。先に紹介した1925年から26年にかけての和歌はおしなべて過渡的な性格を有していたが、ここでは和歌という詩形式をすっかり自家薬籠中のものにした成熟の境地をうかがい知ることができる。

言葉の選択にも無理がなく、リズムも実になめらかで、枠（形式）の存在すら感じさせない自然な調べのなかに、奥深い情感を湛えた味わい深い詩作品となっている。

3首のうち最初の和歌は、創立40年を寿ぐという命題に応えて、当時の時代として「ふさわしい」レトリックで祝意を詠みこんでいる。言うなれば、来賓スピーチを和歌にしたような公の色が濃い。自分に課された役割をきちんとわきまえた、徳恵の聡明さが窺われる。

第1首を公の色でまとめた徳恵は、2首目、3首目と進むにしたがい、私的な内面世界に分け入っていく。「学びや」から「友どち（友だち）」、「師の君」へと、詠う対象も次第にマスから個へと次元を移していく。

その意味では、構成への配慮も見事である。ただ、私情に傾くにつれ、言いようのない孤独感が影を濃くしていくさまには、驚かざるをえない。

第2首、第3首の末尾に付された「かな」は、感動や詠嘆を表す終助詞である。第2首の末尾「なつかしきかな」は平たく嚙み砕けば「懐かしいことだなあ」の意になるが、その深い詠嘆は単なる懐旧に終わらない感情の亀裂を秘めている。幼い日々を懐かしく思う気持ちの裏に、現実としての途方もない淋しさや孤独を透かしている。

友人たちとの幼き日々を彩った無垢な楽しさは遠い過去と化して、もはや2度と訪れることがない……。その冷厳な事実を静かな憂いのなかに見つめる喪失感が、乾いた心を覆っているのだ。

第3首もまた、そのような喪失感のもとに詠みこまれたものだ。「師の君」とは、具体的には日出小学校で3、4年生の時の担任教師だった真柄トヨを指す。

見逃してはならないのは、徳恵が詠みこんだ「文の林」という言葉である。ここには、文芸に対する自覚的な意識が覗いている。徳恵は「文の林」を感知したのである。童詩の教育に熱心だった真柄の指導を受けて、新たな知の大地に立つ気がしたのだろう。

それは、王女として生まれた少女の詩魂開眼の瞬間であったとも言える。文の林に分け入り、言葉の森を自由に縦遊《しょうゆう》することで、亡国のプリンセスという立場を超え、一人の女性として、人間としての肉声の言語化に目覚めたのである。そこにこそ、おのれの生があると悟ったのである。

ただ、その上でなお、「文の林」との出会いの「おもしろさ」を語るに、遥かな昔日の夢のように偲び、過去の詠嘆に終始しているところに、痛みを覚えずにはいられない。遠い日の幸福を静かに見つめる眼差しは末期《まつご》の目のように澄み、胸を吹き抜ける風は蕭々《しょうしょう》として骨身に沁みる。

まるで、別れの歌を聞くような気さえする。日本に移り住んで4年——、和歌への習熟は見事なものだが、反比例するように、心には隙間風が立ち、喪失感をつのらせていたのである。

それは、第一義的には直近の母の死がもたらしたものであろうが、とびきり繊細な感受性の持ち主だった少女が、孤独を覚え、立ちはだかる壁を感じざるをえない時と機会は、日頃から多々存在していたに違いない。

親しい友もなく、真の家族もなく、祖国と呼べる国もない……あてどなさは幾重にも張り巡らされて、少女を囲繞《いにょう》していた。どれほど努力を重ねても、埋めようのない溝が広がりゆくばかりで、徳恵を孤立させていったのである。

歌に込められた、まるで死後の世界から楽しかった今生のひと時を眺めやるような距離感、そしてそこに漂う寂寥感を思うと、9月の修辞会の作文に徳恵が何故、良寛を選んだのか、わかる気がする。

校内行事を軸に目ざましい活躍を見せる徳恵を押し上げてきたエネルギーが、その頂きのところで、すべてを捨て去った良寛に出会い、親炙《しんしゃ》することになったのだ。

ではその出会いが、徳恵に何をもたらすのであろうか——？

これまで自らに鞭をふるうようにして課してきたプラス方向の足し算型の努力が、マイナスする引き算型に転嫁することになろう。ひたすら高山の頂上めがけて登ってきたものが、今からは退くこと、降りることを選ぶことになっていくことだろう。

捨てるという生き方……。望まない、欲しないという身の処し方……。

だが、捨て去る方向のマイナスのエネルギーが強くなれば、自己否定が進みかねない。良寛は捨てることで自由を得、童心と詩に生きることを得たが、ひとつバランスが崩れると、詩を書くことすら否定されかねない怖れが生じる。

現に、長い間にわたって調査を重ねてきたものの、今のところ、これ以降の徳恵の詩作品は見つかっていない。将来的に、新たな作品が発掘される可能性は、正直言って低い。

「文の林」との出会いの楽しさを詠い、別れを前に淋しげに微笑むかのような和歌が「最後の詩」であることが、劇のシナリオでも読むかのように妙に符牒が合い、痛ましくも哀しい。

この先、なおも徳恵の言葉は多少拾えるものの、詩作品に出会えないのは、抜け殻を追うような気がする。

それを思えば、やはりこれらの和歌は、徳恵の張り詰めた意識の頂点に生まれ、奏でられていたことに気づく。童心に生きえた無垢な日々、微笑みと笑い声に溢れていた日々、愛に満ちていた日々に対する、永遠の別れの詩であったに違いないのである。

# 第7章　発病、そして結婚へ——東京・女子学習院　その3

## 《忍び寄る暗雲》

１９３０年（昭和5年）が明けた。徳恵は3月いっぱいまでは後期第2学年、4月から後期第3学年となる。

徳恵の人生を俯瞰した時、この年ははっきりと曲がり角となった年である。前年5月末の母の死以来、哀しみを乗り越え大奮闘を続けてきたプラスの力が矢の折れるように尽き、潮の引くように負への傾斜が進んでいくことになる。後半生を無為無言に閉じ込めることになる統合失調症の症状が出るのも、この年の夏頃からだ。

とはいえ、まずは、わかる限りの徳恵の足跡を地道に追うとしよう。

後期2学年の最後を飾る学校行事の後期高等科修辞会が3月12日に開かれたが、徳恵は登壇していない。前年まで修辞会でたびたび華々しい活躍を見せたことを思うと、淋しい限りだが、あるいはそのような場で積極的に人前に立とうという意欲が、既に萎んでしまっていたのかもしれない。

もっとも、徳恵の心模様とは別に、学校行事に専念することを難しくする外的な用件があったことも事実だった。3月3日、東京に留学して以来、5年間を暮らした麻布鳥居坂の屋敷から、兄夫妻ともども、赤坂の紀尾井町にできた新邸宅に居を移したのである。

新居について伝えた『京城日報』から引こう（2月28日）。

「御新邸は清水谷公園上の高台約二万坪の敷地に、新御殿は自由型二階建洋館七百坪のモダンなものである。装飾美しき玄関につづき両殿下、徳恵姫の御居間、客間、書斎、音楽室等を始めベランダ、事務室等二十余室を有し、特に朝鮮から重臣の上京の際宿を賜わる思召から、特別客間四室を設けられてある。この外御馬場、テニスコートなどが見事な御庭園の中に設けられ又防火、断水に備える設備も完全である」――。

屋敷、庭とも、大変に贅を尽くしたものであることがわかる。なお、チューダー様式をとり入れたこの美しい西洋館の屋敷は、戦後李王家の手を離れたが、今も赤坂プリンスクラシックハウスとして健在である。

4月8日、徳恵は後期第3学年に進んだ。女子学習院の最終学年である。

5月半ば、徳恵は1年ぶりに朝鮮に向かった。亡き母・福寧堂梁氏《ポンニョンダンヤンシ》の1周忌に参列するためである。

18日の夜に京城着。19日に1周忌の行事が営まれている。

5月20日の『京城日報』は、「徳恵姫さま　昨夜御帰城遊ばす」というタイトルを付した写真を掲載した。「写真は京城駅における徳恵姫」との説明がある。

母の葬儀に参列することを目的とした1年前の京城到着時と違い、平服姿で、黒服に身を固めてはいない。縁なしの帽子（キャップ）を被り、膝までの薄手のコートを着、腰上に組んだ両手には小さなポーチが握られている。顔にそこはかとない憂いを漂わせてはいるが、気品に溢れた美しい姿である。

生母の1周忌に帰郷、京城に着いた徳恵（京城日報、1930年5月20日より）

　5月23日の『京城日報』は、李王家の近況を伝える李王職談話を載せたが、その最後に徳恵が登場する。

「徳恵姫さまがさきに御帰鮮遊ばされたのは去る十九日御生母故福寧堂の一年祭が執行されたからで姫には明年学習院を御卒業の御予定です」——。

　徳恵の帰郷の目的が生母の1周忌の弔いであったことが、この談話によって確認できるが、実はこの時の徳恵に関する報道が、驚くほどに少ない。

　生母の1周忌を伝える報道が見られないのは、もともとの身分が低かったからかもしれないが、朝鮮の王女である徳恵の動静が全く伝えられないのは、不思議な感じがする。徳恵がいつ朝鮮を離れ、日本への帰路についたのか、それさえも記事になっていない。

　もうひとつ気になるのは、高宗《コジョン》の5男・李堈《イ・ガン》の長男で、徳恵の異母兄の息子にあたる李鍵《イ・コン》が、同時期に帰郷していることである。5月18日の『京城日報』（夕刊）に、「李鍵公殿下御帰鮮　今朝釜山御上陸」の記事が見える。ここでは徳恵に触れられていないが、下関を発った連絡船が18日朝に釜山に入港しているなら、その日の午後7時に京城駅に着いたと報じられた徳恵と、同じ船だったことになる。つまり、李鍵は徳恵に同行していたことになるのだ。

李鍵は、あえて徳恵と同じ列車で東京を発ち、連絡船も同じ船に乗ったのではなかったろうか――。というのも、この時期、徳恵の様子にいささか常ならぬところが現れていたからである。

『流れのままに　李方子自叙伝写真集』（1978）は、紀尾井町への引っ越し、久しぶりの懐妊と流産を綴った後、徳恵の発病へと進む。

「このころ、**徳恵さまは少々神経衰弱の気味で、何か学校の友だちにいわれたことを感情的に強く受けられて、くよくよといつまでも気になさったりする**のです。ちょうど年ごろになられ、母上の死という大きな悲しみに出会われたことも、いやしきれない心の傷となっているのです」――。

文中にある「このころ」がいつのことか、方子の表現はやや曖昧で、また徳恵が生母の1周忌に朝鮮を訪ねたことにも触れられていないので、正確なところは推測にならざるをえないが、朝鮮でのメディアへの露出度の低さ、往路の李鍵の同行などを考え合わせると、どうも1年ぶりの帰郷の前には、何らかの症状が出始めていたように思われる。

李鍵（『皇室皇族聖鑑 昭和篇』東洋文化協会、1937年発行より）

それでも、生母の1周忌には何としても出席したいと本人が望んだのだろう。18日の京城駅到着の姿は、淋しげではあっても端然として、心を病んだ人には見えない。

だが、せっかくの帰郷も、積もった鬱を晴らす効果はなかった模様である。むしろ、母の位牌を前にしても、墓前に立っても、哀しさ、淋しさがひたすらにつのり、脆くなった精神を激しく揺さぶるばかりだったのではなかろうか。

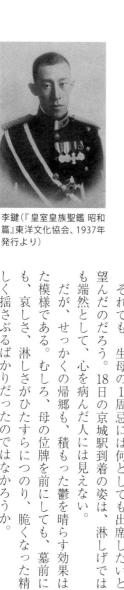

７月９日には後期及高等科の外国語会があったが、無論、徳恵は参加するどころではなかった。

ところで、李方子の自伝は、徳恵の発病を短く述べた後、すぐに夏休みの話へと続いてしまうのだが、実はその間に、大事なことが洩れている。

７月５日から17日まで、李垠《イ・ウン》・方子夫妻は３年ぶりとなる朝鮮訪問のため、東京の李王邸を空けていたのである。方子のどの自伝においてもスキップされてしまったが、『京城日報』を始めとする新聞報道と『官報』によって、はっきりと確認される事実である。

つまり、精神に変調をきたし始め、頼るべき家族を最も必要とするこの時期に、徳恵はひとり東京に残され、不安な日々を過ごさねばならなかったことになる。

李垠・方子夫妻の旅程を詳しく述べると、７月５日に東京発、７日夜に京城着。京城に１週間ほど滞在した後、７月14日に京城を発ち、途中大阪にも立ち寄って、17日夜に東京に戻っている。都合12日間、家を空けたことになる。

さらに詳しく帰郷がらみの一連の記事を追うと、もともとは７月３日の出発予定であったものが、「御都合により」、５日出発に変更になったことがわかる（『京城日報』７月３日）。

どのような事情があって出発が２日間延期されたのか、記事は具体的な理由を明らかにしていないが、ひょっとすると、自分らの留守の間に徳恵をケアできる環境を整えるのに、手間どったものだったかもしれない。

徳恵の病が重症化することをこの時点では予想もできず、帰郷を敢行したのだろうが、結果的には兄夫妻の留守が徳恵の病状を悪化させたことは容易に想像がつく。

そのことへの後悔の念が頭を離れなかったからであろう、戦後に書かれた李方子の自伝から、この部分はすっぽりと抜け落ちてしまっている。

さて、7月20日から女子学習院は夏休みとなったが、兄夫妻は徳恵を伊香保に連れ出した。

この時の伊香保行きについては、『伊香保誌』でも確認できる。それによれば、「李王世子、同妃」は、「昭和五年八月一日より三十一日まで、木暮別館に滞在」したとある。

正確にはこの時は、「李王」であって「李王世子」ではないが、李垠その人であったことは間違いない。なお、1925年の滞在時には「李王世子、妃、徳恵姫」と、きちんと徳恵の名前もあげられていたが、1930年の記録には徳恵の名前はない。これは徳恵が病んでいたことと関係があるのかもしれない。言わば、徳恵のみ、お忍びの旅とされたのである。

今ひとつ注目すべきは、伊香保滞在の宿所が、御用邸ではなく、民間旅館の木暮別館であったことだ。これも、徳恵の病が人目につかぬようにとの配慮だったのではあるまいか……。

## 《統合失調症の兆し》

『流れのままに　李方子自叙伝写真集』の方子の筆を追おう。

「夏休みには、私が付き添って伊香保に避暑されていましたが、**秋になって学校が始まっても、行きたくない、と終日床につかれて、食事にも出ようとされません。夜は強度の不眠症で、ときには突然外にとび出され、**驚いてお捜しすると、**裏門から赤坂見附のほうへ歩いておられたり、ということもあっ**たので、ただごとではない、と精神科の先生に来診をお願いし、看護婦もお付きして、当分は大磯の別荘で静養されることになりました。

　もともと内気な方だったとはいえ、**私などとは明るく希望にみちたお話しぶりで、将来は学校の先生になって――とご利発なおことばをたのもしくうかがっていたのに、いまはうつうつとして床についておられるばかり**なのです。

『早く元気になりあそばして……』

と、ベッドの枕辺にひざまずいて幾度となく涙を流してお話ししましたが、受け応えもなく、ついに『早発性痴呆症』と診断されました。

　小学校六年生のおり母上のお膝元をはなれられて以来、あまりにも刺激が強すぎたのか、脳のどこかに弱い性質をもっておられたのか、どっちにせよ、私などがどのように心を尽くしたつもりでも、到底手の届かない深いところに、徳恵さまのご不幸はうっ積していたのです」――。

　秋の新学期は９月11日からであった。だが、徳恵は学校に出たがらない。今でいう登校拒否である。不眠症がひどく、深夜の徘徊も始まって、精神科の医師の診察を仰いだ結果、「早発性痴呆症」と診断されたとある。現在では、「統合失調症」と呼ばれる精神疾患である。

　ここまで述べた後、方子は短く結婚話を挿む。

「李王職の韓長官が京城から上京して、対馬の殿様、宗武志伯爵とのご結婚の話も起こっていましたが、この状態では、そうしたおよろこびの日がくるのは、いつのことなのか……」――。

　以下、方子の筆は翌年の徳恵の結婚へと一気に進んでしまうのだが、先の朝鮮帰郷をスキップしたのと同様、ここでも筆が走りすぎている気配があるので、本書では、発病から１９３０年いっぱいの徳恵について、もう少しじっくりと見ていきたい。

1987年に出た『歳月よ王朝よ』では、このくだりが微妙に書き変えられている。引っ越しと自身の妊娠、流産に続き、徳恵の発病が語られる流れは同じである。だが、神経衰弱になった徳恵の描写には、微妙な差異がある。

「**学校からの帰り道を友だちに付き添ってもらうことがたびたびあり、なにげなくいわれたこともくよくよ気にしたり、登校をこばむ**といった変調があらわれた」——。

学校からの帰路、友だちに送って貰うことが多々あったというのは、『流れのままに』にはなかった新情報だ。徳恵の場合、もともと登下校には付き人が付き添っているのだが、それに加え、級友の手も借りなければならなかったとすると、かなりの重症を思わせる。

「夏休みには私が付き添って**伊香保へ避暑に行ったが、一日中床についたきり食事にも出てこない状態が続いた。休みが終っても学校へ行くのをいやがった。真夜中、夢遊病者のように庭を歩き**、その足音におどろいて部屋に連れもどしたことが何度あったろう。絶望感にさいなまれる毎日だった。

精神科医の医師に療養をすすめられ、看護婦を付け大磯の別荘で静養させることになった。(中略)精神障害の診断を下され、**私たち夫婦を見分けられないこともあった**」——。

ここでも、『流れのままに』にはなかった伊香保での様子が描きこまれた。床に就いたきりで、食事もとろうとしない状態が続いたとある。『流れのままに』では、夏休み後、東京の自宅に戻って以降の話として、同じことがあげられていた。その情報が秋から夏に早められ、秋の徳恵の症状としては、兄夫婦を見分けられないこともあったという錯乱した様子までつけ加えられている。

これらの点を見ると、『歳月よ王朝よ』では、徳恵の病状について、悪化の時期を早め、かつ重く描こうとする意図が透けて見える。情報の追加や変更は、いかなる事情によるのだろうか——。

ベースとしては、１９６３年以降、夫の故国である韓国へと居を移し、韓国社会で生きていくことになった方子が、自己保身の意識から、自分ら夫妻も「日帝」の被害者であることを強調する方向に筆が傾くことはあったろう。その傾向は、１９７８年に出た『流れのままに　李方子自叙伝写真集』でも既に現れていたものの、９年後の『歳月よ王朝よ』ではさらに強くなっている。

徳恵の発病から結婚にいたる過程で、方子の自叙伝は、大事な３点において明らかな黙視がある。失念というより、おそらくは故意に記述を控えた事柄である。

その１点目は、徳恵の生母・福寧堂梁氏《ポンニョンダンヤンシ》の１周忌のことである。徳恵がそのために朝鮮に一時帰国したことが、全く触れられていない。これは、『流れのままに』も『歳月よ王朝よ』も差違はない。

あるいは、既に異常の見え始めていた徳恵を帰郷させたことが、後世から見て、李王と方子の印象を悪くさせかねないと懸念したためであったろうか……。

朝鮮でも、福寧堂１周忌の行事は、大がかりに行われた形跡がない。総督府はもとより、李王家も、世間も、すべてがその人の存在を忘れてしまったかのような印象を受ける。

ひょっとすると、母の１周忌にあたって、徳恵はそういう世の中の冷たさを嫌というほど感じ、孤独を募らせ、それが病状を甚だ進行させてしまったのではないかとも感じてしまう。

方子が黙視をした２点目は、李王夫妻の７月の朝鮮訪問である。『流れのままに』でも『歳月よ王朝よ』でも、この部分はすっぽりと抜け落ちている。

後から振り返れば、大事なこの時期、半月近くにわたって徳恵をひとりにしてしまったことは、後悔してもしきれない禍根を残すことになったのだろう。

もうひとつ、方子が語ろうとしなかった３点目は、病気の進行の一方で進められた徳恵の結婚内定への経緯のディテールである。

『流れのままに』でのそのくだりは既に引いたが、『歳月よ王朝よ』では次のように記されている。

「姫がこのような状態にあった一九三〇年の秋、李王職の韓昌洙長官が対馬藩主の血を引く宋《（ママ）》武志伯爵との結婚話をもち出した。

病気中の姫になんということをいうのだろう……。学校も結婚も回復後の話である。殿下は、徳恵姫まで日本人と結婚させてしまおうとする政治家の狡知に、憤慨の色を隠さなかった」――。

徳恵が心を病んでいるにもかかわらず、李王職の韓昌洙《ハン・チャンス》長官が強引に宗伯爵との結婚話を進めたとして、自分らは蚊帳の外にいるかのような書きぶりである。韓長官が一手に悪役にされている。

公には口にしがたい胸中の思いとして、この時期に結婚話など何たることかという感慨を抱いたことは、嘘ではなかったろう。強引な姿勢には、「憤慨」もしたことだろう。

ただ、一連の事の進行を、方子はあえてスキップしている。当時のメディアの報道をさらっていくと、方子が筆にしなかった事実がいろいろと見えてくるのだ。

結婚内定に向けた流れを、『京城日報』から追おう。

10月3日、篠田李王職次官の謹話に、「徳恵姫は成人し、まもなく御婚期に」との表現が出た。最終学年も折り返し点を越え、卒業後の結婚が具体的に視野に入ってきたのである。

10月29日、韓李王職長官謹話として、「徳恵様の御慶事　既に某御方と御内約　御婚儀は明春　御卒業後に」との見出しで記事が出た。相手方の名前こそ秘してはあるものの、具体的な縁談がまとまったことが知れる。

10月30日、「明春御卒業を待ち徳恵姫の御結婚　旧対馬藩主宗武志《そうたけゆき》伯と　結納は年内に交される」との見出しの記事が掲載された。前日は「某御方」だったが、翌日には早くも実名が出た。

この記事のなかには、「来月始め九条道実公邸にて初の御対面あり、年内に結納を交され明年春御二方御卒業を待ち御結婚の式を挙げさせられることとなった」と、今後の予定までが記された。直近の予定としては、11月の初めに、大正天皇の后、貞明皇后（当時は皇太后）の兄にあたる九条道実公爵の屋敷で、お相手の宗武志伯爵との初の対面がもたれることになったと報じている。

10月31日、「内鮮融和にふさわしい御良縁――徳恵姫の御配偶者宗伯は朝鮮と縁が深い」との見出しの記事が出た。対馬藩が歴史的に朝鮮と日本の仲介役を果たしてきたことに触れて、宗武志が徳恵の伴侶として望ましい相手であることを述べている。もとは黒田家に生まれ、幼少時に宗家に養子に入ったこと、学習院卒業後、東京帝大英文科で学んでいることなど、宗武志の人となりが紹介された。

併せて、記事のなかには、「武志の伯の生家黒田子爵は故宗重望氏の伯父に当り、九条道実公と姻戚関係にあり今回の御婚約には畏くも　皇太后陛下の御内意もあらせられた由承る」とあって、今般の縁談は貞明皇太后の意志から出ていることも明かされている。11月初めに予定される初の対面が、貞明皇太后の兄の九条道実公爵の邸宅で行われるというのも、それならば納得がいく。

婚約に至るこうした経緯を、李方子はどの自伝においても、語ろうとはしなかった。なかでも、11月初旬の初顔合わせの席について全く筆にしなかったのは、婚約にからむ自身の関わりを明らかにしたくないとの意志からであったろう。

11月7日の『京城日報』には、**「最近の徳恵姫」として、和服の振り袖姿の徳恵の写真**が載った。今見ても、実に美しい。当時の在朝日本人は誰しもがそう感じたろう。だが当然ながら、朝鮮人がこの写真を見れば、正反対の感想——歎きや怒りを抱くことになったろう。その姿は、朝鮮のプリンセスとは思えない、あまりにも日本人令嬢そのものの装いだったからだ。

お見合い写真のような出来ばえのこの写真は、いったいいつ撮られたのだろう。少女を脱した成人女性らしい面影、容姿から、近影であることは間違いない。

婚約に向けた話が進むなか、準備されたものだろうか。この写真が、宗家や九条家、果ては貞明皇太后にまでまわったのだろうか……。いずれにしても、李王家側——兄夫妻の納得がなければ、このような写真は用意されるはずもない。着物を用意し、美しく装わせ、髪を整え、化粧を施しと、それらすべての段取りを、方子の手とは無関係になぞ、できるわけもない。

「最近の徳恵姫」として掲載された振り袖姿の徳恵（京城日報、1930年11月7日より）

内心の気持ちはどうであったにせよ、方子は徳恵の婚約に手を貸したのである。11月初めの宗武志との初めての対面の日も、方子は徳恵の手を引くようにして、ともに赤坂にあった九条邸に向かい、両家引き合わせとなるその席に立ち会ったに違いないのだ。

そうした事実を、韓国に暮らす戦後の方子は、語りたくなかったのであろう。１９３０年の秋に徳恵の結婚話が出たのは、すべて「親日派」である韓長官の一存ということにしてしまった……。

徳恵の病をことさらに強調する上でいくつ

かの乱れが生じたが、その皺寄せは、精神科医の勧めによる大磯での静養時期にも表れている。方子の筆は、徳恵の大磯行きを、縁談がもちあがるよりも前の段階に登場させる。徳恵の発病に心を痛め、手を尽くしてできる限りの迅速な処置をしたと、そう主張したいかに見える。

だが、方子の主張とは異なる事実を示す記録が、『横浜貿易新報』に残されていた。1939年11月7日の小さな記事である。

「徳恵姫大磯へ 徳恵姫は五日大磯町東小磯の別邸に成らせられ当分御滞在の御予定」——。

病気療養とか静養などという言葉は使われていない。しかし、「当分御滞在」とあるので、この短い記事が、方子が筆にした「当分は大磯の別荘で静養」との記述に対応することは明白である。

問題となるのはその日付だ。11月5日——、つまり、九条邸での宗武志との初顔合わせをすませた後に、大磯に向かったことになる。方子の筆は、明らかに大磯での静養を前倒ししているのだ。実際には、徳恵の病状はどうあれ、婚約の儀が優先されたのである。

そもそも、貞明皇太后の意志から出た縁談であれば、ないがしろになどできるはずもなかったのである。韓昌洙長官ひとりが画策し奔走してという次元の話ではなかったのだ。

実情としては、一進一退を繰り返す徳恵の病状を憂いつつ、一方では、上つ方から寄せられた縁談に応じるべくもろもろの準備をし、九条邸での両人初顔合わせまでは何とか事を運び、その最重要課題がすむやいなや、徳恵を大磯での静養に向かわせたと、そのようなことではなかったろうか……。

もちろん、その間、徳恵に対しては、なだめすかし、説得を重ねたであろう。心の病気を抱えた徳恵にとって負担には違いないが、そこだけは乗りきってもらわなければならなかった。

「早発性痴呆症」という専門医の見立てはあったにせよ、それが宿痾になろうとは、この時点ではとても予見などできなかったこともある。一定期間静養すれば、それで立ち直り、もと通りの心と体に復すると、そのように希望し、信じてもいたことだろう。

それにしても、奇妙な構図と言えば言えた。王女の結婚が内定したという「慶事」を踏まえ、『京城日報』は11月に入るや、徳恵のこれまでの歩みを紹介する特集記事の連載を始めた。祝賀ムードが紙面を覆う。

その一方で、花嫁となるべき当人は、「静養」のため、逃れるように東京を離れ、大磯の別荘に引きこもってしまうのである。

お見合い写真のような振り袖姿の徳恵は、美しくはあっても、心の奥までは窺い知ることができない。誰にも語ることのできないどのような思いを胸に秘めて、徳恵は九条邸での初顔合わせに臨み、そしてその後、大磯へと発ったのであろうか……。

## 《大磯での癒しの日々》

ともかくも、11月5日、徳恵は大磯に赴いた。秋の深まる間、ずっと滞在したようである。

大磯は気候温暖、相模灘に面した風光明媚な土地で、背後には丘陵地が続き、その斜面にはミカンが栽培されていた。現在では湘南地方のミカン栽培と言うと、大磯よりも西へ行った小田原市周辺の足柄上郡、足柄下郡が盛んだが、当時は、大磯も中心的な産地だったのである。大正期に大規模に増殖が行われたという。

11月11日の『横浜貿易新報』に、大磯での徳恵に関する消息が載っている。

「徳恵姫御散歩　大磯町東小磯の御別邸に御静遊中の李徳恵姫には同町西小磯渡辺広三氏の**柑橘園に御散歩遊ばされ黄熟せる蜜柑に御興味をめされた**」――。

2週間後、徳恵は再びミカン園を訪ねた。11月25日の『横浜貿易新報』にその事実が載る。

「徳恵姫御散歩　大磯町小磯の御別邸に御静遊中の李徳恵姫には昨二十四日同町西小磯渡辺広三氏の**柑橘園に成らせられ御喜びの由であった**」――。

ローカル紙の片隅に載った、ごく小さな記事である。しかし、この時期の徳恵の様子を伝える、この上なき貴重な資料である。

どちらの記事にも、「御静遊中」とある。「静養」ではなく「静遊」とした。学校の休暇中でもないのに長期に滞在を続ける徳恵を、地元メディアはそう呼ぶしかなかったのだろう。

東京の喧騒を離れ、自身を取り巻く世のゴタゴタをも逃れて、自然の豊かなこの大磯で、徳恵の病は徐々に回復していったようである。

秋の好日、徳恵は海辺の平地にあった別邸から西小磯の丘陵地に足を延ばし、ミカン園を訪ねたという。

文中に現れた渡辺広三は、当時大磯でのミカン農家のなかでは最大規模の栽培を行っていた。西小磯にあった氏のミカン園のあたりは、今では山が切り開かれ、運動場や学園キャンパスに様変わりし、当時の面影はない。それでもところどころ、開発の及ばぬ隅の場所にミカンの木々が散見される。

短い文面ながら、記事からは、久しぶりに徳恵の生き生きとした表情が伝わってくる。黄色く熟したミカンに、徳恵は「興味を」示し、2度目の訪問では「喜んだ」とある。

小山の斜面いっぱいにミカンの木々が植えられ、緑の葉陰に黄熟したミカンが鈴なりに実っているさまが、目に浮かぶ。

勧められるままに、徳恵は木からもいだミカンを、その場で口にしたろう。皮を剝き、口に含んだミカンはみずみずしく、ほんのりと酸味を含んだ甘さが口のなかにひろがった。

もともと感受性の鋭敏な徳恵のことである。間違いなく、そこに生命《いのち》の息づきを感じたことだろう。ミカン園からは、はるかに相模灘の海原が見渡せる。空の青さを映して、波だつ海はきらきらと陽射しを返す。海面に影を落としつつ、白い雲がゆっくりと流れて行く……。

何がしか、大きな慰藉の力が自身を包むのを徳恵は感じたに違いない。生母を喪って以降、このようなやさしい力の抱擁を感じるのは、絶えてなかったことだった。

具体的な状況が変化したわけではなかった。自分の運命はとうに人の手にゆだねられ、がんじがらめにされている。縛られ、押さえつけられて、身動きがとれない。

しかしそれでいて、ゆっくりと生の力が息を吹き返すのを、徳恵は感じたことだろう。ミカンの木々、山並みや海原、空や雲と溶け合うなかから、蘇生する生命を感じていたはずだ。

解決なき解決ではあった。拒むこととてかなわぬ巨大な力への、屈服であり、妥協にすぎないのかもしれなかった。

それでも、久しぶりに笑みが出た。大磯の秋のミカン園の自然に触れて、ささやかな力が徳恵に戻ってきた。

12月16日、再び『横浜貿易新報』に徳恵の記事が出た。

「徳恵姫平塚へ　大磯町東小磯の御別邸に御静遊中の李徳恵姫には十五日午前十時頃**自動車にて平塚**

町へ御買い物に成らせらる」――。

12月15日、徳恵は大磯から車に乗り、隣町の平塚までショッピングに出かけたのである。

大磯は静かな別荘地だが、平塚には1923年に開業した十字屋呉服店があった。「呉服店」といっても呉服だけを扱う専門店ではなく、実質は百貨店の前身にあたる。ここに出向けば、いろいろな品がそろう。また、十字屋以外にも、平塚には履物や足袋を扱う老舗も多かった。

具体的に、平塚のどの店で何を購入したものかは不明ながら、町に出かけてショッピングをできるほどに、徳恵の健康は回復したのである。

大磯での日々が徳恵に慰藉を与え、生きる力を授けたのだった。

この間、『横浜貿易新報』で兄夫妻の動静を確認すると、11月16日に、「李王殿下大演習地へ」との記事があり、「大磯町東小磯の別邸から、毎日第一師団の機動演習に御参加」したと伝えている。また『官報』によれば、11月14日から16日、方子が「大磯旅行」をしたとの記録がある。

両者を併せ考えれば、11月の中頃、兄夫妻は公務を兼ねて数日間大磯に滞在したものであったろう。

興味深いのは、兄夫妻が不在の時に、徳恵が２度ミカン園を訪ねていることだ。

徳恵にとって、ミカン園は他の容喙《ようかい》を許さない、自分だけの「聖域《サンクチュアリ》」だったのだろう。

《結婚に向けて》

12月11日、『京城日報』に「東京電報」として、次の記事が出た。

「徳恵姫の御結婚　勅許あらせらる　今日明日中に非公式に発表　御婚儀は明春三月」との見出しに、以下の本文が続く。

「李王家の徳恵姫の御配偶については既報の如く対馬の旧藩主宗武志伯に御内定、その後李王職朝鮮式の手続をとるため改めて李王垠殿下の御承諾を拝し、九日午後韓李王職長官は書類を以て宮内省に結婚御内約整いたる旨届け出をなしたところ十日勅許を拝したので（中略）御婚儀は明春三月宗伯の帝大卒業を待って直に挙行される事になった」――。

宮内庁書陵部に残る資料をあたると、12月9日に、李王職の韓昌洙《ハン・チャンス》長官から宮内大臣に宛てて、徳恵と宗武志との結婚について、勅許を願う次のような公文書が出されていた。

「李徳恵殿今般従五位伯爵宗武志ト御結婚ノ儀御相談被成度李王垠殿下ノ思召モ有之候ニ付　御内意御伺方御奏上相成度此段奉願候也」――。

現代の読者には読みづらい公式文なので、読み下すと、次のようになる。

「李徳恵殿、今般、従五位伯爵宗武志と御結婚の儀、御相談なさられたく、李王垠殿下の思召《おぼしめし》もこれあり候《そうろう》に付き、御内意御伺いがた御奏上なさられたく、此段願い奉り候なり」――。

要は、徳恵の宗武志伯との結婚を、李王垠の承諾も得ているので、天皇の裁可をいただくよう、公式にお願いしているのである。

正確には、勅許のお願いを奏上したのであって、『京城日報』の見出しにあった「勅許あらせらる」は勇み足である。だが、いよいよ徳恵の結婚が天皇にまで奏上される事態となり、李王家と宗家に留まらず、ふたりの結婚が皇室をも巻き込む公式行事として動き出したことを物語っている。なお、結婚を認める勅許は1月14日に出されることになる。

奏上のため東京に出向いていた韓昌洙は、帰路、釜山で談話を発表している。

「御婚儀に就て去る六日李王殿下のお邸にて李王殿下並びに仙石宗秩寮総裁と余も列席の上御見合いを行わせられ九日宮内大臣へ御執奏方を依頼したが御婚儀は来春御二方の御卒業をまって行わせられる筈にて式は目下宗秩寮にて準備を進めているが多分内鮮の型をせっちゅうした形式をもって行われることとなろうと思う、御婚儀後の御旅行は未だ決定して居らぬ」（『京城日報』１９３０年12月14日）——。

大事な情報が含まれている。12月６日に、赤坂の李王邸で、李王と宗秩寮《そうちつりょう》の仙石総裁が列席し、韓長官も立ち合いの上で、「御見合い」が行われたというのだ。当然ながら、徳恵と宗武志のふたりも出席したことを意味しよう。11月初めの九条邸での初顔合わせに継ぐ対面となったわけだ。

なお、宗秩寮とは、旧宮内省に所属し、皇族や皇族会議、王族、公族、華族などの事務をつかさどった機関のことをいう。この日、その宗秩寮総裁が李王邸まで出向き、結婚が予定されるふたりをじかに確認し、かつ婚儀に向けた李王の意志を確かめ、その上で９日の李王職長官からの勅許願いを受領するところとなったのである。

『横浜貿易新報』には、この時の徳恵の大礒からの出入りの記録は載っていないが、この日のために徳恵は東京に一度戻り、その後再び大磯に向かい、12月15日の平塚でのショッピングとなるのである。大礒での静養の甲斐あって、徳恵の健康がだいぶ回復してきていることを窺わせる。

こうした秋口から年末にかけての、徳恵の結婚に向けた節目節目となるいくつかの重要な行事を、方子は自伝から外してしまっている。

発病から夏休み、秋へと徳恵の病状が進んだことを語った方子は、翌年の結婚に向けた展開を、すべて１９３１年になってのことと記述する。

まずは、『流れのままに　李方子自叙伝写真集』（１９７８）から見よう。

「ところが、昭和六年（＊１９３１年）をむかえて、**徳恵さまはだいぶ落ち着かれ、お食事もすすんで、お話も少しは調子よく話されるようになった**ため、宗伯爵とのご縁談も順調にすすんで、五月八日には、ご結婚式が挙げられることになりました。

この日の早いことをだれよりも望んでいた殿下と私であったとはいえ、また、小康を得られたとはいいながら、**白い洋装のお姿がなにかしらおいたわしい**思いがして、そっと涙をぬぐったことでした。

『はたして、これでおしあわせが約束されたといえるだろうか……もうしばらく、そっとしてさしあげるべきではなかろうか……』

というのが本心で、しかしそれを通せないのが実状だったのです。

『なにもはるばる東京へなどおつれしなくても、あのまま母上のもとで女学校を終えられ、だれか貴族のよい方と結婚されたほうがおしあわせだったろうに……』

結婚式場で考えるべきことではなく、思ってもならないことなのでしょうが、再発への心配と、朝鮮の血をむりやり日本の血の中へ同化させてしまおうとする当局の意図への反発も、ひそかに感じていた私でした」――。

徳恵の結婚について、その内定から挙式までの経緯が、方子の説明はひどく短い。かつ自分らの関与を匂わせない。

この点は、『歳月よ王朝よ』（１９８７）でも同工異曲である。

「一九三一年、**二十歳を迎えた徳恵姫の病状はだいぶ落ち着きをみせ、人も見分けられるようになり、**

**食欲もすすみ、会話もできるようになった。**『まだ早い』という殿下と私の意見は通らず、挙式の日は五月八日に定められた。やっと小康を得たばかりなのに、またショックを受けるのではないだろうか。いたわしさに胸がつまった。**自分の結婚を知った徳恵姫はおどろき、悲しみのあまり三日間も食事をとらず、ただただ泣きあかした。**しかし、政略で決められたことが本人の意志でひるがえるはずはなかった。

婚儀の日、細い体に白いドレスがいたいたしく、私は思わず涙をぬぐった」——。

結婚の決まった徳恵が衝撃のあまり、3日間食事もせずに泣き明かしたというのは、いったいいつのことなのだろうか——。

方子の書きぶりだと、1931年になってからのことのように聞こえるが、既に1930年11月初めの宗武志との初顔合わせ、12月6日の李王邸での宗秩寮総裁を迎えての改めての対面と、2度の大きなタイミングがあった。方子の自伝はいっさいそれらに触れてはいないが、徳恵が自身の結婚について知った（知らされた）機会は、必ずや1930年のうちにあったはずなのである。

全く別のところに、不思議な証言も存在する。

閔龍児《ミン・ヨンア》——。徳寿宮《トクスグン》内の幼稚園から日出小学校へと、徳恵の「ご学友」として選ばれた朝鮮貴族の娘である。この人が、この時期の徳恵を訪ねたとの証言を残している。

日出小学校の第31回卒業生による「誌上合同クラス会」第11号（1989）に、閔から会に寄せられた便りのいくつかが紹介されている。そのうち、1988年3月3日付けで寄せられた便りに、以下の記述がある。

「一九三一、二年頃、私が渋谷の学校におりました時、ひなまつりに徳恵様を赤坂のお住まいにおたずねし、おすしなどご一緒に頂いたことが思い出されます」――。

赤坂の家に移転したのが１９３０年3月3日なので、閔の訪問は明らかにそれ以降になるが、１９３１年の5月に徳恵は宗武志と結婚し、李王家を離れているので、閔が赤坂の李王邸で徳恵と雛祭りを一緒に過ごせるのは、１９３１年しかありえないことになる。

思い出を綴った時点から、半世紀も前のことにはなるが、一緒に雛祭りのちらし寿司を食べたという明確な記憶があるので、期日に間違いはあるまい。だが、閔の記憶のなかの徳恵に、病人らしいところは全くない。懐かしい幼なじみ、しかも朝鮮の友人を迎えて、互いに心弾むひと時をすごしたようにしか見えない。

しかし、一方では、3月27日に行われた女子学習院の卒業式に、徳恵は出席していない。卒業証書は同級生の永井節子が代理で受けとり、後から李王家に届けられている。

卒業生の記念集合写真（2点あり、秋に撮影されたものらしい）でも、徳恵は、卒業生たちの背後に、別撮りされた枠入りの写真が合成で添えられるばかりとなっている。

秋以降、全く登校しなかったに違いないが、ともかくも徳恵は女子学習院を卒業した。１９２９年の秋までの目ざましい活躍ぶりを思うと、さすがに最終学年は淋しく感じられるが、体調的な問題以上に、もう学校には行きたくない、行く必要もないという否定の意志を感じさせる。心理的には、徳恵ひとり、学校というものからとうに「卒業」してしまっていたと、そう考えることもできるだろう。

3月14日の『京城日報』は、「徳恵姫様の御結婚式　四月下旬行われる御予定」との見出し記事を掲載、韓李王職長官が東京での打ち合わせからの帰途、釜山で語ったという談話を短く載せている。

「徳恵姫様の御結婚については三月下旬御勅許を仰ぎ四月上旬御納采の儀を済ませられ、四月下旬御

女子学習院の卒業記念写真。2点のうちの1点。右は別撮りされた徳恵（右上の枠内）を拡大したもの（写真所蔵：学習院女子中・高等科）

結婚式を挙げさせられる御予定であります」――。

実際にはこの後、李王職から宮内大臣に宛てて、徳恵と宗武志の結婚の勅許を賜わりたい旨が4月10日に改めて奏上され、4月14日付で勅許が下りている。1月に続き、再び勅許が下りたのである。

興味深いのは、宮内庁書陵部に残る徳恵の結婚関連の資料ファイルのなかに、李王職長官と宮内大臣との間に交わされた勅許の申請、裁可をめぐる公文書にまじって、徳恵自身による勅許依頼書が挟まれていることだ。李王職や宮内省の罫紙に記入されたものではなく、白紙に黒字で書かれていることから、公文書ではなく、参考資料のような形で併せて提出されたものかと思われる。

**「今般従五位伯爵宗武志ト結婚ニ付　李王殿下ノ許可ヲ得候ニ付　右結婚ノ儀謹テ　勅許ヲ仰ク　昭和六年四月　日　李徳恵」**――。

建前としては、徳恵本人からの依願ということになる。「四月　日」と月は明記されているが、日付のところは空白のままだ。

筆跡を見ると、1929年正月に京城から兄夫妻に出した葉書に添えた「徳恵」の署名と酷似しているので、本人の筆になるものと思われる。

もちろんこれは、李王職長官から請われて、書かされたものであったろう。本人の結婚の意志を確認する意味と、兄である李王の同意も得ているとの、二重の保証を賢所《かしこどころ》に伝えるための文書であったかと想像される。

こうした文書が存在すること自体、あるいは、この間、徳恵が秋以来学校に出ていないことや、卒業式にも欠席したことなどが、影響したものだったろうか。女子学習院のように、皇族や華族の令嬢たちも通う学校を長期に欠席しているのだから、その情報が洩れないわけはない。

勅許の手続きが2度にわたって行われたのも、念には念を入れてという皇室側の慎重な姿勢の現れなのか、あるいは結婚を揺るがなくさせるための李王職長官の強引さと見るべきなのか、いささかミステリーの残る仕儀となっている。

4月22日、皇室の結納にあたる納采の儀がとり行われた。『京城日報』を始めとする各メディアに載った情報を整理すると、当日の進行は以下の通りであった。

午前11時、李王家の邸に、宗武志の親戚である松園信淳男爵が宗家の使者として訪ね、李王、同妃、振り袖姿の徳恵の前に結納品を奉った。その後、午後1時に、今度は李王家の使者として林李王職事務官が宗家に赴き、結納品の取り交わしを済ませ、納采の儀は無事終了したのであった。

## 《慌ただしい大磯往復の謎》

ところで、納采の儀前後の徳恵の行動について、注目すべき点がある。

4月24日の『京城日報』は、徳恵の全身立像の写真入りの記事を載せているが、「御婚儀近き徳恵姫様」と題されたその写真記事は、次のように伝えている。

「李徳恵姫と宗武志伯との御婚約は去る十四日勅許を得たので二十二日御結婚の御取交わせを行われる事となり神奈川県大磯の別荘に御滞在中の徳恵姫には二十一日午後一時自動車で大磯を御出発午後四時十分頃麹町紀尾井町の李王東京邸に入らせられた。なお御婚儀は五月上旬の吉辰を卜《ぼく》して（＊「よき日を占って」の意）目出度く行わせらるる筈である。写真は李王邸御着の徳恵姫」――。

この時期に及んでも、徳恵は大磯滞在を続けていたのだ。納采の儀の前日になって、慌ただしく自動車で東京の李王邸に戻っている。

21日の大磯からの戻りは、4月22日の『横浜貿易新報』でも確認できる。

「李徳恵姫には昨二十一日午後一時大磯駅発御帰京遊ばされた」――。

大磯から東京の李王邸に戻った徳恵
（京城日報、1931年4月24日より）

ここでは、午後1時という大磯発の時間は同じながら、「駅発」とあるので汽車による帰京のように読めてしまうが、ともかくも、納采の儀の前日に、徳恵が大磯から東京に戻ったことは間違いない。

24日の『京城日報』に載った徳恵の写真は、21日、東京の李王邸に到着した時のものだと記事にあった。縦縞のカジュアルな着物姿で、カメラに対し、しっかりとした表情の視線を向けている。

「姫様、御結婚おめでとうございます！」と声をかけたカメラマンに、襟を正してポーズをとったような写真である。凛として、とても病んだ人には見えない。

『横浜貿易新報』はこの後、4月28日にも、徳恵の消息を伝えている。

「大磯の御別邸に御滞在中の李徳恵姫には昨二十七日午前九時三十分自動車にて東京の御本邸に御帰京遊ばされた」――。

1週間以内に、2度も大磯から東京に向かったと記録されているのだ。

整理をすると、以下のようになる。21日に大磯から東京本邸に帰京。22日に納采の儀。その後、日取りは不明ながら大磯に引き返し、27日に再び大磯から帰京――。

随分と慌ただしい往復である。秋以来、大磯暮らしがベースになっていたとはいえ、何がしか秘めた事情があったような徳恵の行動である。

しかもその後、『横浜貿易新報』からは、ぷっつり徳恵の記録が消えている。

おそらくこの時、徳恵は結婚を控えて大磯生活を引き払うため、所持品や生活用品などの整理に追われていたのだろう。想像をたくましくすれば、この時、大磯の身辺にあった過去の記録、思い出となるようなものも、彼女自身の手で処分されたのではなかったろうか……。

かねて気になっているのは、徳恵の手もとにあったはずの諸々のものが、今に伝わっていないことだ。少女時代からの写真の類、日出小学校時代の恩師や旧友たちから寄せられていた手紙なども、全く残存しない。女子学習院で何度も朗読を披露するほどの腕前だった作文の類、そして何よりも、童詩や和歌などの作品が、いっさい伝わっていないのである。

女子学習院は１９４５年に戦災で全焼したので、学校側に残されていた記録がなくなったのは合点がいくとして、徳恵個人のもとにあるべき、必ずやあったに違いない詩作品が全く残されていないというのは、どういうことなのか……。ひょっとすると、結婚を前に、すべてが始末されてしまったのではないかとの疑念が、頭をかすめてならないのだ。

納采の儀を挟んでの慌ただしい大磯・東京間の往復には、そのような事情が秘められていたのではないだろうか……。

徳恵の精神を支えているのは、捨てるという一念だったのである。捨ててこそ生きることができると、良寛に出会って以来の人生観照と諦念の哲学が、かろうじて徳恵を支えていたのだ。

そのような心持ちであったからこそ、押しつけられた結婚にも何とか応じることができたのだった。先生になりたいという希望が潰え、瓦解する悲痛も、それ故にこそこらえることができたのである。崩壊の際まで進んだ心の病が、寸でのところで踏みとどまることが可能となったのも、「捨ててこそ」の哲学のお陰だった。

日本貴族との結婚は、もはや朝鮮王朝のプリンセスではなくなることを意味していた。わが家は日本にあって、祖国はもはや異国のようになる。懐かしい朝鮮語の響きも、はるか彼方に遠のき、かすかに耳底に余韻を響かせるばかりとなろう。

朝鮮と日本とのはざまに息をひそめるしかない亡国の王女が、かつて、童心を精一杯にふくらませつつ、たとえ外《と》つ国の言葉ではあっても、詩文の世界にならなら自分らしく生きることができるのではと、夢を見たのだった。暗雲が覆う世にあって、「文の林」には一条の光がさすように感じたのだ。

だが、夢ははかなく散った。幻はシャボン玉のようにはじけた。圧倒的な力で迫りくる現実の前に、空蝉の翅は無残に踏みにじられた。悲鳴も絶叫も、巨大な壁の前には全くの無力だった。

過去との決別だけが、自分に残された道だった。思い出を後生大事に抱えていても、未練に引きずられ、苦しみは増すばかりなのだ。去年の雪を探すような思いにいくら胸を焦がしても、空回りが嵩じて、虚しさに襲われるばかりだった。

捨てるのだ……。

もう、朝鮮のプリンセスではない……。何も見ず、何も語らず、何も歌わない……それこそが、望まれている道であった。失われた国の亡霊のような自分に課せられた、宿命なのである。

捨てるのだ……。

自身にそう言い聞かせながら、徳恵は、大切にしてきた過去の証の品々を、火にくべたのではなかったろうか。朝鮮で、そして日本で書き継がれてきた童詩や和歌などの作品は、炎に呑みこまれてしまったのではなかろうか……。

潑溂とした精神の動きやユーモアも、淋しさや哀しみも、願いや希《のぞみ》、祈りも、詩作品に込められてきた徳恵の思いのすべては、空へと立ちのぼり、灰となってしまったのではなかったか……。

私ひとりが抱く妄想であれば、むしろどれほどかましであろう。

4月27日に大磯を去って以降、徳恵が再び大磯を訪ねたという記録は存在しない。

ともかくも徳恵は、「聖域」となった大磯でのささやかな平安と浄福を、この最終訪問に際し、自らの手でけじめをつけ、葬るしかなかったに違いないのである。

### 《華麗なウェディング・ドレスの下に》

1931年5月8日、婚儀の日はきた。

『京城日報』での詳細な記事を軸に、他のメディアも参照しながら、徳恵の一日をまとめてみよう。

早朝から、住永女史らの介添えを得て、入念に身づくりが始まった。その後、李王・方子夫妻へ別れの挨拶を述べ、李王邸での最後の朝食を兄夫妻と共にした。

10時には天皇、皇后、皇太后から、それぞれの祝いの品（紅白の縮緬各一疋）が使者によって届けられた。10時半には、宗家から松園信淳男爵が到着、李王夫妻、徳恵に拝謁、使者の言上をなした。

11時10分、ローブ・デコルテ姿の徳恵は李王邸を出発、自動車で永田町の宗伯爵邸に向かう。李王職長官の韓昌洙《ハン・チャンス》夫妻、やはり李王職の篠田次官、林事務官、並びに使者の松園男爵が従った。

宗家では、フロックコートや紋付き袴を着た親族の人々らが門内に整列、媒酌の九条道真公爵は燕尾服にて、袿袴《うちきはかま》姿の夫人とともに、玄関で新婦一行の到着を待った。

11時15分、新婦一行の到着。十畳二間の日本間をぶち抜いて設えた式場で、神道による結婚式がとり行われた。

12月12日の釜山での会見で、韓昌洙李王職長官が、結婚式は和風と朝鮮式を折衷した形式で行われることになろうと予測したが、メディア報道を見る限り、新郎新婦が洋装であることを除けば、純然たる神式での婚儀となった。

11時45分に式は終了。新夫婦は記念撮影に臨み、正午には祝いの膳についた。

午後6時からは、霞が関の華族会館に場所を移して、披露宴となった。梨本宮夫妻、李王夫妻、李《イ・》鍵《コン》とその弟の李鍝《イ・ウ》などの親族、その他、50名ほどの招待客が参加した。

その間、徳恵の心の内を覗かせるような、彼女自身の言葉も行動も伝わってはいない。結婚により王族を抜けるにあたっての感慨など、記者団に向けた公式のコメントもない。

早朝から夜まで、大勢の人たちに囲まれ、メディアに追いまわされて、心身ともにさぞかし疲れきったことであろう。半年あまり前まで、心を病み、塞ぎこんで、日常生活もままならなかったという人にとって、その負担はいかばかりであったかと思う。

祝いの席の中心にいるのは他でもない自分なのだが、少しも自分のような気がしない、奇妙で虚ろな時間が流れて行ったに違いない。心身のストレスに耐えたのは、他人の耳には聞こえることのない、「捨てるのだ……」の呪文だったのであろうか……。

この日、京城でも、徳恵の婚儀を祝う動きがあった。朝鮮総督府政務総監の児玉秀雄が昌徳宮《チャンドッグン》を訪ね、先の李王・純宗《スンジョン》の未亡人、尹大《ユンデ》妃《ビ》に伺候して、御成婚の祝辞を述べている。また総監夫妻の名で東京に祝電を奉じ、屏風一双を献上した。

徳恵の母校である日出小学校の児童、保護者らもやはり祝電を送り、童詩の「びら」を刻んだ螺《ら》鈿《でん》細工の硯箱を献上している。日出小を離れて6年――、大山校長も真柄トヨも既に日出小に勤務はしていなかったが、「びら」はなおも、そこでは徳恵の代名詞のように語り継がれていた。

多くのメディアに、徳恵の結婚式の写真が掲載された。宗邸の庭に接した縁側の踏み石（靴脱石）の上に、ふたり並んで立ち、ポーズをとっている。

新郎の宗武志は大礼服に身を包む。長身の姿が凜々しい。新婦の徳恵は純白のウェディング・ドレス

宗武志と徳恵の婚礼写真（『徳恵翁主展』図録より）

を着て、バラの花束を胸に抱き、ドレスの長い裾を、踏み石を巻くように引かせている。結婚式を挙げて夫婦となったばかりのふたりの「晴れ姿」であった。

だが、花嫁の表情は、少しも幸せそうに見えない。無表情を固めて、何かに堪えるように、やっとそこに立っている。4月21日、大磯から東京に着いた時に撮られた着物姿の写真のほうが、よほど快活そうに見える。

泣き腫らしたような目……。李方子が『歳月よ王朝よ』のなかで語っていた3日間泣き通したというのは、結婚式を前にしてのことだったのであろうか……。

それでも、その写真には「徳恵姫様宗伯と目出度く御結婚」（『京城日報』5月12日）といった祝賀の見出しが躍った。

『京城日報』は5月9日の社説でも、この結婚について触れ、「内鮮融和の固き楔《くさび》ともなって広くその範を垂れさせられることと拝察」されると、期待を込めて祝辞を呈した。

一方で、朝鮮語新聞の『朝鮮日報』は、隣に立つ宗武志と背景を黒く塗りつぶし、ウェディング・ドレス姿の徳恵だけをフィーチャーした写真を載せている。「御婚礼衣装の徳恵翁主」とキャプションが添えられているが、何がしかの意識が働いていることは明白である。表立っては声にできない民族的憤懣がなした、ささやかな抵抗であったろう。

《発病の引き金は何だったのか》

結婚に至る本章を閉じる前に、徳恵の発病について、今一度、押さえておきたい。

心の病気について、専門家でもない第3者が、あれこれと言うのは難しい。しかし、徳恵が女子学習院の最終学年に、今で言う「統合失調症」を発症したことは、間違いのない事実である。

これまでに見た通り、いったんは大磯での静養が功を奏し、結婚できるまでに回復したものの、この先、病は再び重くなり、やがては人としての日常生活もままならぬほどに重症化し、精神病院に長く入院することになる。

いたいけな少女の印象が強烈だっただけに、娘盛りという年頃になって、突如として憂いに心を塞ぎ、もの言わぬ人と化してしまったことに、人々は釈然としない気持ちを覚え、その理由を問いたくなる。最もしばしば耳にするのは、日本が強いた残酷な留学によって、孤独と不如意が嵩じ、精神が均衡を崩したというものである。日本への非難や怒りを伴う。

蓋然的、大局的には、日本の植民地支配によって朝鮮王族が投じられることになった特殊な環境下で起きた悲劇なので、徳恵の抱えたストレスが時代状況に起因していない訳はない。まっとうでない圧力が少女を囲み、無理が重なったであろうことは、容易に想像がつく。

しかし、より正確に、科学的に言うならば、先天的な要因の可能性をも加味しつつ、複層的な原因に目を向けてしかるべきである。これまでのところ、女子学習院での活躍や奮闘ぶりは全く顧みられていないという、その1点を以てしても、きめの細かい考察が必要とされているのは言を俟たない。

ただ、仮にその病が、いずれは発症せざるをえない性質のものだったとしても、１９３０年という時点で発病するに至ったのは、何らかの引き金があったと考えるのは自然なことに思える。

いかなるストレスが、彼女を追いこみ、心が悲鳴をあげ始めたのか——、そこにはいくつかの要点がある。それが即、発病の原因だと断定はできないにしても、徳恵を囲繞したストレスの諸相を、把握しておきたい。


まず重要なポイントとなるのは、異変が女子学習院から始まっていることである。

李方子は、徳恵の発病のごく初期の段階に関して、次のように述べている。

「何か学校の友だちにいわれたことを感情的に強く受けられて、くよくよといつまでも気になさったりするのです」（『流れのままに　李方子自叙伝写真集』）——。

学校で——クラスメイトたちから得たストレスが、徳恵を苦しめている。その心の傷が大きいからこそ、秋に大磯で小康状態を取り戻しても、学校には決して戻ろうとしなかった。卒業式にも出ていない。よほど学校が嫌になってしまったのである。

かつては、そこが徳恵の奮闘の舞台であった。修辞会などでの、生徒たちを代表しての華々しい活躍ぶりは、先に見てきた通りである。それが今や、最も苦手な場所に様変わりしてしまった。

何か、いじめに近いようなことがあったのだろうか？　だが、方子の書きぶりでは、級友の発言を徳恵の側が過敏に受け取って、という風になっている。

改めて思い出されるのが、尾崎（相馬）雪香の証言である。

「私があなたの立場なら、独立運動をやっているのに、なぜ、あなたはなさらないの——？」

尾崎はこの質問をぶつけたのは、徳恵の女子学習院転入直後であったように回想している。しかし、私は尾崎の発言は、１９３０年のこの時期にぶつけられたものではなかったかと思う。というのもこの頃、朝鮮で学生による独立運動が盛んになる事件が発生していたからだ。

１９２９年秋に起きた光州《クァンジュ》学生事件——。光州学生独立運動とも呼ばれる。この年の10月30日、下校途中の汽車のなかで、朝鮮人女学生をからかった日本人男子学生らが、朝鮮人男子学生によって殴られ、日朝学生間での乱闘になった。

逮捕されたのが朝鮮人だけだったことに不満が爆発、反日独立運動へと発展し、事件の起きた光州から、やがて朝鮮全土に伝播して、学生たちによる広範な民族運動が展開された。運動は翌１９３０年まで続いたとされる。

朝鮮では学生たちが独立運動に身を削っているのに、あなたは東京で何をしているのかと、尾崎の質問は、そのような背景で発せられたものだったろう。

自由主義者として知られた尾崎行雄の娘で、物怖じしない雪香ほどストレートでなくとも、この時期、民族問題、民族感情をベースにした、ちょっとした鞘当ては、いくつも徳恵の身に降りかかってきたことかと思われる。

もちろん、全く逆の立場から、「朝鮮人はどうしてこうも反抗的なのか」と、日本民族主義からの揶揄や非難も——おそらく数としてはこちらの方が圧倒的に多く、耳に入って来ざるをえなかったことだろう。

両方の側から「攻撃」を受け、徳恵は板挟みになるしかなかったのかもしれない。身をすくめ、口をつぐんで、その場の雰囲気が他の話題に移るのをじっと待つしかなかったのであろう。

それはそのまま、韓国併合以降、日本の皇族同様の扱いを受けることになった朝鮮王族の抱えた矛盾でもあった。旗幟《きし》鮮明であることが許されず、思いのまま正直に発言することが憚られる窮屈な立場ではあったが、徳恵は自身の綴る「詩」によって、壁を乗り越えてきたつもりだったのである。

だが、やはり乗り越えることのできない絶対的な壁が存在したのである。しかも、その冷厳な事実に気づかされた場所は、毎日通わねばならない学校であり、徳恵に刃を突きつけて来るのは、他でもないクラスメイトたちだった。

他者からの難詰に対しては、寡黙を貫くしかなかった。しかしその実、その質問は、徳恵の心に残り、自問となって、胸中にこだまを響かせた。答えの出ない質問の繰り返しに、徳恵の煩悶は嵩じ、心は疲弊して行った。

彼女にとって不幸だったのは、そういう時期に、母を喪ったことであった。惜しみない愛によって悩みや苦しみを受けとめ、抱きとめてくれる、かけがえのない存在を亡くしてしまったのである。残念なことに、李堈《イ・ウン》・方子の兄夫妻は、こういう点になると、母の代わりはとてもつとまらなかった。

亡き母の1周忌に朝鮮に帰り、東京に戻ってから、徳恵の症状は悪化したようである。前年に母を亡くした直後は気丈夫に振舞うことができた徳恵だったが、あまりにも無理な頑張りを続けてきた反動もあって、張りつめてきた心がぽきりと折れ、生への意欲が一気に萎えてしまった。

床から起き上がれない、食事もとれない、学校にも行けない……など、生きる力がすっかり後退してしまった。そこへもって、降って湧いたように徳恵を襲ったのが結婚話であった。

徳恵が学校の先生になりたがっていたとは、李方子が自伝のなかで重ねて証言している。徳恵の心のなかには、童心を尊び、児童の個性を重視する教育を子供たちに施した日出小学校の恩師、真柄トヨのイメージが消えていなかったのだろう。

かつて真柄から多くを教わったように、自分も子供たち——とりわけ祖国・朝鮮の子供たちに、教えてみたい。それでこそ、自分が母とも別れ、異国で勉学を重ねてきたことの意義も見出しえると、徳恵はそう考えたのではなかったろうか。

子供たちを教える道に進めるならば、生涯独身だってかまわない。仮に、王女として生まれた身に、結婚が避けては通れないというなら、せめて卒業後の数年だけでも教育の道に進み、子供たちとの学習の場で全力投球をしてみたい。その後、しかるべき時期に、教え子たちと培った学びの手ごたえを抱いて、嫁いで行けばよいではないか。

日本人貴族と結婚するだけが結論であり目的であるならば、異郷に孤独の日々を重ね、親の死に目に会えぬようなつらさをもこらえて、いったい何のために勉強を続けてきたのだろう……。

結婚話がもたらした煩悶は、いつしか学校の問題に還って来る。結婚だけが自分の人生の目的だというなら、学校になぞ通って、勉強する必要などないではないか……。登校拒否は多重に正当化されてしまう。

もうひとつ、押さえておかねばならないのは、日本人との結婚が迫って来た時、徳恵に身の毛のよだつような恐怖心が襲ってきたはずだということである。

１９２０年に李垠・方子の兄夫妻が結婚した際、独立運動家の手になる爆弾によって夫妻の暗殺計画が練られたことがあった。これは未然に防げたが、１９２２年、生後８カ月の長男晋《ジン》をつれて朝鮮を訪問した折には、徳寿宮《トクスグン》の内部で、赤ん坊が命を絶たれるという悲劇が起きた。この時10歳になろうとする徳恵は、そのあまりの衝撃に、拭いきれないトラウマを残すことになった。

朝鮮のプリンセスが日本人と結婚したならば、民族の羞恥であるとして、自分を狙う人間が出現しないだろうか。爆弾を投げつけられ、子供ができたならば毒殺されることになるのではないだろうか……。また逆に、日本の国粋主義者からは、日本の血を汚したと罵られ、襲撃されるのではないだろうか……。

恐怖心が徳恵の心を狂わせ、一気に平衡感覚を失わせることになった可能性は否定できない。

こうした事柄が、１９３０年の初夏に、集中的に徳恵を襲ってきたのである。繊細な徳恵の心は、その重荷に耐えきれず、潰れてしまったものだろう。

一度は回復の兆しを見せたものの、それは一時のことで、統合失調症という病は、やがて、この聡明ですぐれた感性をもち、詩才に恵まれた類まれな女性を、すっかり呑みこんでしまうのである。

# 第8章　もの言わぬ人

## 《宗伯爵夫人として》

李徳恵は宗徳恵となった。

結婚を報じた1931年5月9日の『京城日報』によれば、「御里開き」（里帰りのこと）は10日と決定とあるので、婚儀から2日後には、新婚夫婦そろって、李王邸に挨拶に行ったものと思われる。当時の宗武志の屋敷は永田町にあったので、紀尾井町の李王邸とは、実際には目と鼻の先であった。妻の実家への挨拶はそれでよしとされたが、夫の実家への挨拶は簡単にはいかなかった。旧対馬藩主の家柄である。対馬までの長旅に徳恵が耐えられるか、タイミングが見図られることになった。

東京の国会図書館が保管する斎藤実関係文書のなかに、結婚後ほどなくの徳恵の様子を窺わせる資料を見つけた。朝鮮総督府の通訳官であった田中徳太郎が、東京から斎藤総督に宛てて5月21日に出した短い報告である。

「**徳恵姫現今に於ては御病気**拝せざるに至れり　李鍵公御婚約　李堈殿下十三日別府御出発　朴泳孝孫女御縁談　住永表彰の件は下条賞勲局総裁を訪ね更に依頼」――。

東京消息のメモのような短い内容ではあるが、徳恵が病気なので面会できなかったということが報告されている。「御病気」が即、統合失調症が悪化したと見るのは早計かもしれないが、徳恵が結婚後、体調を崩した事実が窺われる。対馬訪問はすぐには決まりそうにもなかった。

徳恵の結婚から2カ月後、7月5日の『京城日報』は、かつて徳恵との関係の深かったひとりの人物の消息を伝えている。

「佐田至弘氏　東京へ　京城引揚げ」――。この見出しの後、記事が以下のように続く。

「半島の子供からお話のおじさんとしてまた各方面の家庭から大衆的支持を得ていた朝鮮児童協会童心社主佐田至弘氏は朝鮮における児童愛護思想の普及と、婦人の自覚運動に専心し、自ら社会教育的実際運動に奔命すること十有余年、その間始終奉仕活動を以て斯界のため貢献をして来たが、今回更に全日本的に活躍することとなり本月下旬京城を引あげ東京に永住することとなった。同氏の業績中徳恵姫の童謡発表の光栄をになない、大正十二年の関東震災当時は東京において三ヶ月間朝鮮のために奮闘し（後略）……」――。

佐田至弘（草人）は徳恵の童詩を誰よりも愛し、その詩才を賞讃してやまなかった。関東大震災後に東京を訪ねた折にも、朝鮮のプリンセスの童詩を喧伝してまわった。その熱心な「伝道」が黒沢隆朝《たかとも》のような一流音楽家の目にとまり、徳恵の詩に曲がつけられる契機となったのである。

徳恵の詩の広報役のような役割を進んでしてきたその人が、今や朝鮮を去る……。輝かしい詩才を発揮した朝鮮の王女が宗武志夫人となって、佐田もひとつの役割を終えたのだろう。

佐田は帰国後、9月17日に東京放送局の「子供の時間」に出演、徳恵の童謡について語り、朝鮮人少女に朝鮮の童謡を歌わせている。日本に戻ってもなお、徳恵の詩才を誉め、童話童謡を軸に朝鮮について語るという「余波」もあったが、やがて時の波に呑まれるようにフェイドアウトしていく。ひとつの時代が、終焉したのだった。朝鮮のプリンセスにとっても、その類まれな詩才に惚れこんだひとりの男にとっても……。

佐田が朝鮮を去ったちょうどその頃、朝鮮王族と日本の華族との間に、「内鮮融和」の好例となる、もうひとつの縁組がまとまった。

高宗の5男、李堈《イ・ガン》の長男である李鍵《イ・コン》と、広橋誠子（本名は松平佳子。海軍大佐・松平胖の娘。広橋真光伯爵の養妹となる）との間に縁組が成立、7月9日に公式発表された。

李鍵は徳恵からすると、異母兄の息子となるが、1909年生まれなので、3歳年上になる。京城の日出小学校に学んだ後、東京の学習院に留学、そこから陸軍士官学校に進み、1930年に卒業、陸軍騎兵将校となっていた。もちろん、徳恵の結婚式にも、列席していた。

李鍵と広橋誠子の結婚式は10月5日に行われた。渋谷常盤松にあった李鍵公邸にて挙行された結婚式には、徳恵も夫とともに出席している。

10月20日には、兄の李垠《イ・ウン》の誕生祝いに、宗武志とともに李王邸を訪ねている。10月に現れたこれら2つの消息から、結婚から半年近くがたち、徳恵の病状が落ち着いていることが窺われる。

なおこの頃、宗武志は徳恵ともども、永田町の家を引き払い、上目黒に新たな住まいを贖い、そちらに引っ越している。この移転も、徳恵の体調の良好なことを窺わせると見てよいだろう。

## 《対馬訪問》

徳恵の状態が安定していたからこそであろう、10月の末から、いよいよ宗武志の故郷である対馬への訪問が挙行されることになった。

宗夫妻の対馬訪問は、メディアには載らず、ここで紹介する訪問の日程や行程については、基本的に、本馬恭子氏の『徳恵姫　李氏朝鮮最後の王女』（1998　葦書房）からの孫引きになる。本馬氏の親族で対馬に住んでおられた平山為太郎氏が、この時の宗夫妻の訪問について日記に書き残していたので、ディテールを知ることができるのである。

それによれば、10月27日に、夫妻は東京を発ち、途中、神戸に立ち寄り、故・永留小太郎の墓を詣でた後、10月30日夜11時半、対馬に到着したという。深夜にもかかわらず、港には多くの人々が出迎えた。

永留小太郎は対馬出身の篤志家で、宗武志が対馬宗家を継ぐにあたって尽力した。川崎造船所の専務をしていたが、1930年に没している。宗武志としては、前年に亡くなった恩人に結婚の挨拶をしてから、対馬に入りたかったのであろう。

実はこの時、新婚の李鍵《イ・コン》と誠子夫妻も、夫の故郷である朝鮮訪問のため、東京を発ち、西へと旅を続けていた。

10月27日夜に東京発。伊勢神宮、桃山御陵などの参拝を経て、31日夜に釜山着、11月1日の朝に京城到着。滞在1週間あまりの後、9日朝に京城を発ち、帰東の途に就いている。

驚いたことに、東京出発が10月27日と、徳恵らと同日なのである。李鍵夫妻は夜の列車だった。徳恵と宗武志の方は、出発時刻についての確認がとれないが、同日出発が偶然でないならば、同じ列車に乗り込んでいた可能性は充分にあるであろう。

宗武志は永留小太郎の墓参のために神戸で途中下車している。李鍵夫妻は伊勢神宮と桃山御陵参詣のため、やはり関西で下車している。東京を同じ汽車で発ち、ともに関西で降り、おそらくは関西で1泊か2泊し、再び西へと向かったならば、少なくとも船（これは別々）に乗るまでのかなりの行程を、ともにすることは可能であったかと考えられる。

ここで思い出されるのは、1年半前、徳恵が生母・福寧堂梁氏《ポンニョンダンヤンシ》の1周忌に朝鮮に帰郷した際、やはり李鍵が影のように寄り添いながら同道したという事実である。

今回も、徳恵の対馬訪問に際して、同じ方法がとられたのではなかったろうか。宗武志からの要請によるのか、李鍵からの申し出があったのか、裏事情は定かでないが、久しぶりの長旅を、親族も同道することで、徳恵を安心させ、心理的、肉体的ストレスを減じようとしたのではなかったろうか――。

本馬氏の著書に戻ると、対馬での行程については、以下のようになる。

11月1日、10時過ぎに中学校、築城支部の公式訪問の後、平山為太郎宅を訪ねる。午後1時、女学校訪問。徳恵による記念樹の植栽。

11月2日、午後3時より金石館にて宗伯爵歓迎会。出席者多数、5時散会。

11月3日、対馬での宿舎となった古森邸で宗武志を囲んで平山、古森、斎藤家令と談話中に徳恵が現れ、声を出して笑うなど異様な行動を見せる。

11月6日払暁、対馬を発つ。

このうち、徳恵がらみで最も気になるのは、11月3日に彼女が見せたという奇矯な振舞いについてである。『平山為太郎日記』から、問題個所の原文を引こう。

「午前十時古森邸に伺候し一昨日の御来駕及御贈物の御礼を言上す。古森氏・斎藤家令・伯爵と四人絵画の談及蘭の培養等につき長時間談話をなす。其央に**徳恵夫人も突然来席あり。挨拶を述べしも一言の詞なく答礼ありしのみ。然して絶えず声を出して失笑せらるること数次、真に病的の挙動なり**。伯爵の御胸中果して如何、嘆息の至りなり。同家にて昼食をなし、鶏知の司令官の招待にて午後より浅海見物の御出発あり、之を御送りして帰宅す」――。

当日の様子を目撃した人がその日に綴った内容なので、後の病状悪化による影響を受けていない、生の記録になる。しかしこの時、第3者の目に、徳恵の態度は明らかに常軌を逸したものと映った。

対馬で撮られた写真が残されている。徳恵と宗武志と、ふたり並んで宿所の庭先で撮影されたものだ。宗武志はモーニングの正装姿、徳恵は円い耳あての付いた帽子（キャップ）で頭をすっぽりと覆い、やはり洋装で、襟と袖に毛皮をあしらったコートを着ている。

一見して目につくのは、徳恵のいかにも華奢な姿だ。結婚直前、納采の儀の前日に撮られた和服姿の時に比べ、かなり痩せている。はかなげな印象だが、それでも、カメラに向けたその顔にはうっす

対馬を訪れた宗武志と徳恵（『徳恵翁主展』図録より）

らと微笑が浮いている。

その微笑は、決して「失笑」には見えない。異常な顔相ではない。環境の変化による不調はあったろうが、一方での、伴侶を得た新婚女性としての幸福も、ほの見える気がする。

宗武志は、カメラから少し視線を外し、立っている。凜々しいが、ちょっとポーカーフェイスで、心模様までは窺い知ることができない。時折、精神の不安定を垣間見せる新妻の病について、口をつぐむことを決した故の無表情だったのであろうか。

対馬訪問に際し徹底してメディアを遠ざけたこと、そして、李鍵の朝鮮訪問と密かに予定を合わせ、同行した可能性などを考え合わせると、宗武志は徳恵を守ることに、たいそう気を遣っていたことが知れる。それが、縁あって夫婦となった女性に対し、夫として捧げることのできる愛情だと、宗武志は信じたのであろう。

徳恵と宗武志には、共通点があった。ふたりともに、小学校5年生の時から親元を離れ、淋しい境遇に学び、育った。徳恵に対し、宗武志にはひとかたならぬ同情心があったと思われる。そのあたたかなやさしさに触れて、徳恵の側にも、次第に安心感や信頼感が芽生えていったことだろう。対馬での写真で、徳恵の表情に和みの微笑が浮かんでいるのは、そうした現れであったろうか……。

それでも、ふとした折に、つむじ風が舞うように、徳恵の心持ちに乱れが生じてしまう、そのような病勢であったかと思われる。

島民たちは、旧藩主にあたる宗家の御曹司が結婚し、故郷に錦を飾るというので、夫妻を大歓迎した。また、対馬の朝鮮人たちも、宗夫妻の結婚を賀し、「李王家宗家御成婚記念碑」を建て、厳原八幡宮の向かいの地に設置した。この奉祝記念碑は、戦後、宗武志と徳恵が離婚するのに伴い、設置場所から払われ、廃棄処分となっていたが、近年復元されて、今では厳原の金石城跡に置かれている。

なお、本馬氏の著書によれば、『平山為太郎日記』とは別に、宗夫妻が対馬滞在中、宗家文庫を訪問したとの記録があるという（『対馬風土記』第33号　編集後記）。宗家文庫とは、日朝の架け橋をつとめてきた対馬宗家に伝わる膨大な歴史資料のことで、当時は厳原の根緒屋敷跡に保管されていた。

日本と朝鮮との間に繰り広げられてきた５００年を超す交流の記録を目の当たりにして、徳恵は何を思い、感じたことであろう。長い絆の果てに、自身の結婚があることにも、意識は及んだであろうか……。

残念なことに、対馬での徳恵の言葉や思いを窺わせる行動は、伝わっていない。女子学院の後期第２学年までの知性と感性を失わずにいたなら、深い歴史をもち、自然の美しい対馬を訪ねて、徳恵の胸に必ずや泉のように溢れるものがあったであろうに、いっさいはベールに覆われてしまっている。あれほど豊かだった詩を生み出す言葉の森、「文の林」は、悉く枯れ果ててしまったのだろうか……。

１週間ほどの対馬滞在を終え、徳恵は東京への帰路についた。

朝鮮とは目と鼻の先という距離にまでたどり着きながら、祖国にまで足を延ばした形跡がない。母なき故国にどれほど望郷の念があったものか、それも不明である。

船の進むにつれ、島の山々が遠ざかって行く。その彼方には、朝鮮の大地がひろがっている。

去り行く海原に尾を引く白い航跡を目にして、朝鮮と日本を隔てるその海をかつて何度となく往復した記憶が、徳恵の胸に蘇ってくることはなかったのだろうか……。

## 《正恵誕生》

東京に戻った徳恵は、上目黒の新居にて、宗伯爵夫人としての静かな暮らしに戻った。

既に朝鮮のプリンセスではなく、こうして家庭に引き籠ってしまうと、徳恵の「言葉」捜しは極めて困難になる。言葉はおろか、どのような日々を重ねていたのか、情報がまるでない。

1931年の暮れに、李王妃方子が待望の王子を出産した。年明け早々、玖《グ》（きゅう）と命名された。兄夫妻に訪れた慶事なので、徳恵からの何らかの祝意が寄せられたに違いないが、形として伝わるものがない。

1932年（昭和7年）が明けた。宗武志邸は、新春の喜びに重なる、もうひとつの喜びに沸いていたはずだ。徳恵が身ごもったのである。予定日は夏であった。

5月6日の『京城日報』に、懐かしい人の名前を見つけた。

「子供の個性を正しく伸ばしたい　幼稚園から家庭へのお願い　京城幼稚園　真柄先生のお話」という見出しで、京城幼稚園園長の取材記事が載っている。フルネームでの紹介はないが、かつて日出小学校で徳恵を教えた真柄トヨであると見て間違いあるまい。

9年の月日がたち、また小学校から幼稚園へと場を移してもいるが、なおも子供の個性伸長に重きを置き、児童教育を実践している姿は、いかにも真柄その人らしい。

徳恵の動静が記事に現れるのは、7月13日――。前年秋に李鍵《イ・コン》と結婚した誠子が身ごもり、渋谷の李鍵邸で「御着帯式」が行われる様子を伝えたなかに、徳恵が登場する。

『京城日報』は、「李鍵公妃殿下　きょう御着帯式」の見出しで、以下の記事を掲載した。

「東京電報　李鍵公妃誠子殿下には御懐妊九ヶ月にわたらせられるので、十二日午前十時渋谷の御殿において坂田助産婦沼野御用取扱等の御介添えのもとにめでたき御着帯式を行わせられた。両殿下には同日午後六時から御殿に李王同妃両殿下、李鍝公殿下、妃殿下御里方の松平夫妻、広橋伯夫妻、宗伯夫妻をお招きのうえ御内宴を催させられる」――。

祝いの晩餐に、親族として徳恵と宗武志も招かれたのである。ただし、記事では「宗伯夫妻」という呼称となり、「徳恵」の名前は現れなかった。

夏の盛りの8月14日の朝、徳恵は女児を出産した。正恵と命名された。

奇しくも同じ日に、李鍵公妃誠子夫人も、長男・沖《チュン》（ちゅう）を出産した。

8月16日の『京城日報』は、「李鍵公妃殿下　男子御分娩」という記事を載せたすぐその下に、小さな扱いではあるが、「**徳恵姫様　女子御分娩**」という記事も併せて掲載した。

「李王職発表＝十四日東京上目黒宗伯爵家大浦執事より篠田李王職長官に左の電報があった。
**宗伯爵夫人『徳恵様』は今朝（十四日）七時頃女児御安産遊ばさる**」――。

小さな記事ではあるが、「徳恵姫」「徳恵様」の名が、久しぶりに『京城日報』に載った。そして、私の調べた限り、これが、徳恵について『京城日報』が伝えた最後の記事となる。

なお、徳恵出産の報せを受け、京城の尹大妃《ユンデビ》から、正恵用に幼児の韓服が届けられた。

徳恵は出産後、病状が悪化したといわれる。この先、徳恵の病気が進行していくことは確かなことながら、はたして本当に出産が悪化を促したものかどうか、医学的な因果関係は不明である。

一方では、真逆の証言も伝わっている。

『わが赤煉瓦の学び舎　京城日出小学校百年誌』（１９８９）に、日出小学校時代の同級生で、「ご学友」

の一人にも選ばれた末松（高橋）下枝子が「徳恵様の事ども」という文章を寄せているが、そのなかで、最後に徳恵に会った思い出として、母となった徳恵を訪ねたことが回想されている。

「それから何年かの後又一度お目にかかる機会がありましたが、その時には**可愛い赤ちゃんがおいでした。やや面長の色白で、目のパッチリした、徳恵様そっくりの赤ちゃん**に見とれたことでした。ということは既に宗伯爵夫人であられたことなのですが、それがいつであったのか前後のことも全く覚えておりません」――。

赤ん坊と一緒の徳恵に会ったというのだから、出産の年の1932年か、せいぜい翌33年のことになる。末松下枝子は、父親が李王職事務官だったので、この時も父に連れられて上京し、上目黒の宗伯爵邸を訪ねたものだったろう。

末松の記憶は徳恵によく似た赤ちゃんの可愛らしさの印象に集中してしまっていて、徳恵の様子には全く触れられていないが、若き母親のイメージを逸脱するような異様な記憶は何も残っていない。少なくとも、徳恵は懐かしい旧友を迎え入れ、わが子を紹介しているのである。面会が可能な状態だったという証にはなるだろう。

対馬訪問の折の徳恵の異様な行動を、『平山為太郎日記』に見つけ出したのは本馬氏の功績だが、それによって、結婚前に小康状態を得た徳恵の病が再発し、一気に病魔に侵されてしまったと考えるのは、早計なようである。

徳恵の病勢は、結婚後、出産後も、崖から落ちるかのように、一瀉千里に進んだわけではない。時に常態を逸して異様に見えることがあっても、健常者と何変わらず見える時もありと、症状はまだらに現れたようである。

ただ、いつ変調をきたすか、予測もつかないので、おのずと外出の機会は減っていったかと思われる。上目黒の自宅に引き籠って、人目につかない日々が続くことになった。

## 《流麗な徳恵の葉書》

1933年（昭和8年）、34年と、徳恵の記録は見当たらない。

1934年の4月に、宗武志が『対馬民謡集』を出版した。宗にとって、初めての著書である。徳恵にとっても喜びだったはずだが、彼女の「言葉」は伝わっていない。

この年の8月1日の未明、上目黒の宗武志の屋敷のすぐ近くの工場で火事騒ぎがあったが、混乱にまぎれて宗邸に泥棒が侵入した。翌日、朝日新聞に「宗伯邸へ怪賊　近火のどさくさに」と題する小さな記事が出た。

「同邸の二十名近い召使が大騒ぎをやっている隙に階下六畳と八畳、十二畳、それに続いた書斎の押入れや箪笥が引かき廻され、同家先代で南画界で有名な重望氏*1（号星石）の山水軸物、プラチナ懐中時計、金鎖、金縁眼鏡、伯爵夫妻の夏服十三点がこのドサクサの間に盗まれているのを発見、火事より驚いた召使達は青くなって目黒署に訴え出た。（中略）伯爵夫妻の寝室や重要品のある表応接室は鍵がかけられて侵入出来ず」――。

この記事によって知られるのは、宗武志の屋敷で働く使用人が20人近くもいたという事実である。未明のボヤ騒ぎに巻き込まれた話なので、その使用人はすべて住み込みの人たちであろう。戦前の華族の暮らしぶりの豪勢さが偲ばれる。

盗難に遭った被害品には、徳恵の服も含まれていた。また、夫妻は同じ寝室に休み、そこは鍵のかかる部屋だったという。

そういう、徳恵の暮らす環境の一端は覗かれるものの、徳恵の思い、盗難事件への反応などは、残念ながら全くわからない。

1935年3月、李鍵《イ・コン》・誠子夫妻に次男・沂《ギ》（き）が誕生した。

同年4月、千葉県柏に道徳科学専攻塾が開設され、宗武志は講師に就任した。

「道徳科学（モラロジー）」は、1928年に、広池千九郎によって提唱された道徳教育の実践哲学で、宗武志は1932年に広池の講義に参加し、以後の人生に決定的な影響を受けるに至った。病気の妻を抱えた懊悩が、その道に近づけたとする見方もある。

宗武志は、週に数日、上目黒の家から柏まで電車で通うことになった。常磐線で、三等車に学生とともに乗り合わせることもあったという。身分は華族であっても、飾らぬ人柄であった。

5月3日、李鍝《イ・ウ》と朴賛珠《パク・チャンジュ》の結婚式が行われた。新郎の李鍝は李堈《イ・ガン》の次男で、李鍵の弟にあたる。「内鮮融和」の名目で、日本女性と結婚させようとする宮内省や李王職の圧力に逆らい、朝鮮女性との結婚にこだわり、意志を貫いた。

新婦の朴賛珠は朝鮮貴族の朴泳孝《パク・ヨンホ》侯爵の孫娘で、京城女子高等普通学校を卒業後、1932年から女子学習院本科後期第2学年に転入学、34年に卒業している。

結婚式は東京で行われ、本来出席してしかるべき徳恵だったが、その記録がない。体調が許さなかったのだろう。

１９３６年2月26日、雪の降る東京で、陸軍青年将校によるクーデターが発生、いわゆる「２・26事件」が起きた。内大臣だった斎藤実は、私邸で殺害された。春子夫人が反乱軍の前に立ちはだかり、夫をかばったが、斎藤は凶弾に倒れ絶命した。春子自身も負傷したが、命はとりとめている。

日出小学校時代、徳恵は何度か朝鮮総督だった斎藤に会っている。級友たちと総督邸に呼ばれ、夫人からもてなされたこともあった。

縁ある人の悲報を耳にし、徳恵が何を感じたのか、やはり伝わるものはないが、恐怖をつのらせたことは想像がつく。坂道を下るように時代が転落して行くことを、東京の片隅の私邸に引き籠りながら、徳恵には何がしか、感じるところがあったものだろうか……。

４月、宗武志は道徳科学専攻塾に勤めつつ、東大大学院に入学し、英語学者の市河三喜のもとで学び始める。

徳恵に関してはずっと記録がなく、闇に閉ざされたような状態が続いてきたが、突如として、彼女の「肉声」が現れる。

義姉の李方子に宛てて、宗武志・徳恵の連名で書かれた葉書で、２０１２年12月からソウルの古宮《コグン》博物館《パンムルグァン》で2カ月半にわたって開かれた「徳恵翁主展《トッケオンジュ》」に出品された。もとは、在日韓国人の河正雄《ハ・ジョンウン》氏が収集したコレクションに含まれていたものである。

差出人は夫妻連名であっても、草書体、崩し字で綴られた流麗な書体が女文字であることは明らかで、内容的にも徳恵の書いたものと判断してよいかと思われる。

**「今年は別しての御暑さで御座いましたが　御三方様共些《いささ》かも御変りいらせられませず何よりの御事**

と存じ上げます。又白馬へ御登留遊ばされました由承りましては仙境の景観いかばかりかと拝察致しました。いづれ御写真なりとも拝見させていただきまして居ながらにして名所を知るの光栄に浴したきものと存じて居ります。此度はまた

梨本宮様対馬御視察の御予定をほのかに承りました。離島の民も撫《さぞ》かし感激いたします事と存ぜられます。東京もいつしかやら秋めきまして目黒あたりのいぶせき家居に虫の声しきりで御座います。

九月一日　武志　徳恵」――。

現代の読者にわかりやすくするため、2カ所ほど、漢字にルビを振った。また、「梨本宮様」から改行になっているのは、原文のスタイルを踏襲したものである。

問題となるのはこの葉書の文面が書かれた時期であるが、初の披露となった古宮博物館での展示会では、「1940年代」と推定されていた。その根拠は不明だが、その後、文面を委細に検討することで、私なりに執筆時期を特定することができた。

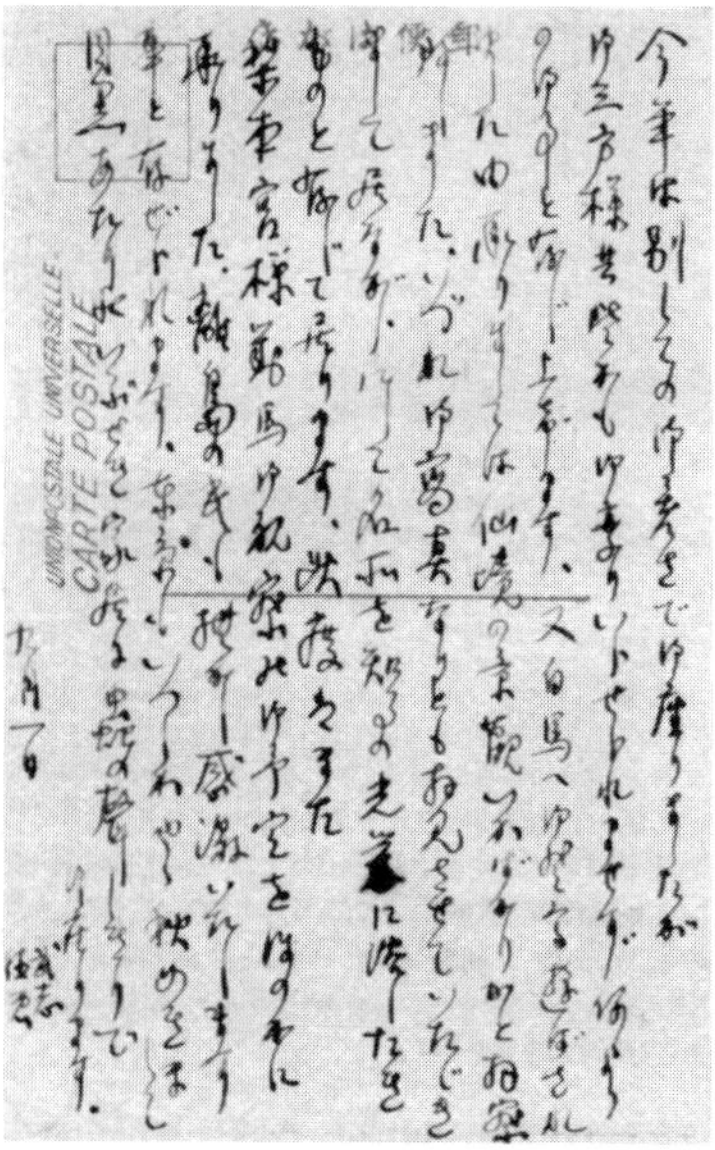

宗武志・徳恵の連名で義姉の方子宛てに出された葉書（『徳恵翁主展』図録より）

1936年の夏、李垠《イ・ウン》と方子は夫妻そろって白馬を訪ね、高山植物学の権威である河野齢蔵の案内を得て、白馬岳に登山を楽しんでいる。李垠は1934年の夏、松本にある河野の家で高山植物を見学、それが2年後の白馬登山につながった。

この事実を踏まえることで、突然に現れた「宗武志・徳恵」連名によるこの葉書が、１９３６年９月１日に書かれたものであることが判明したのである。

この葉書の裏面は文章で埋め尽くされているが、表側の方は「道徳科学専攻塾大講堂」のキャプションが入った写真である。つまりは、この葉書の正体は、１９３５年に開設した宗武志の勤め先で特別につくられた写真入りの絵葉書なのである。

夏の白馬から便りを寄せた義姉の方子に対し、徳恵は夫の勤務先の葉書を使って返信を出したのである。妻として、行き届いた配慮に違いない。

文面のしっかりした内容から言っても、葉書を埋める文字の達筆ぶりから言っても、これが統合失調症を患っている人の手になるものとは、にわかに信じがたいほどだ。

それでも、病を窺わせるところが1カ所だけ存在する。いずれ白馬の写真を見せてもらい、「居ながらにして名所を知るの光栄に浴したきもの」としている部分である。どれほど素晴らしい景観も、自分は「居ながらにして」味わうしかない……。外出のままならぬ事情を裏づける物言いとなっている。

これほどに聡明で、理路整然と文章を綴れる人が、外出できないのである。外での予期せぬ「発作」を怖れるからであったろうか、あるいは、対人恐怖症のように、人々の前に出ると恐怖を覚えてならなかったからであろうか……。

いずれにしても、新資料としてこの葉書が出現したことによって、１９３６年時点での徳恵の病勢が改めて確認できるところとなった。正恵を出産してから既に4年がたつが、徳恵の精神は崩壊などしていない。不安定さを抱えて、外出を控えねばならないことはあったにせよ、精神状態が安定している間は頭脳明晰で、活き活きとした感情も失われていない。

結婚し、出産をして以降は、一気に病が重症化してと、そのように語られがちな徳恵だが、ひたすら病に塗り込めてしまうのは過ぎたる思い込みであろう。

＊1　宗重望（1867〜1923）。対馬藩主、宗義達の息子に生まれ、伯爵、貴族院議員となる。号を星石と称し、文人画に詳しかった。重望の死去に伴い、従弟の武志が宗家を継いだ。

## 《内側から見た宗家》

1937年（昭和12年）6月5日、ラジオの子供の時間に宮城道雄の「蜂」が放送された。当日の『都新聞』に、宮城のインタビュー記事が載っている。

「今晩放送の『蜂』は大正十二年の作、歌詞は李王殿下の妹君に在らせられる徳恵姫（現宗武志伯夫人）が未《いま》だ小学校へ御通いになって居られた時分にお作りになった童謡であります。恰度《ちょうど》私が京城へ参りました際、当時の総督故斎藤実氏の御依頼で作曲したものであります」――。

久しぶりにメディアに登場した徳恵の名とその詩作品である。その夜、宗武志の家では、一家そろって、放送を聴いたのだろうか……。

この年、娘の正恵は5歳になる。体調がすぐれず、家に引き籠り続けるしかない母にも、輝かしい少女時代があり、かつ類まれな詩才の持ち主だったことを、正恵は理解したであろうか。

そして、14年前、宮城道雄が朝鮮を訪れ、徳恵の童詩に作曲し、京城公会堂でともに舞台に立ったことを、ラジオ放送を聴きながら、徳恵は思い出すことがあったのだろうか……。

家族そろってこの放送を聴けたならばよいが……その思いが離れない。というのも、ひとつの疑問がどうしても解けないからだ。宗武志は徳恵の詩才をどの程度理解し、尊重していたのだろうか――?

宗武志はヒューマニストであった。人間としての美質に加え、文才にも恵まれ、詩人としてもいくつもの詩集を出した。それでいながら、妻の書いた詩に対する態度が見えない。徳恵の作品の何がしかを愛誦したというような話も伝わっていない。

徳恵との離婚後、宗武志が1955年に再婚した良江夫人は、前妻の詩才について、夫から聞かされたことは全くなかったという。徳恵との共感のベースにあったものは、小学校5年生の時から孤児同然に異郷に暮らすことを強いられたという少年少女時代の孤独であって、詩がふたりをつないだというようなことを、宗武志は口にしたことがないという。

宗武志にとって、徳恵はあまりにも長い間、病を患う人であった。そのために、心身ともに元気だった頃に徳恵その人を輝かせた詩才については、遠い過去の勲章のように感じていたのかもしれない。たとえ時間は経過したにせよ、日出小学校や女子学習院時代の詩を、まぎれもない徳恵の生の証として大事にする方向には、心向きが進まなかったようである。

娘の正恵が成長するにつれ、徳恵が「蜂」や「雨」、「びら」などの詩を詠んだ年ごろと重なってくる。もし、家庭のなかにあって、徳恵の詩がなおも「現役」として尊ばれ、愛誦されていたなら、この家族を襲った運命も、いくらかは違ったものになったのではないだろうか……。

1938年、上目黒の宗武志邸に、対馬から上京した新たな使用人が加わった。宗の小学校時代の恩師の娘で、国枝といった。

もともとは東京に生まれ育った宗武志は、1918年に対馬に移り、2年間、厳原尋常高等小学校に学んだ。その時の担任教師・米田隆太の娘が、20年後、東京に出て、宗武志邸に住み込みで働くことになったのである。

働き始めたのは1938年の秋頃で、国枝は18歳だった。宗邸では、主として正恵の勉強や遊び相手をつとめ、掃除や縫物もしたという。1940年まで、2年間、宗邸に勤めることになった。なお、正恵は1939年春に女子学習院初等科に入学、上目黒の自宅から青山まで通うようになった。国枝は学校への送り迎えもしたという。

本馬氏は、『徳恵姫　李氏朝鮮最後の王女』を執筆するにあたって、この対馬出身で、かつて宗邸に勤め、結婚後は中村姓を名乗る女性にインタビュー取材をし、その話を詳しく著書に載せている。内部から宗家の様子を伝える貴重な証言である。

中村国枝氏の回想によれば、当時、宗武志の屋敷では、10数人の使用人たちが働いていた。使用人たちは、宗のことを「伯爵様」、徳恵のことを「御前様《ごぜんさま》」と呼んだ。

応接間のある表向きの用は、大浦常造執事を中心に切り盛りされた。大浦は敷地の一角に家をあてがわれ、家族とともに暮らしていた。奥向きの用は、元看護士の和田という30代半ばの女性が取りしきっていた。料理は李王家からついてきた石井千代が中心にあたった。表と奥の間には、事務室があった。

徳恵は寝室のある奥の2階をベースに暮らしていたというが、当時の徳恵の具体的様子については、中村国枝氏本人にそのまま語ってもらおう。

「徳恵様のお世話は、（宇都宮から来た）ミヨさんと和田さんの二人が主にしていました。お召し物は洋服のことも和服のこともありました。具合のよくない時、お寝巻にガウンをかけたお姿も多かったようです。**時たま、二階から正恵さんの部屋に下りてきて、椅子にじっと座っていらっしゃることもありました。**きっとミヨさん達がお連れするのでしょう。

　そんな時、何もおっしゃらないのですが、**お名前をお尋ねすると漢字で『徳恵』とお書きになります。『お子さまは何とおっしゃいますか』ときくと『正恵』とお書きになりました**」――。

「時々マッサージの老齢の人が来ていました。でもお医者らしい人はみえたことはありません。私などはあのご病気は指圧で治るのかなあと思っていたくらいで……運動もなさらないので、指圧すると具合がよかったのでしょう。

　お体の華奢な、手も本当にほっそりときれいな方でした。**時々二階から、誰も相手がいないのに笑う声が聞こえることもありました。**

　御前様がそんな風で、全体として家の中は静かな雰囲気でした」――。

「二階は寝室で、二間続きの広い和室があり、そこへお布団を二つ敷いてお寝みになっていました。書斎のすぐ横に二階へ昇る階段があって、私はその手すりをお掃除のとき一生懸命ふいたものです」――。

「御前様」と、一家の主人に対するような最高級の敬称で呼びかけられるものの、本人は主人らしく振舞うどころではなく、自分と娘の名を書くのが精一杯のコミュニケーションという体《てい》である。

　1936年、義姉の方子に宛てて、見事な便りを出した徳恵であったのに、38年から40年まで、片えにてその日常を見守った人の目に映った徳恵は、随分と症状が悪化している。体調の悪い時には、一日中臥していることもあり、すっかり、もの言わぬ沈黙の人となってしまった。

奇妙な独笑については、1931年秋の対馬訪問時にも平山為太郎によって目撃されているが、徳恵の場合、特徴的な統合失調症の現れ方であったものだろうか。

それでも、夜は2階の和室の寝室で、布団を2つ敷き、夫婦並んで寝たという。これはひとえに、宗武志の人としてのやさしさであろう。精神を病んでいても、妻として遇している。

思えば、国枝が上目黒の宗家に使用人として住み込んだ頃、徳恵はまだ26歳だった。本来ならば、まだ青春と呼んでもよい年ごろである。既に一児の母であるとはいえ、女性として明日への活力に溢れていて当然の年恰好である。妻としても、若き母としても、潑溂とした生の輝きに満ちてしかるべきなのである。

だが、国枝の回想から立ちのぼってくる徳恵は、既に落日のなかに息をひそめている。細々と、頼りなく、はかない生を、かろうじてつないでいる。

国枝が東京を去り、対馬に戻ったのが1940年――。アメリカとの戦争の始まる前年であった。

## 《戦争、そして戦後の激変のなかで》

記録がない。証言もない。

それが、徳恵の体を流れて行った時間そのものかもしれない。茫漠たる無の連続。何もせず、できぬまま、日々が流れていく。

徳恵の「言葉」捜しは、全く成果があがらない。灯りの絶えた闇がひろがるばかりだ。「言葉」に準ずる何がしか、彼女の生命《いのち》を感じさせてくれる表情や仕種、態度や行動といったものも、すべて暗黒の藪のなかに隠れてしまった。

徳恵の日常から言葉が空しく消えてしまったのだろうか。もはや言葉は、その人の口から発せられることはおろか、彼女自身の脳内においても、つむがれることを停止してしまったのだろうか……。

戦時中から戦後にかけて、徳恵の言葉はいっさい見当たらない。徳恵は上目黒の屋敷の奥でひっそりと息をひそめるばかりで、その姿を垣間見ることもできない。

以後、１９６２年に韓国に帰国するまで、徳恵はもの言わぬ人として歳月を重ねた。時代は激動、激変を重ねたが、そのなかをどのような思いで徳恵が生き抜いたのか、伝えてくれるものはない。

徳恵が童詩に天才的な才能を発揮し始めたのは、日出小学校４年生だった11歳の時であった。女子学習院に進んで和歌に親しみ、今に知られる最後の３首を詠んだのが17歳の時である。その間、わずかに６年である。その数倍にも及ぶ、20年を超すブラックホールのような巨大な無為の時間を、どのように受けとめ、理解すればよいのか……。

通常の人生であれば、その中心部を占める30歳前後からの20余年を、徳恵の人生は無為無言の闇に呑みこまれてしまったのである。

もの言わぬ人と化した徳恵……。もはやその「言葉」には出会えず、胸中の思いに触れることもかなわないが、彼女を囲む環境の変化を、淡々と押さえていくこととしよう。

１９４０年11月、宗武志は５年間勤めた道徳科学専攻塾の講師を辞任し、12月から自宅研修に入った。柏にあった道徳科学専攻塾に上目黒の家から通うと、時には帰宅が深夜に及ぶ。辞任の理由ははっきりしないが、徳恵の病状が悪化し、なるべく家を離れたくないという事情があったのかもしれない。

1941年12月、日本はアメリカとの無謀な戦争に突入した。初戦の頃こそ勢いがよかったが、日本はやがてじわじわとアメリカに押され始め、人々の暮らしは戦時体制下にあって困窮していく。軍国主義一辺倒と化した社会からは、自由の灯が消えた。

徳恵は、アメリカとの戦争という現実を、どこまで認識できたであろうか……。

1942年の夏、宗武志は正恵をつれ、甲府近郊の帯名山など、山々を周遊した。

正恵は10歳になっている。かつて、徳恵が日出小学校で真柄トヨの指導のもと、童詩の世界に触れ始めた頃の年齢である。山を愛するようになった正恵は、やがて長じて後、登山を趣味とするようになる。娘との忘れがたい山歩きでの思い出を、宗武志は短歌に詠んでいる。*1 父子家庭に等しいような実情のなかで、宗の慰めは愛娘の成長だった。

1944年4月、宗武志は内閣情報局事務嘱託（奏任）として、総務官房戦時資料室第2課に勤務することになった。戦局の悪化に伴い、戦争協力に駆り出されたのである。妻の病気を理由に忌避することなど、もはやできない時代状況であった。

同じ年の夏、正恵（満12歳）は那須塩原に疎開している。これは女子学習院の児童たちの集団疎開であったという。教師に引率されて、212名の女学生たちが東京を離れた。正恵は、戦争の終わるまで塩原に滞在することになる。

戦争のせいで、徳恵は正恵と離れ離れになった。戦災を避けての疎開という事情をどこまで把握できたかはともかく、愛娘の不在による淋しさは胸の憂いを深めたことだろう。

1945年3月10日の夜、東京は米軍機による大空襲に遭い、ひと晩で10万人を超す人々が命を落とした。上目黒の屋敷は被災を免れたが、徳恵は米軍機の轟音や落下する爆弾の音に恐怖をつのらせ、生きた心地もしなかったことだろう。

4月28日、戦禍を縫うようにして、李垠《イ・ウン》と方子《まさこ》の銀婚式がとり行われた。宗武志は出席したが、徳恵は祝いの席に赴くことはかなわなかった。

5月24日、25日、26日にも、東京に大規模な空襲があった。この時も上目黒の屋敷は被災しなかったが、徳恵の母校・女子学習院は全焼した。

7月末、召集令状が来て宗武志は応召した。陸軍独立第37大隊に入隊、柏83部隊に配属となった。37歳の2等兵だった。

宗武志の応召により、徳恵は夫も娘もいない上目黒の屋敷に、使用人たちに囲まれて暮らす身となった。家族たちのいない不安と孤独のなか、徳恵は戦争が終わるのをじっと待つしかなかった。

8月6日、広島に原子爆弾投下。本土決戦を見越して編成された陸軍の第2総軍の教育参謀中佐として、司令部のある広島に駐在していた朝鮮王族の李鍝《イ・ウ》（徳恵の異母兄・李堈《イ・ガン》の次男）は、出勤途上で被爆し、翌日には死去した。

8月15日、終戦。日本の敗戦によって、朝鮮は35年に及んだ植民地支配から解放されることになった。そのことの意味を、はたして徳恵は理解できたかどうか……。

宗武志は軍務を解かれて家に戻り、塩原に疎開していた正恵も11月には東京に戻ってきた。家族水入らずの暮らしがようやく復活したのだった。

だが、敗戦国日本は占領軍の支配のもと、政治的、社会的に劇的な変化を強いられることとなった。戦争を指導してきた国の代表者たちは、戦犯として軍事法廷で裁かれることになった。学校の教科書は、戦後の価値観に合わない箇所に黒々と墨が塗られた。

宗武志は戦犯問題とは無縁であったが、この先、宗家も戦後の改革の荒波をかぶることになる。


焼跡と闇市からスタートした戦後日本に、初めての正月が訪れた。

1946年1月――、対馬の平山家の人々が上京し、年賀の挨拶に上目黒の宗邸を訪ねた。

一行は平山為太郎の長女と6女、そしてその娘の3人で、本馬恭子氏の実家の人々であった。この時に宗家を訪ねた6女の娘が本馬氏の姉で、後に氏は姉からその時の思い出を聞いている。

宗邸訪問時には2歳5カ月の幼児だったが、本馬氏の姉は、はっきりと記憶に残る光景を目にしていた。本馬氏の著書から引く。

「ところで姉は長い廊下を歩いて行ったとき、偶然徳恵姫の姿を見ている。廊下の左側に座敷があり、そのむこうの襖が開かれていて、奥の座敷が見えた。そこに、**白い着物を着て黒い髪を肩に垂らした女性の姿があった。彼女は布団の上に座っていて、じっと前方を見つめて動かなかった**。幼な心にもその表情は何か怖いような感じがしたという。紛れもない徳恵の姿である」――。

1938年から40年まで宗家に勤めた中村国枝の証言に継ぐ、内側から覗いた貴重な徳恵の目撃談である。病がいよいよ進行して、床を離れられない様子が窺い知れる。前方に向けじっと動かなかったという徳恵の眼差しは、何を見ていたのだろうか……。

6月、宗武志は伯爵議員として貴族院議員に選出された。だが、戦後の新体制下、華族制度も貴族院も、遠くない将来の廃止が見込まれていた。

11月3日、新憲法が公布され、戦後体制の根幹が定まった（施行は翌年5月から）。

この年の秋、宗武志は25年間住み慣れた上目黒の屋敷を処分し、下目黒に新たに求めた家に移った。これは、翌年に見込まれる華族制度廃止と財産税納入のために、やむなくとられた処置であった。

1947年5月3日、新憲法施行により、王公族制度が廃止となった。法の下の平等が謳われ、日本国から華族が消え、貴族院も廃止となった。

宗武志本人は、開明的な考えの持ち主だったので、旧体制の産物であった身分制の廃止を、やむなきことととらえていたようだ。新時代の価値観を前向きに受容するよう、努力したこともあったろう。ただ、一連の社会改革によって、宗家の運営に大変化をきたすのは免れようもなかった。華族として受け取っていた莫大な収入がなくなり、多数いた使用人を雇い続けることが不可能になった。伯爵という肩書は反故《ほご》となり、一介の教師として暮らしていかざるをえなくなった。

このことが、徳恵の運命に激変をもたらすことになる。看護にあたる使用人がいなくなったことから、自宅での療養を続けることが難しくなったのである。

宗武志は幾度となく熟慮を重ね、大いに悩みぬいたことだろう。しかし結局、徳恵をしかるべき施設で療養させるしかないという結論に達した。

病状はいよいよ悪化し、仕事をもつ家族の手で片手間に介護できる状態ではなかった。専門性の高いきちんとした施設で、最新の療法を受けさせたいという気持ちもあったろう。

ともかくも、結論として、徳恵は夫や娘と離れ、専門の病院に入院して治療を受けることとなった。

正確にはいつからのことであったか、期日を確認することはできないものの、おそらくは下目黒の新居に移ってからそれほど時が経過しないうちに、徳恵は家族のもとを離れたと思われる。

向かった先は、東京随一の精神病院として知られた松沢病院であった。伯爵夫人でなくなった徳恵の行き場は、精神病院しかなかったのである。

＊1　1942年夏、宗武志が娘・正恵をつれて帯名山などの山々を周遊した際に詠んだ短歌は、歌集『黒潮』（1985　私家版）に収められている。そのなかから、3首を以下に引用する。

天地《あめつち》のま中はろけく吾と子と　帯名の嶺に富士と対《むか》えり
白根《しらね》路や炭焼く村の小舎の湯に　都の父娘《おやこ》閑《のど》にひたれり
子と吾と鎌田《かまた》の宿に沓ぬぎて　玉子掛け食う麦飯の良さ

## 《精神病院での日々》

その間、李王家の面々にも激震が押し寄せた。日本から保証されていた王公族の身分を剝奪され、李《イ》垠《ウン》は1947年に李王の身位を失い、一介の在日韓国人となった。

もともと李王家は莫大な財産を所持していたが、日本統治下においては、朝鮮総督府から李王職を通じて歳費が渡されていた。が、終戦によって、朝鮮からの送金が途絶えることになった。身分としても、経済から見ても、日本に滞在する李王家の面々は、不安と困窮のなかに放り出された。

実際のところ、李王家の人々は、「戦後難民」のようなものであった。日本でそれまでの身分を失っただけでなく、祖国の朝鮮に戻ることも難しかった。

朝鮮では、ソ連の後押しを受けた北部と、アメリカの支援を受けた南部との間の対立が激化し、やがて北には朝鮮民主主義人民共和国が、南には大韓民国がそれぞれ成立し、別々の国家としての歩みを始めた。

社会主義を奉ずる北朝鮮では旧王族の生きる場はなく、また韓国でも初代大統領の李承晩《イ・スンマン》が自身の立場を危うくしかねない王家の存在を認めず、彼らの祖国復帰を許可しなかった。

李王家の人々は、日本にも韓国にも安住のかなわない、宙に浮いた存在となってしまったのである。徳恵の異母兄・李堈《イ・ガン》の長男である李鍵《イ・コン》も王公族の身位を喪失、平民となり、桃山虔一を名乗った。汁粉屋を開くなど、不慣れな商売にいろいろと手を出すが、どれもうまくいかず、銀座のクラブで働き人気の出た日本人妻の誠子（佳子）とは、1951年に離婚した。

「内鮮融和」の美名のもとに仕組まれた政略的な結婚は、日本と朝鮮が別の国に分かれた途端、夫婦間によほどの人間的な絆が成立していなければ、足元から崩れてしまうことになるのだった。

ただ、李垠・方子夫妻に関して言うと、出会いこそ政略結婚ではあったものの、実際にも仲睦まじく、国が分かれても夫婦が別れることなどなかった。

徳恵の場合には、精神病による長期入院という特殊事情があるので、運命の帰趨を単純には論じられないが、結論を先に述べれば、1955年になって宗武志と離婚している。

李方子は『流れのままに』や『歳月よ王朝よ』などの自伝において、松沢病院での徳恵の様子について、いっさい筆にすることはなかった。いかなる環境に、どのような状態で徳恵が暮らしたのか、方子は夫とも見舞いに訪れたのかなど、彼女自身による証言や資料が存在しない。

病院側に何がしかの記録はあったはずだが、事の性格上、開示されることなどありえない。

そういうなか、私の知る限り唯一、方子を取材源にまとめられたと思しき、入院中の徳恵について綴った文章がある。

加瀬英明氏の著書『天皇家の戦い』（1975　新潮社）——。天皇家と皇室の人々が、戦中から戦後にかけての激動期をどのように生きたか、数多くのインタビュー取材をもとにまとめたドキュメントとされる。この本の第7章「朝鮮王族の流転」のなかに、松沢病院に入院中の徳恵を李垠・方子の兄夫妻が見舞うくだりが登場する。

事実関係に誤認もあり、しかも小説仕立てのような書きぶりでもあるので、そのまま鵜呑みにはできかねるところもあるが、入院中の徳恵の実体について、何がしかはつかむことのできる希少な記録であることは間違いない。

「廊下に出ると、秋の陽射《ひざし》のなかで、中庭にある大きな柿の木の実が色をつけているのが見えた。

李王垠《りおうぎん》と方子《まさこ》妃は慣れたような足どりで、ある部屋の前で停ると、ついてきた事務官が戸をあけた。

ここは都立松沢病院の中三病棟である。部屋に入ると、付添いの婦人が恭しく挨拶した。事務官が、持ってきた風呂敷包みを置く。

『果物を持ってまいりました。今日は徳恵さまのおかげんは?』

『今朝は奥さまは**とてもお静かで、お手鞠でお遊びになって……**』

『もうお食事はおすませ遊ばせて』

方子妃と付添いの婦人が話していると、畳敷きの部屋の隅で、二十代の後半の**美しい女性があぐらを**

**かいて、口で何か呟きながら、焦点のない目を、入ってきた人々へ向けている。**

**『アイゴー、アイゴー』といって、何か朝鮮語で早口に喋ると、今度は小さな声で歌のようなものを口ずさむ。**切れ長の目が、美しい。

窓には鉄棒がはまっているが、南を向いているので明るい。特等室であるから八畳間の個室で、床の間がついている。

李王垠は、何もいわない。青ざめた表情をして、妹の宗武志伯爵夫人をみつめていたが、方子妃を促すと、帰っていった。

宗伯爵夫人――というよりも、李王家の当主である李王垠にとっては徳恵翁主《オンジュ》と呼ぶほうが自然だった――は、年よりも若くみえたが、三十三歳で、もう、この松沢病院に七年も入院していた。旧対馬藩主の直系である宗武志伯爵に嫁いだが、早発性痴呆症を発病していた。李王垠と腹違いの妹で、側室から生まれた王女は、韓国の宮廷では〝翁主〟と呼ばれた。

李王垠は、徳恵が入院してから、しばしば病院まで見舞いにきていた」――。

「朝鮮王族の流転」を、加瀬氏はこのように書き出した。韓国併合が招いた運命にもてあそばされた朝鮮王族の悲劇の象徴として、松沢病院に入院中の徳恵をもちだしたのである。

そのような視点自体に、異を唱えるつもりはない。しかし、李方子を通して徳恵について聞き込み、綴られたであろうこの文章には、誤謬や思い込みが目立つ。

決定的な間違いは、徳恵入院の時期である。この文章のほどなく後に、「日本が降伏してから、二ヵ月のうちに」という叙述があるので、加瀬氏は１９４５年10月中後半を想定して書いている。33歳とした徳恵の年齢も、１９４５年から生年の１９１２年を引いて割り出したものであろう。だが、徳恵が既に7年も入院中であるとし、入院時期を1938年からとしたのは、明らかに事実に反する。

先に見た通り、対馬から上京し、上目黒の宗武志邸に住み込みの使用人として1938年から40年まで勤めた中村国枝の回想により、その時期、徳恵が宗家にいたことは明白である。1946年の正月にも、宗邸にいる徳恵の姿を、対馬から挨拶に伺った本馬恭子氏の姉が見かけている。

自宅で療養を続けていた徳恵を、宗武志が松沢病院に入院させたのは、華族制度の崩壊によって、使用人の多くを解雇し、下目黒の小さな家に転居せざるをえなくなった1946年秋以降のことである。「伯爵夫人」であった徳恵を李垠・方子夫妻が入院先まで訪ねたなら、可能性として、1946年秋から宗武志と徳恵が離婚した1955年までの間になる。

李方子への取材が行われたのは、1963年に夫とともに韓国へ「帰国」して以降に違いないが、宗武志が徳恵と離婚し、自分らが直接に徳恵の面倒を見るようになってから（帰国まで）7年も入院していたという述懐が、終戦時において既に7年も入院していたというふうに、ねじれてしまったのではなかったろうか……。

そういう「取り扱い注意」の資料であることを承知の上で、そこに語られたディテールを閲していくと、いくつかわかってくることがある。

ひとつは、徳恵が特等室（特別室）に入っていることである。付添い婦もいる。その人が、「奥さま」と徳恵のことを呼んでいる。ということは、この女性は宗武志があてがった人物ということになる。李垠・方子夫妻が用意した付添いであったなら、「お妹さま」と呼ぶことになるだろう。

宗武志は、自宅では療養を続けられないものの、松沢病院では特等室を用意した。華族でなくなった身としては、たいそうな負担であったかと推察されるが、もと王女であった妻に対する、せめてもの心遺いだったのだろう。

もうひとつ、正気を失った異様の姿として綴られた徳恵の様子のなかから、何かが見えてくる気がする。それは、幼児回帰をしたような、徳恵の「純化」した姿である。

方子の回想をもとにしたと思しき精神病院での徳恵は、「アイゴー」の叫びをあげ、早口の朝鮮語で呟き、かと思うと、歌を口ずさんでいる。

これは、長ずるに従って心に重石を積みあげることになった世の中のしがらみや政治の圧力などを離れ、幼い日々に戻っていったということを意味しているのではなかろうか……。

徳恵が病院で口ずさんでいた歌とは、日出小学校時代に詠んだ童詩に作曲家たちが曲をつけた「蜂」や「雨」、「びら」といった思い出の曲だったのではないだろうか……。

## 《韓国からの訪問客》

精神病院の奥深くに閉じ籠り、世間から隔絶されていた徳恵に、外界との接触をもたらす小さな穴が穿たれたのは、1950年のことである。

この年の1月、韓国からジャーナリストの金乙漢《キム・ウラン》氏が来日した。『ソウル新聞』の東京特派員として赴任したのである。

金氏は戦前、早稲田大学に学んだ後、『朝鮮日報』、『毎日中報』、『満蒙日報』などで記者をし、一貫してメディアで働いてきた人物だった。また独立を果たした大韓民国にあっては、李王家と徳恵翁主《トッケオンジュ》を忘れていない数少ないひとりでもあった。

そもそも金乙漢氏は高宗《コジョン》の侍従だった金璜鎮《キム・ファンジン》の甥にあたる。また氏によれば、その弟の金章漢《キム・ジャンハン》氏は、愛娘の将来を案じた高宗によって、李垠《イ・ウン》のように日本に連れて行かれたり、日本人と結婚させられたりする前に先手をつけるべく、幼い徳恵の婚約者に指名されたとされる。

東京に着くや、金乙漢氏は宗武志に電話を入れ、徳恵に会いたい旨を伝えた。だが、病気入院中であるとして、宗は固辞した。

翌日、金氏は李垠を訪ね、そこで徳恵の入院先が松沢病院であることを知り、そこから病院を訪ね、病室での徳恵の姿を見て、その惨状に衝撃を受ける。

その時の様子を、金乙漢氏はその著書『人間　李垠』（1971　韓国日報社）で記しているので、その部分を引こう。

「その足で、私は東京市内から自動車で1時間ほど行ったところにある、その病院を訪ねた。神経科病院として日本で最も古いという松沢病院に行ってみると、何か監獄と同じ陰惨な空気が漂い、重病患者のいる病室は、まるで監房のように鉄格子で窓を塞いでいた。案内をしてくれる看護婦の後ろをただついて行ったが、ある病室の前に来ると、看護婦の足がぴたりと止まった。中を覗いてみると、**40歳あまりのひとりの中年婦人が座っており、蒼白な顔に大きな目を開いてこちらを眺めているのが恐ろしいほど**であった。

その婦人が、まさに徳恵翁主の後身なのである。何もない独房にて、既に何年も呆然と座っている翁主が、何やら哀れで痛ましく、自分でも知らぬうちに涙が流れた。万が一、高宗皇帝がこの光景を御覧になったら、どれほど悲しまれるだろうか？　どの国でも、王家の終末にはあまたの悲劇が巣食うものだが、高宗皇帝のひとり娘である徳恵翁主の末路がこれほど悲惨なものになろうとは、誰がどうして想像することができたであろうか？（中略）

私は凄惨なその光景を見て、病院に行ったことを却って後悔したが、今となっては一日も早く徳恵翁主を連れ、死ぬにしても故国で死なせなければという考えを深くしたのだった」——。

金乙漢氏の記述からすると、徳恵の病室の前まで案内され、覗き窓から中の様子を窺ったようである。病室のすべてが視野に収まったわけでもなかろうが、金氏の描いた徳恵の病室の様子は、他の患者との共同部屋ではなく個室であった点、また窓には鉄格子が嵌められていた点など、李方子への取材を通して加瀬英明氏が筆にした内容と通底している。

金氏は病室の中までは入っていないらしく、徳恵の様子は窓越しに垣間見ただけであったが、精神病院という場の雰囲気も手伝い、悲惨極まりないとの印象を受けた。

その驚き、悲しみ、怒りなど、煮え立つ感情の向かう先は、ともかく徳恵を韓国に帰国させなければならないという決意であった。激した感情の昂ぶりにおいては、高宗の娘という属性が最優先されて、宗武志の妻であり正恵の母であるという事実は、二の次となってしまった。

強いられた政略結婚の悲劇の結果としてこの惨状があるので、日本の植民地支配が終わり、韓国が独立した今、元王女を韓国に連れ戻すのは当然のことだと信じてやまなかったのである。

社会的な影響力のあるメディア人士によって、徳恵の帰国が課題とされたことは大きな意味があった。

ただ、帰国話は一瀉千里には進まなかった。李承晩大統領が李王家を嫌ったことは先に記したが、それに加え、この年（1950年）の6月下旬から、韓国と北朝鮮との間に戦争が始まったからであった。

同族間の戦いであるばかりでなく、韓国を支援する米国を始めとする国連軍と、北朝鮮側についた中国義勇軍の参戦もあり、大規模な国際紛争となったこの戦争は、１９５３年まで続く。

１９５３年７月に休戦協定が結ばれ、戦火はようやく止んだ。朝鮮半島の安定化とともに、徳恵を含めた李王家の人々の帰国問題が徐々に広まりを見せていく。

そのような声の高まりを、徳恵自身は松沢病院にいて、理解ができなかったかと思われる。

徳恵の帰国を望む声を受けて、最も動揺し、真剣に悩むことになったのは、宗武志であった。その苦悩が、１９５５年になって、徳恵との離婚という悲劇に帰結するのである。

《離婚の顚末》

もし、日本の敗戦によって華族制度が廃止されなかったならば、おそらく宗武志は、たとえ妻が精神を病んだにしても、徳恵から離れることはなかったろう。

さらに言えば、たとえ華族ではなくなり、一平民として生きることになっても、韓国から帰国を望む声が上がらなかったならば、やはり徳恵と別れることにはならなかったろう。

「日韓併合」の落とし子のような、いびつな出会いによってもたらされた結婚であり、妻は病んで久しく回復の兆しもなかったが、宗武志はたまさか縁を得て夫婦となった絆を大切にしていた。しかも、ふたりの間に生まれたひとり娘・正恵は、愛おしんでやまない存在だった。

だが、徳恵を祖国に戻すべきだとする声を聞くと、徳恵にとって何が一番よいことなのか、迷いが生じ、根本に立ち返って、苦渋の思案を強いられることとなった。

日本人である宗武志の妻である限り、徳恵の祖国復帰はありえない。日本人の夫の膝下から離れ、その桎梏から解放されれば、祖国へ戻る道もおのずと開かれることであろう。

そもそものこの結婚は「時代」が強いたものであった。だが今やその「時代」そのものが崩れ去り、変貌してしまった。「時代」を流れる日々の時間のなかで、何とか家族の歴史を積みあげようと努力してきたが、「時代」の廃墟に、そうした努力をこれ以上積みあげることは、かえって、不幸を上塗りすることになるのではなかろうか……。

尽きせぬ煩悶が続いたことだろう。宗武志にとって真につらかったのは、どのように考え、行動したとしても、ひとり相撲となってしまうことだったろう。胸襟を開いて、最も親密に相談すべき人生の伴侶＝徳恵その人は、すっかりもの言わぬ人となってしまい、話が通じないのである。

結論に達したのは、１９５５年のことだった。宗武志は、徳恵との離婚を決意した。宗家から離れた徳恵は、法的には、側室の子ということからか、結婚前の李徳恵ではなく、母方の姓をとって「梁徳恵」となった。

離婚は帰国への第1歩ではあったが、事は速やかには運ばなかった。離婚から帰国まで、なお7年の歳月を要することになる。

その間、徳恵はずっと松沢病院に入院したままであった。入院費の支払いは、離婚とともに、宗武志から李垠・方子夫妻に移った。

また、離婚に伴い、徳恵が輿入れ時に持参した幼い頃からの宮中衣装その他は、李垠夫妻のもとに「返還」された。これらの衣装、装身具などは、翌１９５６年1月に徳川儀親氏に寄贈され、氏が学長をつとめる文化女子大学の服飾博物館に収められることになった。

さて、先に加瀬英明氏の著書『天皇家の戦い』において、宗武志の手配になる松沢病院の特別室での徳恵の様子を見たが、同著にはもうひとつ、入院中の徳恵の姿として、個室ではなく大部屋での様子が記された箇所がある。

何年のことか詳細は不明ながら、加瀬氏が韓国を訪ね、ソウルでかつての徳恵の婚約者に会い、話を聞くなかで、松沢病院の話に及んでいる。

「私はソウルのホテルで、かつて徳恵姫と、やはり幼少のころに婚約していた老人と会った。（中略）終戦後、朝鮮の婚約者は、日本にきて松沢病院にいる徳恵をたずねた。

『東京に行ってすぐに病院に行ってみたんです。大きな部屋に何十人といて、年寄りもいるし、若い女もいる。その中にいました』

と老人はいって、言葉を切った。本国から送金が跡絶えた李王家では、もはや特別室の費用が払えなかったのである。

『そうしたら**狂ってしまっていて、物を投げたり、喚いたり**。……いやな結婚をさせられて、狂ってしまったのです。**冬なのに、暖房もないのに浴衣一枚で、ヒモで帯をして**、私は涙がでて、涙がでて……』」――。

個人名はあげられていないが、徳恵のかつての婚約者というなら、金乙漢《キム・ウラン》氏の弟の金章漢《キム・ジャンハン》氏ということになる。

だが、『ソウル新聞』の東京特派員だった兄に続いて、弟までもが、東京に行き、松沢病院を訪ねたのだろうか。しかも、本来は第3者による面会の許されないはずの精神病院で、病室まで覗いたというのだろうか……。

そうした疑問が残りはするが、証言のリアリティを活かしつつ、私なりに整理をすると、次のようになる。

１９４６年か47年、華族の身分を失った宗武志の手配によって徳恵が松沢病院に入院した際、宗は特別室を用意した。付添い婦まであてがっている。

１９５５年、宗武志が徳恵と離婚し、松沢病院の支払いが李垠・方子夫妻の手に移されて以降、徳恵は入院費の安い大部屋に移された。

加瀬氏の本では、金乙漢氏の松沢病院訪問は出てこない。しかし、金氏は１９５７年まで『ソウル新聞』の東京特派員だったので、１９５５年以降、弟が来日した際、おそらくは同道して松沢病院を再訪したのであろう。

意地悪く読むと、加瀬氏は金乙漢氏と金章漢氏のことを混同しているのではないかと勘ぐれなくもない。つまり、東京に行ってすぐに病院を訪ねたのは、１９５０年の金乙漢氏のことを言っており、後に大部屋の徳恵を見たのもやはり兄の乙漢氏で、章漢氏は東京には訪問せず、兄から聞いた話を、あたかもわが事のように主語を曖昧にしたまま語り、加瀬氏はその聞き分けができぬままに筆にしてしまったと、そのような可能性もある気がするのだが、それに関する深追いはやめておこう。

ここでは、徳恵が離婚以降、大部屋に移されたことを確認できれば事足りる。

それにしても、病んで以降の徳恵の印象はずっと、もの静かで、時折理由もわからず独笑するといったものであったのが、大部屋での徳恵は喚き散らし、物を投げるという、暴力的な様子に変じている。病気が進んで、そのような症状が現れたのだろうか――。

あくまで推測になるが、徳恵は宗武志に嫁いで以来の自分の処遇に対しては、一応のコンフォート（安心感、快適さ）を感じていて、それが、宗と離婚（その事情が真に呑みこめたかどうかはともかく）して以降、自分の置かれた待遇の劣悪化に不満を覚え、苛立っていたのではなかろうか……。

その意味では、宗武志とすごした日々は、徳恵にとって、ひたすら忌み嫌うものではなく、ぬくもりを伴う、何がしかの「巣」になっていたのだろう。それが今や「巣」を奪われ、未知の群れのなかに放り出されて、恐怖にも似たおぞましさを感じ、言葉にならぬ身体的な表現での反発や抵抗として、荒れすさんでいたのではなかったろうか……。

金章漢氏の「証言」では、忌み嫌う結婚をさせられたことで徳恵の精神が異常をきたしたとし、宗武志との結婚生活を発病の原因に限定している。徳恵の婚約者だという自意識の持ち主とその兄からすれば、日本人との政略結婚など、唾棄する以外の何物でもなかったろうし、日本の植民地支配が終わって東京に元王女を訪ねてみれば、あろうことか、落魄の身を精神病院に収容されていたということになる。

その衝撃の激しさと、そこから生まれた強い怒りは、その立場を思えば、むべなるかなと思わせもする。ただ、金乙漢氏が胸に固めた、徳恵を窮状から解放し、救出しなければならないとする使命感は、勢い、宗武志に対する敵意に染まった感情を煽り立てることになった。

まるで、宗武志その人が、日本の朝鮮支配の責任を直接に負い、徳恵に対しても虐待を重ねてきたかのような印象が、金乙漢氏の筆を通して韓国にひろまることになったのである。

だが実際には、宗武志は彼なりに徳恵を懸命に護ろうとしたのだった。ガラス細工のような脆さを抱えてはいても、徳恵と築いた「家庭」を何とか維持しようと努めてきたのである。

しかしその努力も、水の泡と化すことになった。1955年、葛藤の果てに、宗武志は徳恵との離婚を決めた。ひとつの「時代」が終焉したことを、彼自身、痛みとともに自覚し、納得させられた結果だった。

この年、娘の正恵が結婚した。相手は、正恵の通った早稲田大学で知り合った鈴木昇氏で、卒業後は英語教師をしながら詩を書いていた。

自由恋愛による娘の結婚に対し、宗武志はひとつだけ条件をつけた。娘の夫が養子になる形で、宗姓を継いでほしいということであった。その通りに結婚が整い、宗昇・正恵の若い夫婦が誕生した。

宗武志と離婚はしても、徳恵が正恵の母であることに変わりはないが、病のため、娘の結婚には立ち会うことができなかった。娘の結婚という事実そのものを理解できていたのかどうかも、よくわからない。

この年、宗武志自身も、新たな「時代」に漕ぎ出した。1955年の秋、新たな妻を娶ったのである。新たに夫人となった良江氏は、宗武志の詩の校正を手伝うなかで親しくなった女性で、娘の正恵よりも1歳年上という若い伴侶だった。結婚式には正恵も出席し、父の新たな門出を祝福した。

結婚後、夫妻はモラロジー（道徳科学）の本拠地、千葉県柏の宏池学園の宿舎に暮らした。移転後、下目黒の家は処分した。伯爵であった前半生を棄て、宗武志は一教師として再出発したのである。

1956年には、宗武志の第2詩集になる『海郷』が、第二書房から出版された。6月2日に行われた出版祝賀会には、宗武志夫妻に加え、正恵も出席している。

だがその2カ月半後、予想もしなかった悲劇が宗武志を襲う。8月下旬、正恵が赤薙、駒ヶ岳方面に行きそこで命を断つとの遺書を残して失踪、警察による捜索もむなしく、発見できないままとなった。正恵が死を決意した理由など、詳しい事情はよくわからない。

その後、50年ほどの歳月が過ぎて、正恵と思しき遺骸が、偶然、山中の窪地で発見された。風化の激しい遺骸の傍らに手帳があり、そこには多くの文字が綴られた跡があったが、雨水を含んでインクが溶け、判読不能であったという。

今では、正恵は千葉県の宗家の菩提寺に父とともに納骨され、埋葬されている。

正恵は、父の愛によって育まれた。母の徳恵に娘を思う気持ちはあっても、正恵からすれば、母はもの言わぬ病んだ人で、心の通い合う語らいや思い出がどれほどあったものか、疑わしい。正恵がもの心ついて以降、母はいつも病床に臥して、戦後は精神病院に入ったままになってしまった。

母の不在が、正恵の心に空洞を抱えさせることになったことは、容易に想像がつく。

宗武志が若き日の徳恵の詩才について良江夫人に語らなかったことは前にも記した。徳恵の詩の輝かしい光跡は、宗家においては、ロウソクの炎が消え入るように、いつしか立ち消えてしまった。正恵についても、発病前の母の大変な活躍ぶりを、よく知らなかった可能性が高い。

元気な頃の母の潑溂とした精神の輝きに触れ、童詩にしろ和歌にしろ、その「言葉」を正恵が知り、作品に馴染んでいたなら、正恵が感じた母の不在はずいぶん変わっていたことだろう。

病に侵され、もの言わぬ人となって久しくはあっても、母が残した、みずみずしい生命《いのち》の輝く「言葉」の林を、正恵が心の内に抱えることができたならば、母から娘に伝わる確かな手ごたえが生に張りを与えたのではなかったろうか……。

正恵の父・宗武志は、学者、教育者であると同時に、「言葉」をつむぐ詩人だった。[*1]

正恵が伴侶として選んだ男性も、「言葉」に生きる詩人だった。[*2]

母もまた、かつては詩の才に恵まれ、「言葉」によって人生を切り開こうとし、珠玉の「言葉」で多くの人々の心をとらえたのだった……。

私が良江夫人の家を訪ねた際、応接間の壁に、宗武志の手になる赤ん坊の正恵を描いた小ぶりの油絵がかけられてあった。娘を得た父の喜びが溢れる絵だった。

宗武志は詩だけでなく、絵もよくした人だった。1983年に銀座の松坂屋で絵の個展が開かれた時にも、赤ん坊や幼児の正恵を描いた作品が4点出品された。私が良江夫人の家で見たものは、そのうちの1点であったろう。

徳恵が、「日韓併合」と「内鮮融和」による犠牲者であったことは言を俟たない。しかし、その悲劇の人を、祖国に戻そうと人々が動いた時、もうひとつの悲劇が宗家を襲うことになった。

宗武志は、24年間連れ添った妻から離れなければならなかったのみならず、目に入れても痛くなかったに違いない愛娘を、前半生の代償のように喪うことになってしまったのである。

宗武志もまた、「時代」の強いた結婚の犠牲者であった。

＊1　宗武志が1956年に出した詩集『海郷』（第二書房）には、徳恵への想いが表現されていると思しき詩が散見される。長編詩の「さみしら」には、とりわけ徳恵への心情がストレートに現れている。30連も続く長い詩のなかから、特に徳恵とオーバーラップされてくる箇所を抜き、以下に引く。

さみしら～まぼろしの妻を戀ふる歌（部分）　　宗武志

一

狂へるも神の子なれば

あはれさは　言はむかたなし、
魂失せしひとの看取りに
うたかたの世は過ぎむとす。
（中略）

六

いろあせぬ黒きひとみに
つね目守《まも》る　まぼろしの影
うつそみの在りかを知らず、
言問へど　こたへぬくちよ。

七

さみしらは　もののけに似て
いぶきにも潜《ひそ》むといへり、
ふと　ひとのこころに入らば
ひさ住みて　去らじとし聞く。
（中略）

十

まさめには映らずなりて
春と秋　ゆびにあまりぬ、
愛《は》しとみし　めぐしとも見し
かの少女《をとめ》　その名さみしら。
（中略）

十七　わがつまは　もの言はぬつま、
もの食はぬ　ゆまりせぬつま、
淘《よな》ぎせず　濯《ゆす》ぎもせねど、
あらがはぬ　やさしのつまぞ。
（中略）

二十四　ひとたびのいのちを享けし
ひとの世を　あへて呪ふや、
狂ひしか、いまだ狂はず、
いま降るは　霰ならずや。
（中略）

三十　春さむき薄ら日のいろ
消えぬまぞ　せめてぬくとき、
ふけし夜の　みやこ大路に
霜叫ぶ。妻よ、聞かずや。

なお、詩集『海郷』に収められた徳恵への想いを詠った宗武志の詩は、本馬恭子氏の『徳恵姫李氏朝鮮最後の王女』（１９９８　葦書房）で紹介され、その後、この本が韓国でも翻訳出版されたことで、韓国での宗武志のイメージがかなり改善されてきている。

＊2　宗昇氏は詩集『国ざかいの歌』（１９９０　詩学舎）で第24回日本詩人クラブ賞を受賞した詩人。２００７年に出た詩集『記憶のみなわ』（待望社）には、正恵の遺体発見のことを詠んだ「手帳」という詩が所載されている。

手帳　　　　宗昇

たまにはここの鉱泉に出かけてきませんか。いま里はいっせいに新緑の芽吹き。その芽吹きが尾根を走り　山はいちにちいちにちその相貌を変えていきます。沢の雪もとけて頂上ちかくにわずかに残っているだけで　ほどなく山開きになりましょう。たらの木の芽もいまがいちばん美味しいときです。
たよりは新緑の匂いにあふれていた。

沢には三つの大きい滝がかかっているが　山頂にちかいG滝から登山道をそれて二百数十メートル北にはいった所でそれは発見された。山小屋の使用人が茸狩りに深く分け入ったときだった。そのときそこにどんな茸を見たのだろう。覆っている土を取りのぞくと　窪地に背をもたせ足を投げだしたかたちですわっていたという。消息を絶ってから半世紀がたっていた。その窪地にもいまは新緑がざわめいているだろうか。

食べて生きてきただけの時間を差し引いたらわたしの生はその十分の一も残るまい。そのひとりだけの時間にはいつもその時々の何ものかに背をもたせ足を投げだして半世紀　わたしもまた同じ闇をみつめていただけなのかもしれない。わたしたちはたがいの時間を食いあいながらでしか生きてこられなかったのだろう。振りかえってみてもそんなものだったという記憶ばかりが想起されてくる。

並べられた遺品のなかに手帳があった。窪地にもたれて目が見えなくなるまで書き続けていたのだろう。どのページも細かな文字で埋められていたが　インクがすっかりにじんでしまって一字も判読できない。その上　半ば土に化して貼りついているページを無理にめくれば　かすかに土くれの匂いさえして崩れてしまうばかり。ほぼ半世紀のあいだ手帳一冊のなかに閉じ込められていた闇は　ついに判読不能の闇のまま　明るい会議室の机の上にぽろぽろとこぼれていった。

# 第Ⅲ部　大韓民国

徳恵の終の棲家となった昌徳宮・楽善斎の寿康斎

# 第9章　再びの祖国。蘇る「びら」の思い出

## 《祖国へ》

金乙漢《キム・ウラン》氏が松沢病院に徳恵を訪ねてから12年がたった1962年——、ようやく徳恵の韓国帰国に道が開かれることとなった。

帰国運動を率いたのは金乙漢氏だったが、それを受け入れ、帰国を実現させたのは、1961年の軍事クーデターによって国権を掌握し、当時、国家再建最高会議議長だった朴正熙《パク・チョンヒ》だった。ちなみに、大統領となるのは1963年からである（1979年、暗殺されるまでずっと大統領をつとめた）。

まだ日本との間の国交回復もできていなかったが、朴正熙は日本との関係正常化を国の抱える主要課題のひとつとした。

日韓基本条約が締結され、両国の間に国交が回復されるのは1965年のことだが、それに向けた一連の動きのなか、日本に残されたままの李王家の帰国問題もクローズアップされてきたのである。

朴正熙は「徳恵翁主《トッケオンジュ》」のことを耳にした時、それは誰かと尋ねたという。それほどに、徳恵の存在は韓国人社会で長く忘れられていた。だが、植民地統治下に日本の華族に嫁がされ、日本の敗戦後は、

精神病院に入れられている悲劇のプリンセスだと知らされてより、朴正熙は徳恵の帰国実現に向けて一気に動き出した。

こうして、李王だった兄の李垠《イ・ウン》よりひと足先に、徳恵単独の帰国が実現することになったのである。帰国は、1962年1月26日と決まった。徳恵の帰国を介助するため、韓国から故・李鍝《イ・ウ》の夫人だった朴賛珠《パク・チャンジュ》氏が、息子の李淙《イ・ジョン》氏、徳恵の遠縁にあたる李海善《イ・ヘソン》氏らを連れて来日した。夫を広島の原爆で亡くした朴賛珠氏は、終戦前に朝鮮に戻っていたため、戦後も韓国で暮らしていたのだった。

26日の朝早く、徳恵は朴賛珠氏らの介助を得て、松沢病院から羽田空港に向かった。羽田空港には、朝早くにもかかわらず、徳恵を知る人たちが見送りに集まっていた。女子学習院でともに学んだ人たちもいた。相馬（尾崎）雪香氏もそのなかのひとりだった。

徳恵はそれらの人々の姿を見ても、何らの反応を示さなかった。

12時35分、徳恵を乗せたノースウェスト航空機はソウルの金浦《キムポ》空港に到着した。

毛皮の襟のついた紫色のオーバーを着、栗色の円い帽子をかぶった徳恵は、体格のよい李海善氏（男性）に腕を支えられつつ、ゆっくりとタラップを降りた。

生母・福寧堂梁《ポンニョンダンヤンシ》氏の1周忌に訪ねて以来、実に32年ぶりに、徳恵は祖国の土を踏んだ。日出小学校の5学年を終えて、東京の女子学習院に移ってからの歳月を数えれば、37年ぶりとなる帰国であった。女子学習院に転入学するためにソウル（当時は京城）を発ったのは13歳を前にした春だったが、茨の道をたどった果てに祖国に戻った時には、4カ月後には50歳になろうとしていた。

金浦空港では、かつての乳母だった辺福童《ピョン・ボクトン》氏や、徳寿宮《トクスグン》の幼稚園や日出小学校で徳恵と一緒だった閔龍児《ミン・ヨンア》氏など、かつての徳恵を知る人たちが迎え受けた。

だが、幼い日、少女の頃に馴染んだ懐かしい顔ぶれを、徳恵は認識できなかった。

空港からは車で昌徳宮《チャンドックン》に向かい、午後2時、楽善斎《ナクソンジェ》で尹大妃《ユンデビ》に面会した。父のような兄、亡き純宗《スンジョン》の王妃だった女性が、なおも健在で、旧王宮の一角に暮らしていたのである。

ソウル市内を移動中、車のなかの徳恵は無表情で、言葉もなく、同乗した辺福童氏は、変わり果てた翁主の姿に涙を拭うばかりだったという。

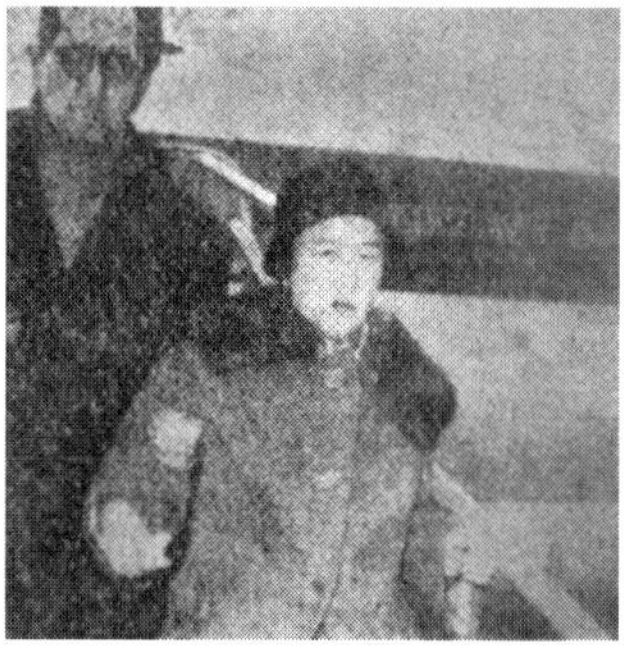

32年ぶりに祖国の土を踏んだ徳恵（京郷新聞、1962年1月26日より）

昌徳宮を後にした徳恵は、そのままソウル大学医学部付属病院へと向かい、そこでの入院生活に入った。この日、徳恵は32年ぶりに祖国復帰を果たしたものの、実質的には、東京の病院から、ソウルの病院へと移動するばかりだった。

徳恵はソウル大学病院の第5病棟19号室にて、療養を続けた。

1月30日、朴正熙議長の夫人、陸英修《ユク・ヨンス》女史が病室を訪ね、徳恵を見舞った。国母にあたる人のじきじきの見舞いである。

共和制の韓国にあって、王制は過去のものではあったが、徳恵は、国家によって大切な人として遇された。東京の松沢病院に、誰からも忘れられた人として暮らしていた頃とは、天と地ほどにも違う待遇であった。

帰国から10日ほどがたった2月5日の『東亜日報』に、入院生活を送る徳恵の様子を伝える記事が出た。

「**病勢よくなる徳恵翁主　日本の本は放り捨て**」との見出しを付されたこの記事によれば、徳恵は毎朝9時に起床し、夜の8時か9時には就寝。付き添っている乳母の辺福童氏を始め、担当医や看護師のことも知覚するようになった。

**食事も手ずからよく食べ**、看護師の言によれば、**リンゴとピンデットクが好み**だという。緑豆を用いたお好み焼きのピンデットクは日本にはない料理なので、久しぶりに口にした懐かしい故国の味だったのだろう。

日課としては、主に本を読むことくらいだが、**日本語の本を与えると放り出し、公報部発行の『自由の勝利』という本を始め、韓国語で書かれた本のみに目を通す**と、記事は伝えている。

記事はまた、最近の行動として、2月1日には**東京の兄夫妻に自ら「問安」**（御機嫌伺い）**の手紙を書き**、4日には**尹大妃にも同様の手紙を書いた**とする。

記事の終わりには、尹大妃に宛てたハングルの文章が、写真で掲載されている。

「**日がよろしいです。大妃さま、よくお休みになられましたか？**」——。

2行21文字——、「手紙」というにはあまりにも短い、簡単な文面だが、その若干のたどたどしさ、そして、ハングルの綴りが大韓民国で一般に使われるものと異なり昔風であるのは、この場合、文書の信憑性をむしろ高めているだろう。

久しぶりに——本当に、久しぶりに接する徳恵の「言葉」である。しかも、ハングルで書かれた徳恵の文書は、初めてになる。これまでは、伝えられた徳恵自筆の文字資料は、すべて日本語で書かれたものだった。

母国語で綴られた「言葉」の記録の貴重さは、言うまでもない。それと同時に、37年ぶりに帰還した

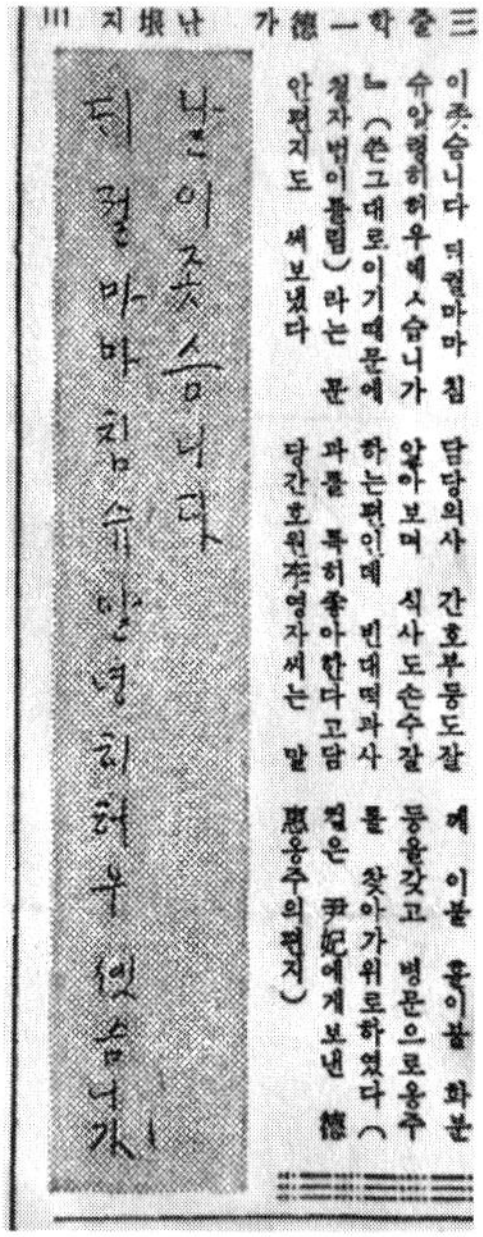

ハングルで書かれた尹大妃宛ての徳恵の便り（東亜日報、1962年2月5日より）

祖国での日々が、急速に徳恵の病状を好転させていることを知らせてくれる。廃人同然だった松沢病院での様子に比べれば、雲泥の差がある。

この年の6月、李方子《まさこ》が韓国を訪ねた。夫婦そろっての本格帰国を前に、夫の李垠《イ・ウン》の体調がすぐれぬゆえ、方子ひとり、一時的な訪韓が許されたのである。ソウルに着いた方子は、尹大妃への挨拶や、長男・晋《ジン》が眠る崇仁園《スンインウォン》への墓参の合間に、徳恵を見舞っている。

方子の自伝『流れのままに　李方子自叙伝写真集』（1978）から、この時の訪問のくだりを引く。

「ソウル大学医学部病院の一室に、乳母と看護婦にみとられながら静養されている徳恵さまは、羽田でお見送りしたときの、いたましいまでにおやつれになっていたのとは**みちがえるほどお元気でしたが、失われたお心はなお虚ろのよう**でした。

ここがソウルであること、皆さまのあたたかいお心にかこまれておいでのこと、子守唄をうたってお育てした乳母が、日夜おそばにお仕えしていることも、どこまで通じているのか、いないのか……。

『早くおめざめあそばして……。このままでは、あまりにもご一生が悲しすぎます……』

松沢病院時代とはまたべつなおいたわしさに……いまのご自分の平安をそれとも感じられぬ悲しさに、涙をとどめることができませんでした」――。

徳恵が帰国して半年――。方子はかなり客観的に義妹を見ている。東京にいた頃に比べ、体調は随分よくなったが、肝心の心は相変わらずベールに塞がれ、虚ろなままだと見抜いている。献身的に世話をするかつての乳母が、自身が少女時代に世話になった人であるという基本的なことすら、実はわかっていないのではないかとの疑念がある。

祖国の病院での待遇のよさに安堵しつつ、それだからこそ、その事実――祖国に戻り、懐かしい人々のあたたかな厚意に囲まれているという至福に、早く自身も気づいてほしいと、方子は祈るような気持ちで徳恵を見るしかなかった。

それからさらに半年がたった1962年12月12日、『東亜日報』は「話題の行方　病床の徳恵翁主」と題する記事を載せ、病院での徳恵の様子を再び伝えた。入院以来ずっと徳恵に付き添い、親身に看護を続けている元乳母の辺福童氏に取材してまとめた記事である。

それによれば、入院当初は辺氏の顔もわからなかったものが、

話題의 行方
病床의 德惠翁主
入院열달에 病勢好轉
韓食즐겨하고 無聊하면 꽃노래도
乳母에도 정다운表情

「病床の徳恵翁主」と題された記事（東亜日報、1962年12月12日より）

だけでなく、今では、その存在をきちんと認識する**「乳母様《ユモニム》」と呼びかけ、やさしい表情をするようになった。**

病院の食堂でつくる韓国料理にも慣れ、また、時折**楽善斎から差し入れされる餅や饅頭なども喜び、特にキムチ、リンゴ、卵などを好物とする。**

昼は最も好きな**花札で乳母と遊ぶ**ことが多く、また退屈すると、義姉の方子が贈った**ラジオで音楽を楽しみ、音楽に合わせて**

**鼻歌を歌う**こともあるという。

今は寒いので病室にだけいるが、寒くなる前には、**楽善斎に車で出かけたことも2、3度あった**という、尹大妃へ問安の手紙を書いたこともあると、記事は辺氏の話をまとめている。

辺氏の証言に従えば、病院での徳恵は、花札を楽しむ程度の知力、理解力はあったことになる。鼻歌を歌うとあるのは、いかにも徳恵その人らしい。日出小学校当時から、徳恵は歌が得意だった。童謡を同級生たちとよく歌ったし、自身の詩に作曲家が音楽をつけた曲を、人前で歌う機会も多かった。

ただ、辺氏を「乳母様」と呼ぶというのは、微笑ましくはあっても、本来の宮中での関係を思い出してのことかは疑わしい。翁主の立場をわきまえたなら、乳母に「様」をつけて呼ぶのはおかしなことになる。これはおそらく、病院での周囲の人たちが辺福童氏のことを「ユモニム（乳母様）」と呼ぶのを聞きつけて、その通りに口にしたまでのことだったろう。

記事には写真も掲載されている。短く髪を刈って、水玉模様のパジャマを着、付き添いの人物（辺福童氏の後ろ姿か）に手を取られて病室で立つ翁主の姿である。カメラの方を見つめる瞳が大きく見開かれ、年は重ねても、少女の頃の面影をうっすらと留めている。

見知った顔、よくしてくれる人たち、そして懐かしい祖国の言葉や食事に囲まれて、徳恵は癒され、病状も落ち着きを見せていたことは間違いない。

しかし、半年前に方子が見抜いたように、本来の心と精神の働き、知性と感性が回復したわけではなかったのである。

1963年11月22日、李垠、方子夫妻が韓国に帰国した。

李垠は、幼い日に伊藤博文の手引きで留学のために東京に渡ってより、56年ぶりの帰国であった。日本人妻の方子は、夫について韓国に渡り、以後、韓国人・李方子《イ・バンジャ》としてその地に永住する覚悟を固めての「帰国」だった。

李垠は日本の敗戦以降、もっと早くに祖国復帰を望んでいたが、李承晩《イ・スンマン》政権がそれを許さず、この日まで持ち越されたのだった。念願かなっての帰国ではあったが、李垠は1959年に脳梗塞で倒れ、とりわけ63年5月からは容体が悪化して、東京の山王病院に入院していた。

11月22日の帰国の日も、金浦空港に到着後、ただちに車でソウルの聖母《ソンモ》病院に向かい、入院することになった。前年に帰国した徳恵と、李垠と、日本に長くとめおかれた李王家のふたりが、久方ぶりに祖国に戻ったものの、そのまま病院暮しを余儀なくされたのである。

韓国人は、もと王族たちの悲劇を、日本の朝鮮支配の犠牲の象徴のように感じ、悲しみと怒りをもって受けとめた。

大統領となった朴正煕が推進する外交政策により、日韓基本条約が締結され、両国の間に国交が回復されたのは1965年――。新しい日韓・韓日の関係が始まったこの年も、かつての李王と翁主の両者は、それぞれソウル市内の病院に入院したままであった。

## 《楽善斎、黄昏の日々》

帰国後、好転するかに見えた徳恵の病状は、期待されたほどには回復しなかった。

それでも、徳恵の退院の機会が訪れた。

1966年2月3日、純宗《スンジョン》王の夫人だった尹大妃《ユンデビ》（純貞孝皇后《スンジョンヒョファンフ》）が逝去し、それまで暮らしていた昌徳宮《チャンドッグン》の楽善斎《ナクソンジェ》が空いた。喪が明けるとともに、李方子と徳恵が、楽善斎に移ることになった。

徳恵に関しては、それ以上の病状の好転は望めぬものの、一応は安定した状態にあり、また乳母の辺福童《ピョン・ボクトン》氏がつききりで翁主に尽くすというので、移転が決まったのである。

義姉の方子については、李垠《イ・ウン》は引き続き聖母《ソンモ》病院に入院したままであったが、もと王妃として、旧王宮の一角に住むことになったのであった。

こうして、1968年の秋から、徳恵は楽善斎に方子とともに暮らすことになった。楽善斎内の寿康斎《スガンジェ》が徳恵専用にあてがわれ、文字通り、終《つい》の棲家となった。

1970年5月1日、兄の李垠が死去した。3日前に、方子との結婚50年になる金婚式の日を迎えたばかりだった。

満72歳――、65歳で祖国に戻って以降、ずっと聖母病院で入院生活を続けていたが、いよいよ臨終が近くなって、せめて最期は病院でなく家でとの願いから、楽善斎に搬送され、そこで亡くなった。

徳恵は兄の死を聞かされても、理解できなかったという。5月9日にとり行われた葬儀にも参加できなかったが、5月6日の、兄の遺骸を前にしての成服祭《ソンボクジェ》には喪服を着て参列した。

昌徳宮・楽善斎

李垠が死去した後も、方子は日本に戻ることはなかった。知的障害児のための施設「明暉園《ミョンヒウォン》」を設立するなど、慈善事業に尽くし、「李方子《イ・バンジャ》女史《ヨサ》」として、韓国社会におのれの場所を築いていった。

同じ年の10月下旬、徳恵は子宮内にできたポリーブのためにソウル大学病院に入院したが、摘出手術を受けて退院し、楽善斎に戻った。

1972年、帰国以来、献身的に徳恵に尽くした元乳母の辺福童氏が亡くなった。数えで80歳だった。

辺福童氏の没後、朝鮮王朝の歴代王を輩出した全州李《チョンジュイ》氏《シ》の宗親会出身の李公宰《イ・コンジェ》氏が楽善斎秘書室長の肩書で、徳恵のケアの総合責任者となった。

そしてこの頃、楽善斎に、日本から来た思いがけぬ訪問客が現れたのである。

宗武志であった。

この時、宗武志は、モラロジー（道徳教育）関連の打ち合わせで、韓国に出張中であった。ソウル滞在の合間に、昌徳宮の楽善斎を訪ねたのである。

離別して17年になるが、その後の元妻の様子を知りたいと願ったのだろうか……。せっかくソウルまで来ながら、挨拶もせずに引き揚げてしまうことをよしとしなかったものらしい。

1962年に徳恵が韓国に帰国した報せを聞いて、宗武志は良江夫人に「よかった」と感想を洩らしたという。苦渋に満ちた歳月の後にようやく祖国に戻ることができた元妻に対する複雑な思いが、宗の胸にこだましていたことだろう。それから10年、ソウルでも、宗は人には言えぬ諸々の思いを抱えながら、楽善斎を訪ねたはずである。

対応したのは李公宰氏であった。しかし、李氏は宗武志に次のように語って峻拒したという。

「会ったとしても、話があるわけでなし、会わなければならない理由もない。あなたに会ったなら、（翁主は）昔のことを思い出して、むしろ病勢がより悪化してしまうだろう。だから、あなたのような人には、面会は絶対に許すことができない。お引き取り下さい」――。

韓国放送公社（ＫＢＳ）が制作した「韓国史伝」というシリーズのうち、２００７年８月に放送された「朝鮮のラスト・プリンセス　徳恵翁主」という番組のなかで、李公宰氏自身によって明かされた証言である。

宗武志は退きさがるしかなかった。韓国民の日本に対する火のような憎しみが自分に向けられるのを、宗は感じたことだろう。

日本と朝鮮の間には、目に見える形、見えぬ形での、大きな壁が立ちはだかることを、宗武志は徳恵との結婚生活を通じて、それまでにも何度となく感じてきたことだったろう。しかし、両者を隔てる心の壁を、この時ほど強く感じたことはなかったのではあるまいか……。

宗武志はこの時、64歳――。肩を落として、楽善斎を後にする初老の男の姿が目に浮かぶようである。

楽善斎ですごした20年あまりの晩年の日々――、徳恵の様子を伝える記録や証言は極めて少ない。もの言わぬ人の口からは、言葉が発せられることは稀だった。何を考え、感じているのか、意識がはっきりせず、虚ろな状態が多くなっていった。

状態のよい時には、**「正恵」の名を口にしたり、文字で書いたりする**こともあり、哀しそうな表情を浮かべたという。ひとり娘・正恵のことが晩年に至るまで気がかりだったことは間違いない。ただ、娘の失踪のことなどがわかっていたかどうかは、また別のことだ。

楽善斎でお世話をしたお付きの女性の証言によれば、日なたに一日ぼんやりと坐って、時に**掌を差し出して、日本語で「お菓子」とねだる**のみであったという。

高宗《コ・ジョン》の孫にあたる李錫《イ・ソク》氏（1941年生まれ）が楽善斎に徳恵を訪ねた際にも、伝統的挨拶であるチョルを捧げ、「コモニム（おばさま）」と呼びかけても、全く反応がなく、天井を見上げるばかりだった。

1983年には、「老患」にて、漢江誠心《ハンガンソンシム》病院に一時期入院することもあった。「老患」とは日本ではあまり使われない言葉だが、高齢による肉体的問題がいろいろと出て、入院したということであろう。あるいは、認知症の病状が著しく悪化したので、入院に至ったものであろうか。

そのようななか、貴重な記録となるのが、韓国放送公社（KBS）が1983年に撮影した、徳恵自身による手書きのハングルのメモである。

『ニュース・パノラマ』という番組で初めて公開されたものだが、体調がよく、意識のはっきりしている折に翁主の書いたものとして、付添いの者からKBS側に提供された。

震える手でようやく書きあげたのであろう、筆致は弱々しく、たどたどしく左右に揺れ、時に流れ、何とか文字として判読が可能という程度のものである。帰国直後にハングルで綴った尹大妃宛ての挨拶文の比較的しっかりとした文字とは、比べようもない。その乱れぶりが、むしろ何かしら必死さを見る者に訴える。

「**私は楽善斎で長く、長く生きたい。殿下《チョナ》、妃殿下《ピジョナ》、お会いしたい。玖《ク》氏、お会いしたいです。大韓《テハン》民国《ミングク》、ウリナラ**（＊私たちの国）」——。

原文はすべてハングルで綴られ、漢字はいっさい使われていない。

公開された徳恵の言葉としては、最後になるものである。近年、韓国で徳恵の番組がつくられるよう

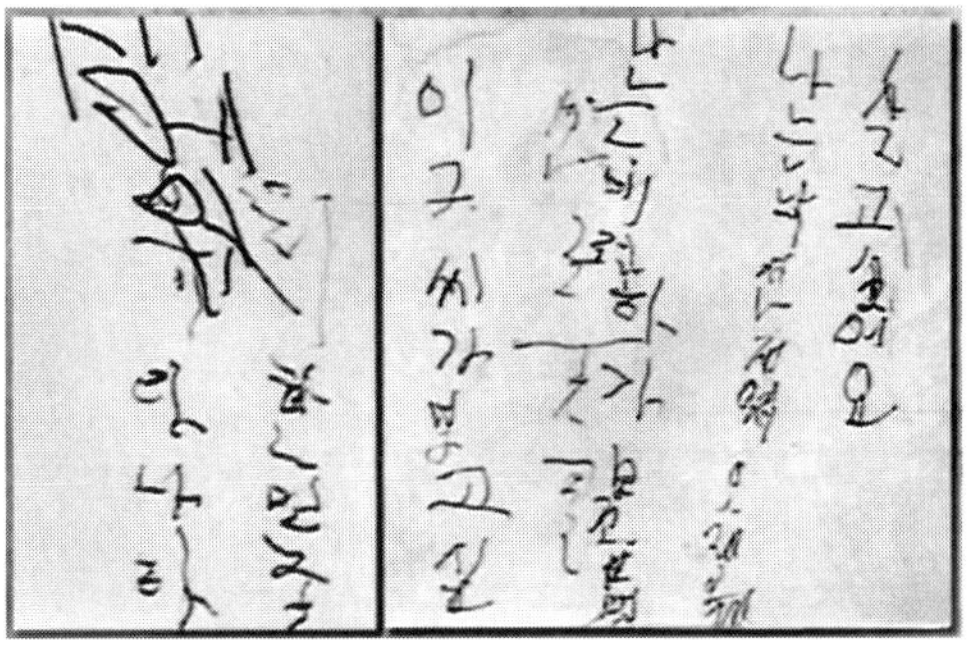

最晩年の徳恵の手になるハングルのメモ（1983年、韓国放送公社「ニュース・パノラマ」より）

な折には、まさしく人生のラスト・メッセージとして、この言葉がよく引用される。

「殿下、妃殿下」とは、純宗とその妃だった尹大妃のことかと思われる。

「玖氏」は、李垠・方子夫妻の間に生まれた次男の李玖《イ・グ》氏のことで、アメリカに留学して米国女性のジュリア・マロック氏と結婚し、１９６３年の両親の帰国時には夫婦そろって韓国に居を移し、方子とともに楽善斎に住んだが、１９７９年に事業に失敗して以降、日本に移り、82年にはジュリア夫人とも離婚した。この文章が書かれた4年前から、玖氏は楽善斎の人ではなくなっていたのである。

韓国人のハートに響くのは、「大韓民国、ウリナラ」のくだりである。番組等でこの文章が引用される際には、しばしばこの一句が強調され、「玖氏」の一文はカットされることも多い。

かつて、朝鮮国（大韓帝国）は国力が弱く、国政は乱れて、周辺諸国の簒奪の対象となり、結局は日本の植民地統治を受けることになった。日本に併合されたがゆえに、王族はこぞって日本に留学するところとなり、日本人と結婚するケースが殆どとなった。徳恵も、そうした時代の波をもろにかぶることとなり、後半生は心の病に沈んでゆくばかりだった。

だが、膨張主義、軍国主義の果てに、日本は戦争に敗れ、韓国は独立した。韓国人が主人である自分らの国が誕生したのである。

徳恵の場合も、苦節と呼ぶにはあまりにも苛酷な半生であったが、ともかくも、たいへんな辛苦の果てに、今は自分たちの国、ウリナラに暮らしている。自分の国に、自分の言葉で、生きている……。そのような思いが、徳恵のメモには、喜びや希望を映しながら、矜持《きょうじ》とともに胸を張っている。その喜びを嘉としつつ、ここで私は立ちどまり、考える。

もの言わぬ人――言葉を失った人の手から、これほどの言葉が生まれてきたことを、どのように受けとめればよいのだろうか……。

心も体も弱りきったなかで、徳恵はまさに残された命の力の限りを振り絞って、自分の気持ちを必死に綴ったものだったかもしれない。瞬間的に、そのように頭脳が明晰に澄むことがあったのかもしれない。

病状には波があり、調子のよい時と悪い時では差があったというが、好調の折に、ふと風が立つように、澄んだ光が一瞬なりとも射しこむのであったなら、どれほどよかったであろう。

ただ、ひょっとすると、KBSの取材班が来るというので、お付きの者たちが知恵の衰えた老女に筆を握らせ、自分らが口にした言葉を、復唱させながら書き写させたのではないかという疑念もないではない。言われるまま、幼児がハングル練習帳に大人たちの口にした言葉を記すように、徳恵は綴ったものだったのかもしれない。

徳恵の思いの真実を言うなら、正恵のことが出ないはずはない。わが娘のことをさて置き、楽善斎を去った玖氏のことを書く道理がない。あるいはまた、生母・福寧堂梁氏《ポンニョンダンヤンシ》への思いを、口にせぬはずがない。生母のことに触れぬまま、「殿下、妃殿下」に会いたいと望むのは、真情であるとは考えにくい。

だが、もし仮に、付き人たちのイニシアティブによって生まれた文章だったとしても、それに対し、無理矢理書かされたというような言い方をするつもりはない。

これは、後半生をひたすら徳恵のために捧げた辺福童氏を始めとする、心身の衰えた徳恵をやさしく迎え、あたたかく接した韓国民の心の総和なのである。その心の総和を受けて、徳恵が何とか筆にしたものだったのだ。

わずかに4つの短文からなるメモである。しかし、文字の乱れようをみれば、どれほどの時間を要し、苦労の果てにできあがったものであるかは、一目瞭然である。

その光景が、見える気がする……。

老いた徳恵が、震える手で、付き人たちの口にする言葉を何とか文字にしようとする。手はなかなか動いてくれない。文字を綴ることに集中するだけでも、大ごとなのである。

付き人たちは、慈愛のこもった目で、病み、老いた翁主を見つめ、たどたどしい文字の連なりから1行が仕上がるごとに、はじける笑みとともに拍手をし、「翁主さま、よくできました」と、なだめ、励まし、次を促したものだったろう。

徳恵もまた、自分の行いが誉められたことで、頬を緩めたに違いない。

忙しく時間の回転するソウルの大都会のなかにあって、そこには、ゆったりとした、時間を超えた時間が流れていた。もはや王の住む宮殿ではなくなった抜け殻のような昌徳宮の一隅に、過ぎ去った王朝の遺物のような人たちが肩を寄せ合い、黄昏のような時間をともにつむいでいた。

人生の黄昏、時代の黄昏……。そこには、祖国に戻って以降の徳恵の晩年の歳月が、凝縮されている。

旧王宮の一角の、ごく狭い空間のみが、徳恵の生きる場所だった。付き人たち、そして義姉の方子など、ごく限られた人たちだけが、徳恵が知覚でき、心の許せる存在であった。

静かで、漠とした、しかし濃密な時間……。意識は虚ろでも、身を置く場には、やさしさと情愛がこだましていた。徳恵の綴った文章は、そのこだまの響きのなかから生まれたものだった。

長い旅路の果てに、徳恵はソウルの旧王宮の一角、楽善斎の奥の寿康斎に、安住の地を得ることになった。

そこには孤独や恐怖もなかった。屈辱や傷心とも無縁だった。徳恵の半生に同情し、老後の徳恵に尽くそうとする人たちの善意に囲まれて、徳恵は最後の日々を生きた。

徳恵が綴ったハングル文は、その小さくもあたたかな繭のなかからつむぎ出され、衰えた心に響いた言葉だったのである。

1985年、宗武志が死去した。77歳だった。

元夫の死が徳恵にどのように伝わり、さらに正しく理解されたかどうかは、不明である。

1986年1月25日、『中央日報』は、徳恵に関する大きな記事を載せた。

「最後の皇女……『亡国の恨』病床に横たわる半世紀」「健康が悪化した徳恵翁主の奇遇な一生」「宗親・医師の往来　お灸で治療し　楽善斎のオンドル部屋で闘病継続」「意識がはっきりした時には『アリラン』の鼻歌も」など、いくつもの見出しが躍る。

記事の半ばは、これまでの半生のおさらいであるが、近況を伝える部分もある。

このところ**健康が悪化**したこと。お灸の治療などをしつつ、入院せず、楽善斎で闘病を続けること。時に意識が明晰になり、気分がよければ、**テレビを見たり、看護の者と花札を楽しんだり、「アリラン」や歌謡の鼻歌を歌っていたりする**等々……。

記事のなかで、隔週で楽善斎を訪れ、治療にあたっている漢江誠信《ハンガンソンシン》病院の石在鎬《ソク・ジェホ》医師は、徳恵の病状について、次のように語っている。

「栄養管理をよくしているので、歳に比べ、身体的健康は良好だが、神経がとても衰弱した状態で、精神は幼い子供のようである」――。

病気の進行も手伝い、徳恵の壊れた心は、歳を重ねるにつれ、ますます童心に戻っていったようである。

## 《再びの「びら」》

これまで韓国で紹介されてきた最晩年の徳恵の記録、証言は、前節で述べた内容をもって尽きる。だが、本書では、これまでに公にとりあげられることのなかった貴重な証言を、以下に紹介し、最後の一節としたい。

出所は、日出小学校の第31回卒業生による『誌上合同クラス会』第11号の冊子で、１９８９年の発行になる。これまでにも日出小学校の同窓生の証言を紹介する際、何度か登場した冊子である。

証言者は、閔龍児《ミン・ヨンア》氏――。徳寿《トクス》宮《グン》の幼稚園から日出小学校と、朝鮮人「ご学友」として、常に徳恵の最も近いところにいた人物である。

日出小学校の同窓生として、閔氏は１９８７年11月から89年６月までの間に、『誌上合同クラス会』冊子の編集発行人であった有田栄一氏に３通の便りを送っている。すべて、日本語で書かれた便りだった。

『誌上合同クラス会』誌上で紹介されたそれらの便りのうち、１９８７年５月25日、徳恵の誕生日に閔氏が楽善斎を訪ねた折の様子を軸に、最晩年の徳恵を述べた部分をピックアップして、引こう。

なお、閔龍児氏は夫に先立たれて以降、20年近くをアメリカに暮らし、１９８８年に韓国に帰国した。１９８７年５月の楽善斎訪問は、一時帰国中のことであった。

「去る五月二十五日、徳恵様の誕生日にお伺いしました。もう体を動かすことも出来ないお体で、李朝最後の犠牲、いたましく涙がこぼれました。昔、小学校時代飛行機という歌が浮び、耳元で歌ってお上げしたら、**分ったというしるしか、うめき声をお出しになり**、部屋の中の皆様、みな泣いてしまいました。飛行機の童謡は徳恵様自作の歌でした」（１９８７年11月14日付）――。

「お体は不自由でも、こちらの考えや言うことがお分りになられたら、どんなにかうれしいのですが、それが全然だめです。私がだれかお分りですかとおたづねしますが、全然だめです。

ぢっと私をみつめて、紙とペンをさし上げたら〝**ホクロ**〟**と書いて**くれました。

私の右のほほに、小さいホクロがあるのです。何という悲劇でしょう。何十年も韓国語をおつかいにならなかったのに〝ホクロ〟私共の字で〝사마귀〟と書いて下さったのにびっくりいたしました。ご自分の祖国語を胸にひめておられたことに涙ぐましく思いました」（１９８８年３月３日付）――。

「なんと悲運の孤独の一生をお過ごしになり、ご死去前何十年は失語、過去を皆忘れ、幼児程の感覚で日々を過され、でも**時々一瞬間『まさえ』『正恵』と自殺されたお子様の名前を叫び、ゆがんだ悲しいお顔をされた**と、側近の方々から聞き、私はさめざめと泣きました」（１９８９年６月30日付）――。

閔龍児氏は、徳恵の葬儀にも参列したので、３通目の側近の話だけは、１９８７年の楽善斎訪問時ではなく、１９８９年4月25日の葬儀の折に聞いた可能性もある。ただ、側近の話自体は、これまでにも伝えられた内容である。

１９８７年5月25日、閔氏が楽善斎を訪ねた時の様子に絞って、話を整理し、まとめてみよう。

楽善斎までやってきた自分と同じ年恰好の韓国婦人が誰なのか、名前を伝えられても、徳恵は理解できなかった。過去のことはすべて忘れてしまっているように見えた。

話は全く通じなかった。ただ、閔氏の顔をじっと見つめて、与えられた紙に「サマギ（사마귀＝ホクロ）」と韓国語で書いた。閔氏の右頬にあるホクロが気になったのである。そういう、日常的な韓国語の単語については、綴ることもできたのだった。

話では通じないので、閔氏は日出小学校時代に皆で歌った「びら」の歌を、徳恵の耳元で歌った。閔氏の便りでは、「飛行機」と書かれていたが、これは徳恵自身もお気に入りだったという「びら」の詩のことで、曲がつけられ、日出小学校では盛んに歌われた。

徳恵自身がステージに立ち、京城公会堂で開かれた「徳恵姫御作童謡発表会」で歌ったこともあった。日本留学を前に小学校で開かれた送別学芸会でも、やはり徳恵自身によって歌われた。

閔氏の歌を耳にして、徳恵が反応を示した。わかったとでもいうように、うめき声を出したのである。もの言わぬ人の顕わな反応に、部屋の者は一様に涙を流した。

**南の空から　飛んできた**
**大きなお羽の　飛行機が**
**たくさんびらを　なげている**

**びらは金びら　銀のびら**
**私はそれが　ほしけれど**
**風の神様　つれてゆく**
**どこへ行くかと　見て居れば**
**鳶《とび》のところで　あそんでる**

この童詩がつくられてから、63年がたっている。

歌とともに、久方ぶりに、少女の頃の「言葉」が流れ溢れた。日本でも、韓国でも、自身の口からはもとより、周囲の誰からも、もはや長い間、聞くことのなかった徳恵の「言葉」だった。

人生の若葉のような潑溂とした時代に、賢く、感受性の鋭い、周囲の大人たちを驚かせた豊かな詩才をもつ少女がつむいだ、輝く宝石のような「言葉」……。

病み衰えた老女の頭脳に、その「言葉」がどのように受けとめられたのか、それはわかるはずもない。しかし、間違いなく、徳恵は反応したのである。何かが、徳恵を動かし、その心を揺さぶったのである。もの言わぬ人となって久しい徳恵が、傷み、擦り切れ、枯れ果てた心の、わずかに残る感性の息吹のなかで、若き日の自身の「言葉」に再会し、魂を揺さぶられたのだ。

かつて、女子学習院の後期第2学年の頃に、母校である日出小学校の創立40周年に寄せて、

**「師の君にみちびかれつつ分け入りし文の林のおもしろきかな」**

と詠んだ徳恵だった。

日本の支配下に生きた朝鮮王族の宿命を背負い、茨の道を歩まざるをえなかった苦渋と困難のなか、

唯一、「文の林」だけには、自身が自身として生きていけるかすかな光を感じたのだった。

しかし、その光も、徳恵が長じるに従って闇に溶け、「文の林」を自らの手で封印するようなことになってしまった。病が嵩じて以降はすべてが灰色の靄に覆われ、「文の林」は姿を隠してしまった。

それが、最晩年のほんのひと時、「びら」の詩とともに、靄のひろがりを忽然と裂くように、「文の林」が瞬間的に蘇ったのではなかったろうか……。

長く失われていた光をほのかに浴びて、闇の彼方から、うっすらと「文の林」が浮かびあがり、月光に輝く白銀の樹林のように、生命《いのち》を秘めた豊かな姿を現したのではなかったろうか……。

徳恵が亡くなったのは1989年4月21日――、終《つい》の棲家となった楽善斎で、77年に及ぶ生涯を閉じた。

最後の日々には、風邪を引き、治らなかったという。もの言わぬ人のまま、徳恵は逝《い》った。

9日後の4月30日、李方子が死去した。87歳だった。

晩年を楽善斎に暮らした朝鮮王朝（大韓帝国）のふたりの王族女性が、相次いでみまかった。潮が引くように、ひとつの時代が去ったのである。

徳恵の墓は、ソウル近郊、京畿道南楊州《キョンギドナムヤンジュ》につくられた朝鮮王族たちの陵墓の一角にある。高宗《コジョン》夫妻の眠る洪陵《ホンヌン》、純宗《スンジョン》夫妻の眠る裕陵《ユルン》からほど近い林のなかにあり、李垠《イ・ウン》・方子夫妻の眠る英園《ヨンウォン》からも至近の距離である。

青い芝草に覆われた土饅頭型の墓は素朴なつくりで、周囲の松の木々の赤茶色の幹と緑の葉に映え、しっとりと落ち着いた雰囲気を醸し出している。

傍らには、墓の主を示す石碑がひっそりと建っている。

「大韓　徳恵翁主之墓」——。

波乱の生涯の果て、ラスト・プリンセスは祖国の土に返って、静かな眠りについている。

# あとがき

何という驚きであったことだろう。

長らく、もの言わぬ人、言えぬ人として悲劇を語られてきた王女に、かくも豊かな「言葉」の精華が存在していたのである。

しかもそれは、決して秘められていたものでも、封印されていたわけでもなかった。ただ、長い時間の果てに埋もれ、眠っていただけなのである。

成人になると同時に、精神を病んでしまい、その後、半世紀あまりの長きにわたってもの言わぬ人としてのイメージが定着してしまったために、世の中から忘れられてしまっていただけなのだ。

その人の残した「言葉」を追う旅が、少なくともその前半生、ここまで鮮やかに、ひとりの人間の心の真実を、輝ける光跡とともに描き出してくれるとは、正直なところ筆者自身も想像していなかった。

「忘れられた」と書いたが、その人の存在自体が忘れ去られたわけではない。韓国では、日本に蹂躙された近代史の悲劇の象徴として、徳恵翁主《トッケオンジュ》はしばしばメディアに登場する。幾度となくテレビ番組にもなり、映画にもなった。忘れられていたのは、彼女の残した「言葉」だったのである。

韓国でベストセラーになった権丕暎《クォン・ビヨン》氏の著作『徳恵翁主』（２００９）は、日本でも翻訳出版され（邦題は『朝鮮王朝最後の皇女　徳恵翁主』）、また同著をもとにしたという映画も日本で公開された。

小説であるから、作中に登場する徳恵の「言葉」の多くが権氏の創作になるのは致し方ないとして、徳恵自身が実際に発した「言葉」を尊ぶ姿勢が見えてこない。もの言わぬ人が残した「言葉」に対し、格別に意識した節がない。詩に至っては、わずかに「びら」1作が登場するものの、重きを置かれていない。

その人生をめぐって、悲劇の質について、解釈はいろいろとあっていい。しかし、本人の残した「言葉」自体がないがしろにされたまま、ラスト・プリンセスが声高に論じられたり、今受けする物語にされたりするのでは、机上の空論を積みあげるばかりだろう。私の思いを率直に綴れば、そのようなことでは、写真のなかのあのひたむきな少女の眼差しに対し、申し訳ないという気がする。

どのような徳恵像を描くにしても、彼女自身が綴った「言葉」に真摯に向き合うところからでなければならない。基礎となる土台や骨組を欠いたまま積みあげられた徳恵論は、空虚さを免れない。

詩作品を最たる精髄とする彼女の「言葉」から眺めてこそ、地に足のついた徳恵像に迫りえるとの思いから本著を書き始めたが、書き終えた今、その確信をいよいよ強めている。

歴史に埋もれた徳恵の言葉を探す過程で、最大の発掘場を提供してくれたのは、『京城日報』だった。植民地朝鮮において、主として在留邦人向けに出されていた日本語新聞である。

総督府の息のかかった「御用新聞」的な性格をもつ面もあったが、徳恵の動静や声を伝えるのに最も熱心なメディアであったことは事実だった。

朝鮮王朝を率いてきた李王家は、「韓国併合」以後、日本の王公族に組みこまれたので、皇族と同じく尊敬の対象となったという「建前」もあったろう。しかし興味深いことに、徳恵の記事を追ってゆくと、時として、『京城日報』がまるで徳恵ファンになってしまったような、肩に力のこもった熱意を感じることがある。

朝鮮人にとって愛する王女であることはもちろんだが、現地邦人たちをも虜にさせてしまう魅力を徳恵が備えていたことになろう。

ただ、『京城日報』における徳恵関連記事の調査は、大変な労力を要した。というのも、『東亜日報』や『朝鮮日報』など1920年代に相次いで発刊された民族系の朝鮮語新聞であれば、解放後の韓国においても新聞社が存続しているので、古い紙面に関しては、記事索引がつくられている。つまり、まずは索引で「徳恵翁主」をあたれば、発刊当初からのすべての記事のなかから、徳恵関連のものを割り出すことができる。あとは索引に載る年月日とページ数に従って当該の新聞（マイクロフィルムなり複製本）をあたれば、容易に記事にたどりつける。

ところが、日本の朝鮮統治が終了したと同時に、新聞そのものが廃刊となってしまった『京城日報』の場合、索引がない。つまりは、徳恵の記事を探しだす道標、羅針盤がない。

韓国では2000年代に入って、マイクロフィルムをもとに、『京城日報』の影印版がつくられたが、ともかくも、それを片っ端から実見していくしかなかった。

結局私は、1921年から1932年までの『京城日報』は、すべてをチェックすることになった。東京の国会図書館には影印本もマイクロフィルムも収められているので、そこで調査することもあったが、閲覧手続きに時間を要するため、影印本が開架に並び、自由に手に取れるソウルの国立中央図書館で調査をする方が、明らかに効率がよかった。何がしかの用件で韓国まで出かけることがあれば、必ず数日はソウルの国立中央図書館で調査を進めた。

とはいえ、終日、図書館に籠って影印本を1ページずつ見ていくので、閉館が近づく頃には、眼精疲労が甚だしく、目がしょぼしょぼして、しばらくは目を開けているのもつらいほどになる。しかも、何らの発見もなしに終わる日も少なくない。徒労に疲れきって、重い足を引きずるように、地下鉄の駅までの坂道をとぼとぼと歩いた日が何日あったろう……。

それでも、たまさか新たな足跡、新事実がわかると、にわかに心は浮き立ち、疲れなど吹き飛んだ。とりわけ、詩作品が発見できた際には、まさに飛び上がらんばかりの喜びに胸が躍ったものである。

徳恵の「言葉」捜しの、第2の主要舞台となったのが、女子学習院で父兄宛てに発行されていた『おたより』だった。

女子学習院が空襲で全焼し、そこでの資料探しが不可能であるにもかかわらず、この冊子が学習院の図書館に納められていたことで、若き日の東京での徳恵像がヴィヴィッドに立ち上がってきた。

正直に言うと、校内行事を記した冊子の発見にいったんは小躍りしたものの、そこに徳恵の詩作品が全く載っていないことを知って、いっときは落胆せざるをえなかった。しかし、コピーをとらせてもらった『おたより』を読み返しているうちに、修辞会など学内の文化行事での徳恵の目ざましい活躍を知るところとなったのである。

タイトルしか載っていない徳恵の発表内容について、本文を知りえないもどかしさを超え、タイトルから内容を類推し、それを彼女の人生航路のなかに位置づけていく意義に気づくまで、だいぶ時間がかかってしまった。推測は推測であるにしても、それと思しき内容をつかむまで、当時の社会情勢など周辺取材をきっちりしなければ、まっとうな推測にゆきつけないからである。

その結果は、本著で詳しく見た通りである。不幸一色に塗られるばかりだった空疎な女子学習院時代が、ようやくにして、血の通う人間としての肉体を回復し、喜びや哀しみ、生命《いのち》の息吹に満ちた青春の日々として蘇ってきた。

最後は病を得て不幸な結果になるとはいえ、それまでの軌跡——少女から娘へと成長する過程での起伏に富んだ歩みの、何という感動的な道のりであったことだろうか……。

しかし、改めて考えてみれば、女子学習院での徳恵を語るに、最も基本となるべき記録がこれまで顧みられていなかったということ自体が、いささか異常な事態だったのである。

そのようにして発掘した徳恵の詩作品のうち、童詩の「蜂」、「雨」、「びら」、「ねずみ」の4編については、韓国の月刊文芸誌『文学思想』の2011年8月号に発表する機会を得た。もの言わぬ人の残した宝のような「言葉」がまとめて韓国で公にされた、これが初めての機会だったはずである。多少は話題になり、新聞に記事も出て、私自身、インタビュー取材も受けた。

日本では、2012年、角川書店から出した『物語のように読む朝鮮王朝五百年』のエピローグに、長い歴史をつむいだ朝鮮王朝の残り香として、ラスト・プリンセス徳恵を短く紹介、そのなかで、「雨」の詩1編を紹介した。

この時には、あえて1編だけの詩を載せた。紙面的な余裕がなかったせいもあるが、徳恵の全体像を「言葉」からとらえ直すという視座がようやく固まりつつあったので、いずれは必ず自身の手で1冊の著書を書きたいと念じていたからでもあった（もっとも、この時には「雨」の詩の1行目を「むくむくむくと」と紹介してしまい、これは『宮城道雄作品解説全書』（1979　邦楽社）から詩を引用し、同書のミスをそのまま引きずってしまったからであった。1920年代から30年代の新聞、資料等で確認した正しいかたちは、本著で紹介した通り、「むくむくむくと」である)。

わずかに1編の詩とはいえ、徳恵の詩作品を紹介したことがひとつのきっかけにもなったものだろうか、ネットでは、それまで喧伝されてきた、強制留学させられた後はいっさい帰国が許されず、母にも2度と会えなかったとするような「徳恵翁主伝説」を検証する動きが生まれてきた。

とりわけ、バンコク在住の「じゅうざ」氏は並々ならぬ関心を徳恵に抱き、日本に里帰りするたびに国会図書館で当時の新聞その他の資料を渉猟され、自身のブログに発表を続けられた。その「猛追」ぶりはものすごく、ほどなくして私が日本ではまだ発表していなかった他の童詩にまで、手が及ぶようになった。

私の調査は『京城日報』から、既に『おたより』の検証へと移っていたが、さらに伊香保や大磯での実地検分、そして伊香保滞在の記録が載る『上毛新聞』、大磯の李王家別邸への出入りがわかる『横浜貿易新報』などのローカル紙、また宮内庁書陵部に残る資料などで、周辺部の取材を固めていった。

こうして、まだどこかに眠っているかもしれない徳恵の「言葉」、詩作品をさらに追い求めたいという気持ちを抱きつつも、一応は資料調査が行き着いたと思えるようになった。しかもそこから、徳恵の前半生を貫いた人間ドラマの輪郭を、ようやくにして摑むことができたように感じた。

プロローグから書き始め、収集した資料と格闘するようにして執筆を続けて1年半近く——、今、ようやく最後までたどり着いて、ひとつの感慨が胸に込みあげる。それは、取材調査を始めて以降の30年という年月の始めと終わりを輪でくくるような感覚である。

私の手もとにある徳恵関連の資料のうち、最も古くに入手したものは、1989年、徳恵の宮中衣装が公開された新宿の文化学園服飾博物館での「韓国の服飾」展の折、主催者を通して連絡をとった日出小学校の同窓生、有田栄一氏からコピーをいただいたものである。

3つの出典からなる資料であったが、それぞれ、『京城日出公立尋常小学校　創立40周年記念号』という同窓会誌の詞華集のページ、徳恵の同期生たちが1989年の秋に発行した『誌上合同クラス会第11号』の小冊子、そしてやはり1989年に出された『わが赤煉瓦の学び舎　京城日出小学校百年誌』に載った徳恵の思い出が綴られた文章であった。3点目の『百年誌』を除いては、国会図書館にも収められていない、内輪向けの貴重な記録だった。

これらの資料に載るかつて同じ教室で学んだ同期生たちの回想が、小学校時代の徳恵を語る証言として本書に生きたのは言うまでもない。のみならず、朝鮮人「ご学友」だった閔龍児《ミン・ヨンア》氏が楽善斎《ナクソンジェ》を訪ねた逸話のような、韓国メディアが伝えきれなかった最晩年の徳恵の姿をしのぶよすがともなったのである。

『40周年記念号』の詩華集のページには、徳恵が日出小学校時代を追慕して詠んだ和歌3首が載せられている。「文の林」という言葉も、そこにある。

何のことはない、調査の最も初動の時期に、私は既に徳恵の詩作品に触れていたのである。しかし、恥ずかしいかな、そのことの重要さに、当時の私はまだ気づいていなかった。それらの和歌のレトリックの巧みさには理解が及んでも、歌が湛える哀しみの質については全く無頓着であった。徳恵に詩作品があることすら知らず、3首の和歌がその最後のものとなることも、知りようがなかったのである。

当時、同窓生たちを訪ね、じかに話を伺っていたならという悔いは残る。例えば、徳恵と学友らが盛んに歌った「びら」の曲は、今に楽譜が伝わる黒沢隆朝の作曲になるものではなく、朝鮮在住の丸山物次郎が作曲した曲であったのだが、どのようなメロディーであったか確かめようがない。当時、きちんとした調査をしていれば、その歌を記憶している同窓生を通して録音しておくこともできたはずなのである。

そういう後の祭りに臍《ほぞ》を噛む部分もあるが、全体からすれば、最初の出会いがラストに生きたことで、輪を描くような運命を感じる気持ちの方が強い。30年あまりを経て、最初に手にした資料がこのように実を結んだことに、ホッとする思いもある。ありがたいことだったと、改めて資料提供に感謝しつつ、貴重な資料に恵まれた幸運を身に沁みて感じる。

そう考えると、自分にとって徳恵を書くことが、当初から運命づけられていたかのように思えてくるのである。

何がそこまでの思いにさせるのか……。今の私は、その答えを承知している。

本著の冒頭に掲げた写真の、少女徳恵のまっすぐな眼差しである。歴史の彼方から、時空を超えて迫ってくる、真実の光を求めて見開かれた瞳の湛える、純なひたむきさである。

このあとがきも、こうして再びプロローグへと輪を描き、還元していくようだ……。

書肆的なことを、簡単につけ加える。

オリジナルの『京城日報』の記事は旧字体旧仮名で書かれているが、現代の読者への読みやすさを考慮し、現代表記に改めた。また、わずかではあるが、意味をとりやすくするため、長い文章の途中に読点を私の判断で加えたところや、難しい漢字にルビを振ったところがある。記事の一部には、今では使用を控える用語が混じる場合もあるが、資料としてそのまま記載した。

徳恵の童詩作品についても、原則として旧字旧仮名は現代風に改めた。ただし、和歌の類、また宗武志の和歌及び「さみしら」の詩については、あえて旧字旧仮名のままにしてある。

朝鮮語、韓国語の記事、文献からの日本語訳は、著者自身の手になるものである。

取材、調査の過程で実にさまざまな方々の協力を得た。とりわけ、近年の調査のなかでは、徳恵との離婚後に宗武志の伴侶となられた良江夫人とご息女の川部和木氏、日出小学校での同級生で「びら」を一緒に歌った武田民子さんのご息女の荒木喜美子氏、黒沢隆朝の甥にあたられる武石佳久氏には、ひとかたならぬ世話になった。

学習院アーカイブズの桑尾光太郎氏には、「おたより」の調査だけでなく、写真掲載に関してもご協力いただいた。文化学園服飾博物館、お茶の水女子大学、韓国《ハング》学中央研究院《カッチュンアンヨングウォン》蔵書閣《チャンソガク》には、写真掲載に関して世話になった。また、韓国との交渉の課程において、李恩貞《イ・ウンジョン》氏の助力を得た。

いずれにも、心より感謝申しあげたい。その他の多くの方々については、逐一お名前をあげることは控えさせていただくが、ご協力に対し、改めてこの場でお礼を申しあげたい。

なお、掲載写真のうち、出典表記のないものは、すべて著者自身の撮影になる。

編集、出版にあたっては、影書房の松浦弘幸氏の手を煩わせた。謝辞を呈したい。

２０２１年　徳恵の日出小学校編入学より百年目の春に

多胡吉郎

## ◎徳恵（徳恵翁主《トッケオンジュ》）関連略年譜

1912年　5月25日、京城の徳寿宮《トクスグン》にて出生。
父は高宗《コジョン》（朝鮮王朝第26代王、大韓帝国初代皇帝）。母は福寧堂梁氏《ポンニョンダンヤンシ》（貴人《クィン》梁氏）。

1916年　徳寿宮内の即祚堂《チュクチョダン》につくられた幼稚園に通う。

1919年　高宗の死去。徳恵は母とともに徳寿宮から昌徳宮《チャンドックン》へと移る。

1921年　京城の日出小学校に編入学。

1922年　兄の李垠《イ・ウン》、日本人妻の方子《まさこ》と長男・晋《ジン》を連れ、里帰り（4月）。晋の急死（5月）。
担任教師の真柄トヨによる童詩創作の指導を受ける（4月から翌々年3月まで）。

1923年　宮城道雄、関東大震災後の混乱を避け朝鮮へ。徳恵の童詩「蜂」「雨」に作曲。
「昌徳宮徳恵姫御作発表会」。宮城は「雨」を演奏、徳恵は「びら」を歌う（11月）。

1924年　野口雨情の朝鮮講演旅行。徳恵を表敬訪問（5月）。
黒沢隆朝、徳恵の童詩「雨」「びら」等に作曲、日出小学校を訪問し曲を披露（9月）。

1925年　東京の女子学習院に転入学（4月）。
夏休みに伊香保訪問。生母・福寧堂梁氏が合流。「榛名湖」などの和歌を詠む（8月）。

### 国内外の動き

1914　第1次世界大戦勃発

1917　ロシア革命

1919　3・1独立運動、朝鮮全土に広がる

1920　ヴェルサイユ条約調印

1923　関東大震災

1926年 初の帰郷。日出小学校での歓迎学芸会に出席（3月）。
純宗《スンジョン》の死（4月）。李垠、李王を継ぐも、継続して東京に居住。
1927年 李垠・方子夫妻の欧州訪問（5月から翌年4月まで）。
1928年 女子学習院の中期修辞会にて「中期を去るにのぞみて」の作文朗読（2月）。
外国語作文朗読会で仏語作文「L'intelligente Marie」を発表（12月）。
1929年 生母・福寧堂梁氏の死（5月）。京城での葬儀に参列（6月）。
女子学習院の外国語作文朗読会で仏語作文「L'été（夏）」を発表（7月）。
閑院宮邸での宮城道雄御前演奏会に出席。皇族方が徳恵の「蜂」を激賞（9月）。
女子学習院の後期高等科修辞会にて「良寛を読みて」の作文朗読（9月）。
日出小学校創立40周年記念号に和歌3首を寄せる（11月）。
1930年 発病。学校を休学し、大磯の李王家別邸にて静養。
1931年 女子学習院卒業。旧対馬藩当主・宗武志《そうたけゆき》伯爵と結婚（5月）。
宗武志とともに対馬訪問（10月〜11月）。
1932年 娘の正恵が誕生。
1936年 義姉の方子にあて、流麗な手書きの葉書を出す。
1938年 宗武志の対馬での恩師の娘・米田国枝が東京の宗家に住み込み勤務（40年まで）。
病の進行した徳恵の自宅での療養の様子を、後に証言。

---

1926 大正天皇逝去
1929 光州学生事件
1931 満州事変勃発
1932 「満州国」樹立
1936 2・26事件
1937 盧溝橋事件をきっかけに日中戦争勃発
1941 太平洋戦争勃発

1946年　松沢病院入院（推定）。以後、韓国帰国まで入院生活。
1950年　韓国のジャーナリスト・金乙漢《キム・ウラン》氏が松沢病院を訪問。
1955年　宗武志と離婚。
1956年　正恵の失踪と死。
1962年　韓国に帰国。ソウル大学病院に入院。
1963年　李垠・方子夫妻、韓国帰国。
1969年　ソウル大学病院を出て、昌徳宮・楽善斎《ナクソンジェ》の寿康斎《スガンジェ》に暮らす。
1970年　李垠死去。
1985年　宗武志死去。
1989年　4月21日、徳恵死去。4月30日、李方子死去。

---

1945　日本敗戦。朝鮮は35年に及ぶ植民地統治から解放
1948　朝鮮半島の南部に大韓民国、北部に朝鮮民主主義人民共和国が成立
1950　朝鮮戦争勃発
1953　休戦協定が結ばれ、朝鮮戦争は事実上終結
1963　朴正煕、韓国大統領となる
1979　朴正煕、暗殺される
1980　光州事件
1988　ソウル・オリンピック開催

〈著者について〉

**多胡吉郎**　たご　きちろう

作家。1956年東京生まれ。

1980年、ＮＨＫに入局。ディレクター、プロデューサーとして多くの番組を手がける。2002年、ロンドン勤務を最後に独立、英国に留まって文筆の道に入る。2009年、日本に帰国。

＜著書＞

『吾輩はロンドンである』（文藝春秋)、『リリー、モーツァルトを弾いて下さい』（河出書房新社)、『わたしの歌を、あなたに――柳兼子、絶唱の朝鮮』（河出書房新社)、『韓の国の家族』（淡交社)、『物語のように読む朝鮮王朝五百年』（角川書店)、『長沢鼎　ブドウ王となったラスト・サムライ――海を越え、地に熟し』（現代書館)、『漱石とホームズのロンドン――文豪と名探偵　百年の物語』（現代書館)、『生命《いのち》の詩人・尹東柱《ユンドンジュ》――『空と風と星と詩』誕生の秘蹟』（影書房）他。

訳書に『井戸茶碗の真実――いま明かされる日韓陶芸史最大のミステリー』（趙誠主著、影書房）がある。


**空《そら》の神様《かみさま》けむいので**
**――ラスト・プリンセス　徳恵翁主《トッケオンジュ》の真実《しんじつ》**

二〇二一年九月一五日　初版第一刷

著者　多《た》胡《ご》　吉郎《きちろう》

発行所　株式会社　影書房
〒170-0003　東京都豊島区駒込一―三―一五
電　話　〇三（六九〇二）二六四五
ＦＡＸ　〇三（六九〇二）二六四六
Ｅメール　kageshobo@ac.auone-net.jp
ＵＲＬ　http://www.kageshobo.com
〒振替　〇〇一七〇―四―八五〇七八

印刷／製本　モリモト印刷





落丁・乱丁本はおとりかえします。

定価　２、３００円＋税

ISBN978-4-87714-489-0